Allardt

Moskauer Tagebuch

Helmut Allardt

MOSKAUER TAGEBUCH

Beobachtungen, Notizen, Erlebnisse

Econon Verlag
Düsseldorf · Wien

2. Auflage Dezember 1973

Gesetzt aus der 10 Punkt Times der Linotype GmbH
Gesamtherstellung Mohndruck Reinhard Mohn OHG, Gütersloh
Printed in Germany · ISBN 3-430-11038-6

Inhalt

Vorwort

Bekanntlich gibt es vielerlei Gründe, durch die ein Autor vor sich selbst und seinen präsumtiven Lesern versucht, die Abfassung seiner Memoiren zu rechtfertigen. Da ist z.B. sein Wunsch, noch einmal alles, so wie es am Tage des Geschehens ablief, mit aller Intensität zu erleben und nachzuvollziehen. Oder er meint, seine höchstpersönliche Ausstrahlung auf die Weltgeschichte sei von den Zeitgenossen doch nicht so gewürdigt worden, wie er und die Weltgeschichte es verdient hätten, und daß dem schleunigst, solange die Gedanken fließen – und die Phantasie Früchte treibt! – etwas nachgeholfen werden sollte. Andere wiederum halten es ganz einfach für nützlich, die je nachdem schmerzhafte oder erfreuliche Zäsur zwischen vollausfüllender beruflicher Aktivität und der unvermittelt entstandenen Leere durch intensives Forschen nach den eigenen inneren Werten zu kompensieren und die dabei zutage geförderten Resultate schriftlich festzuhalten. Entweder, um sie in den Handel und an möglichst viele Leser zu bringen, oder auch nur, um ihre Lektüre den eigenen Nachkommen zur Erbauung oder zur Abschreckung zu empfehlen.
Manch einer aber, der wirklich etwas zu sagen hätte, fühlt sich durch Arterienverkalkung, progressive Faulheit oder einfach durch die Zeitläufte in seinem Tun ungebührlich behindert. Als eine der bedeutenden politischen Figuren des Auswärtigen Amts, Ministerialdirektor Dr. Köpke, 1933 bald nach der »Machtergreifung« Hitlers seinen Stuhl räumen mußte, weil ihm der Besitz einer nichtarischen Großmutter nachgewiesen wurde, soll er die verdienstvolle Absicht gehabt haben, seine Erinnerungen zu Papier zu bringen. Aber der Ekel über all das, was dann kam, nahm ihm den Appetit und ein früher Tod auch den Griffel aus der Hand. Und so ist von diesem verehrungswürdigen und tüchtigen Beamten nur überliefert, was er sagte, als er die Konsequenzen seiner nicht ganz arischen Abstam-

mung erfuhr: »Wer hätte es je für möglich gehalten, daß mir diese nette alte Dame noch aus dem Grabe heraus ein Bein stellen würde.«

Ich schreibe, weil ich gern nach etlichen Jahren mitunter im Ergebnis enttäuschender, aber fast stets faszinierender Arbeit ein Resümee meines Berufsdaseins ziehen und – visuell – vor mir haben möchte. Hat diese Arbeit nach eigener Bewertung Spuren hinterlassen, derentwegen sie ihre Rechtfertigung in sich selber findet? Kann man – wie der Pfarrer am Grabe – über sich selbst sagen, ein ausgefülltes Dasein liege hinter einem? War ich Augen- und Ohrenzeuge bedeutsamer Ereignisse, die zwar allgemein bekannt und in die Zeitgeschichte längst eingeordnet sind, die aber in so viel verschiedenen zweckbestimmten Versionen verbreitet wurden, daß diese eher einen Rauchschleier vor die Wirklichkeit legen, als dem künftigen Historiker Forschungsmaterial liefern?

Wie dem auch sei! In den vier Jahren von 1968 bis 1972 habe ich in einer Hauptstadt Dienst getan, von der schon 1917 und später Entwicklungen ausgegangen sind, die das Gesicht unserer kleinen Welt gründlich verändert haben. Heute ist Moskau nicht nur die Kapitale eines der größten, sondern auch – dank Hitler! – eines der mächtigsten Reiche der Welt. Von Moskau aus betrachtet gewinnen alle Weltmachtträume europäischer Kleinstaaterei die Dimensionen, die ihnen zukommen – von Deutschland als »Nabel der Welt« oder der kriminellen Großmannssucht des Hitlerreiches ganz zu schweigen. Und doch – die letzten Jahre und die Gespräche der deutschen Bundesregierung mit dem Kreml haben wieder einmal gezeigt, daß dieses Deutschland trotz eines »totalen« und verdient total verlorenen Weltkrieges – dem zweiten innerhalb einer Generation – Objekt der Weltgeschichte geblieben und vielleicht wieder dabei ist, mitwirkendes Subjekt zu werden!

1.
Wende der Ostpolitik

Der Vertrag, der im Auftrag der Bundesregierung vom Staatssekretär im Bundeskanzleramt, Egon Bahr, in einem husarenrittähnlichen Tempo mit Andrej Gromyko, dem Außenminister der Sowjetunion, ausgehandelt und von Brandt und Kossygin in ebensolcher Eile am 12. 8. 1970 im Katharinensaal des Kreml unterzeichnet wurde – dieser Vertrag wird Historiker und Politiker noch sehr eingehend beschäftigen. Nicht nur wegen seines Inhalts, der gewiß mancherlei Spuren übereilter Geschäftigkeit verrät – als ob die Aushandlung unter irgendeinem Zeitdruck gestanden hätte –, sondern auch weil der damit erreichte Modus vivendi im deutsch-sowjetischen Verhältnis der Schlüssel war, den die Sowjetunion für die Verfolgung ihrer weiteren weitgesteckten innen- und außenpolitischen Ziele benötigt: die Anerkennung ihrer Hegemonie über das sozialistische Lager Osteuropas sowie dessen Abgrenzung gegen die Welt »des verderbten, dahinsiechenden, zum Tode verurteilten« und trotzdem als Partner so sehr geschätzten und umworbenen Kapitalismus, die Neuordnung ihrer politischen, ökonomischen und technologischen Beziehungen zu Westeuropa und den Vereinigten Staaten von Nordamerika, die Bewältigung des schwierigen und wichtigen Chinaproblems mit all seinen verschiedenen ideologischen und machtpolitischen Facetten u. a. m.

Die Bundesregierung hingegen erhofft sich – als Wert an sich! – eine Normalisierung ihres Verhältnisses zum großen Nachbarn im Osten und zu seinen sozialistischen Verbündeten, die Sicherung West-Berlins und damit auch eine dauerhafte freundliche und für alle Beteiligten fruchtbare Periode im Auf und Ab der wechselhaften und häufig genug leidvollen Beziehungen zur Sowjetunion.

Der Vertrag verschaffte überdies der Bundesrepublik die – längst fällig gewesenen! – diplomatischen Beziehungen zu

China, erleichterte im Mai 1972 die spektakuläre Reise des amerikanischen Präsidenten nach Moskau und die damit verknüpften Pläne, ebnet der Bundesrepublik den keineswegs nur mit Vorteilen verbundenen Weg in die UNO und ermöglicht die Probe auf die Zugkraft der sogenannten Konvergenz-Theorie, dem Wandel durch Annäherung: einmal im Verhältnis zum anderen deutschen Staat, zum anderen in der ebenso schwierigen Regelung der Beziehungen zu Polen, dessen staatliche Auflösung ein erster – von Stalin unterstützter – Versuch Hitlers war, durch erbarmungslose Vernichtung eines ganzen Landes und einer ganzen Nation Großmachtpolitik zu betreiben.

Seit der Unterzeichnung des Moskauer Vertrages gibt es bilaterale Abkommen zwischen der Bundesregierung bzw. dem Senat von Berlin und der DDR und ein Viermächteabkommen zwischen den vier Siegern des Zweiten Weltkrieges, das eigentlich die Neuordnung der politischen Position Berlins zum Ziel hatte.

Der »Grundvertrag« zwischen BRD und DDR schließlich stellt den ersten Nachkriegsversuch dar, menschliche und rechtliche Konsequenzen der Spaltung des einstigen Bismarck-Reiches zu neutralisieren und, trotz Tötungsanlagen, Schießbefehl und aller sonstigen Abgrenzung, zu einem geregelten Neben- und vielleicht sogar Miteinander zu gelangen.

Bedenkt man, daß die Ursache aller dieser diplomatischen Aktivität und zwischenstaatlichen Veränderungen – der deutsch-sowjetische Vertrag – erst im Mai 1972 in Kraft getreten ist, lohnt es sich, die Behauptung, die Bundesrepublik Deutschland sei wirtschaftlich ein Riese, politisch aber ein Zwerg, auf ihre zeitbedingte Gültigkeit zu überprüfen.

Welche Auswirkungen – auch psychologischer Art – alle diese neugeschaffenen Fakten auf die politische »Großwetterlage«

unserer Welt auch immer haben werden – sie gehen jedenfalls zurück auf die Tatsache, daß die Sowjetunion kraft ihrer Machtmittel die geopolitische Lage in Ost- und Mitteleuropa nach dem Weltkrieg gründlich verändert und diese Veränderung als unwiderruflich bezeichnet hat. Die Anerkennung dieser neugeschaffenen »Realitäten« durch die Regierung der Bundesrepublik Deutschland – selbstverständlich bei Fortführung ihrer Politik der friedlichen Wiedervereinigung – führte zum deutsch-sowjetischen Gewaltverzichtsvertrag vom 12. 8. 1970 und dieser wiederum zu einer ganzen Lawine einkalkulierter oder vorhersehbarer politischer Ereignisse.
Die Frage nach der Bedeutung aller damit aufgeworfenen Probleme wird erst in kommenden Jahrzehnten beantwortet werden können – und damit auch die Frage nach den Gründen und der Zweckmäßigkeit besagten »Husarenritts« der ersten sozialdemokratisch geführten Nachkriegsregierung.
War es trotz der inzwischen zutage tretenden Mängel ein großer Wurf, der die Weichen endlich zuverlässig auf Sicherung des Friedens stellte?
Oder war es im Ablauf der Geschichte nur ein vergleichsweise belangloses Intermezzo zwischen der Weltmacht Sowjetunion und einem Teil Deutschlands und deshalb ohne nachhaltigen Einfluß auf die Riesenprobleme der Welt von morgen?
War es ein Zwischenspiel, ein Sprung auf dem abschüssigen Wege zu jenem Ziel, das die »Prawda« bereits am 1. November 1918 mit der Balkenüberschrift einläutete: »Die Weltrevolution hat begonnen!«?
Und wäre damit – einmal mehr – bestätigt, was der Schriftsteller-Philosoph Ernst Jünger ganz generell und offenbar ohne Bezug auf Aktualitäten kürzlich in einem Interview mit dem französischen Weltblatt »Le Monde« erklärt hat: ». . . und was die Deutschen anbelangt, sprechen wir nicht davon. Sie

ebenso wichtig ist es, sich in die Denkweise der Regierung, bei der er akkreditiert ist, und der Bewohner des Landes, das ihm Gastrecht gewährt, hineinzufühlen und mit dem so gewonnenen Verständnis die Überlegungen seiner eigenen Regierung zum Nutzen beider zu beeinflussen.
Ich war – begreiflicherweise – niemals zu Sitzungen des sowjetischen Politbüros oder des Zentralkomitees eingeladen, aber ich habe doch stets versucht, mich in die Lage derjenigen zu versetzen, die die Geschicke der Sowjetunion lenken. Zwar kann ich nicht behaupten, die dabei gewonnenen Erkenntnisse seien meiner eigenen Regierung jemals nützlich gewesen, aber ich habe auf diesem Wege für vieles Verständnis gewonnen, das mir vorher abging. Einiges davon wird man in den hiermit vorgelegten Aufzeichnungen wiederfinden.
Aus welchen Gründen auch immer: Das Verhältnis des Westens zur Sowjetunion ist in Bewegung geraten und wird die Staatsmänner in den kommenden Jahrzehnten mehr beschäftigen, als ihnen mitunter lieb sein mag. Alle Bemühungen um eine echte Entspannung und um dauerhafte friedliche Koexistenz werden aber nur dann von Erfolg begleitet sein, wenn es Westeuropa gelingt, sich bald zusammenzuschließen, den Atlantikpakt – heute nötiger denn je – zu konsolidieren und gemeinsam Ostpolitik zu betreiben. Gewiß nicht, um die Sowjetunion in Schrecken zu versetzen, sondern um ein Gleichgewicht herzustellen und um dann gemeinsam mit ihr Mittel und Wege zu einer friedlichen Koexistenz zu suchen. Der tiefe Graben zwischen West und Ost läßt sich weder zuschütten, noch darf man ihn je übersehen. Aber gemeinsam Brücken bauen sollte man, so viele wie möglich.
Nicht nur die Völker in West und Ost warten darauf, auch die »Dritte Welt«. Alternativen gibt es nicht mehr.

2.
Ernennung zum Botschafter in Moskau

Der Ernennung zum Botschafter in Moskau ging im Oktober 1967 – ich war damals Botschafter in Spanien – ein Anruf Ministerialdirektor Dr. Georg Federers, des Personalchefs im Auswärtigen Amt, bei mir in Madrid voraus. Im Auftrage des Außenministers Willy Brandt erkundigte er sich, ob ich bereit wäre, nach Moskau zu gehen. Nach zwei Bedenktagen stimmte ich zu.
Meine Ernennung überraschte mich, weil ich kein Fachmann für Ostfragen war. Ich hatte zwar 1962/63 einige Monate als Leiter der Handelspolitischen Abteilung des Auswärtigen Amts in Polen verhandelt. Mit Russen aber war ich kaum jemals in Berührung gekommen.
Ich sprach auch nicht Russisch, und die besonderen Probleme des europäischen Ostens waren mir zwar bekannt, aber nicht näher vertraut. So beschränkte sich mein Kontakt auf einen mehrtägigen Besuch, den ich auf der Rückreise von Teheran nach Berlin Moskau im April 1940 und insbesondere dem damaligen deutschen Botschafter, Graf von der Schulenburg, abstattete. Mein Tagebuch aus damaliger Zeit verzeichnet eine Einladung des Botschafters ins Bolschoj-Theater zum Besuch der Oper »Boris Godunow«. Neben dem tiefen Eindruck, den die Aufführung als Ganzes, die prachtvollen Naturstimmen der Russen und der bei uns zu Lande seltene, vollkommene Einklang von Schauspiel und Gesangskunst auf mich machten, notierte ich: »Soweit es sich übersehen ließ, waren der Botschafter und ich die beiden einzigen Männer in der Oper, die eine Krawatte trugen.«
Als ich 28 Jahre später als Botschafter nach Moskau zurückkehrte, hatten sich die Unterschiede in Kleidung und Auftreten zwischen dem Moskauer und dem westeuropäischen Theaterpublikum ausgeglichen: Bei den Sowjetbürgern machte sich die langsame, aber kontinuierliche Anhebung des Lebensstand-

ards auch in der Kleidung bemerkbar; in Westeuropa war man salopper geworden und eher bereit, auf festliche Theaterkleidung zu verzichten.
Je länger ich mich in meinen künftigen Aufgabenbereich vertiefte, um so mehr erschien mir der Auftrag als bitterernste, aber gleichzeitig auch als faszinierende Mission.
»Achtung«, sagte mir ein Kollege, »du kommst nicht nur in ein anderes Land, du kommst in eine andere Welt!« Das bezog sich nicht nur auf die Mentalität seiner Bewohner, das bezog sich auch auf die eisige Luft, die einen deutschen Nachkriegsbotschafter erwartete, und offenbar nicht nur ihn.
Einer der qualifiziertesten Ostexperten der westlichen Welt, der amerikanische Diplomat und Historiker George F. Kennan, schrieb 1967 in seinen »Memoirs 1925–1950«: »Wir könnten uns den Umgang mit Rußland sehr erleichtern, wenn wir uns eingestehen würden, daß seine Führer sich aus eigener freier Entscheidung als Feinde aller Teile der Welt fühlen, die sie nicht beherrschen, und daß dies ein anerkanntes Prinzip für das Denken und Handeln des gesamten sowjetischen Apparats ist.«
Lenins Skepsis gegenüber dem Gelingen einer auf Rußland beschränkten Revolution und sein Ausspruch »Wir befinden uns gleichsam in einer belagerten Festung, solange uns nicht andere Abteilungen der internationalen sozialistischen Revolution zu Hilfe kommen« – gelten mit gewissen Einschränkungen auch heute noch und machen manches in der sowjetischen Außenpolitik verständlich, was sonst unbegreiflich bleiben würde.
Dieser Aussprüche erinnerte ich mich kurz vor Antritt des neuen Postens und dachte nicht zuletzt auch an die kaum vorstellbar hohe Summe von Belastungen, denen die deutsch-sowjetischen Beziehungen vom Überfall Hitlers auf die Sowjetunion bis zur Zerstückelung Deutschlands ausgesetzt waren.

Konnte man als Vertreter seiner Regierung mehr tun, als sich dieser Belastung bewußt zu sein? Konnte man dazu beitragen, sie zu überwinden, zu neutralisieren? Was wurde dabei aus Deutschland, was wurde aus Berlin? Werde ich ebenso wie mein sowjetischer Kollege in Bonn überhaupt mit Männern sprechen können, die Einfluß auf die Entwicklung haben? Gehörte dieser sterile Zustand gegenseitiger Vorwürfe und Beschimpfungen auch zu den künftigen Programmpunkten sowjetischer Außenpolitik oder zu den Zuständen, die eher heute als morgen beseitigt werden sollten?
Lauter Fragen, die regelmäßig auftauchten, wenn ich die Akten las, die Noten studierte, die Zwischenfälle registrierte und einen Blick in den Graben geworfen hatte, der zwischen den Entspannungsideen des Kreml und den unsrigen klaffte. Um so natürlicher war es, daß auch die eigene innere Spannung zunahm, je näher der Tag der Abreise kam.
Trotz der Dr. Federer im Oktober 1967 übermittelten Bitte, der Außenminister möge mich doch möglichst bald empfangen, kam es erst Anfang Mai 1968 – kurz vor meiner Ausreise – zu einem ersten Gespräch mit Willy Brandt. Leider war die Zeit zu kurz, um das Thema der deutsch-sowjetischen Beziehungen eingehender zu erörtern. Da ich den Beruf des Botschafters unter anderem stets als den eines kritischen Interpreten der von der Zentrale ausgegebenen Weisungen aufgefaßt habe, hätte ich unter vier Augen gern vor meinem Dienstantritt erfahren, ob meine Ansichten zur Ostpolitik mit denen meines Ministers in etwa übereinstimmten. Wichtiger noch – so schien es mir jedenfalls – müßte es für den Außenminister sein, einen Eindruck darüber zu gewinnen, ob sein Mann in Moskau bereitwillig der von ihm vorgezeichneten politischen Linie folgen werde. Doch kann es sein, daß damals auch Brandt sich noch keine klaren Vorstellungen über Chancen und Hindernisse einer aktiveren deutschen Sowjetunion-Politik hatte bilden können.

Während sich Gelegenheit fand, den Bundesminister für Gesamtdeutsche Fragen, Herbert Wehner, sowie den Partei- bzw. Fraktionschefs der SPD und FDP, Walter Scheel, Wolfgang Mischnick und Helmut Schmidt Abschiedsbesuche zu machen und mit ihnen die Lage durchzusprechen, mußte ich Rainer Barzel, dem Vorsitzenden der CDU/CSU-Fraktion, meinen Besuch schuldig bleiben. Er fand weder vor meiner Abreise noch später anläßlich meiner gelegentlichen Bonnaufenthalte Zeit zu einem Gespräch. Erst unmittelbar vor seinem Moskaubesuch im Winter 1971 kam es zu einer ersten Unterhaltung zwischen uns.
Um so ausführlicher erörterte Bundeskanzler Kiesinger die Problematik Bonn–Moskau mit mir. Es fügte sich gut, daß er wenige Tage vor meiner Abreise Ende April 1968 eine Klausurtagung einberufen hatte, die zwei Tage lang auf Schloß Heimerzheim bei Bonn das Thema »Deutsche Ostpolitik« erörterte. Unter der Leitung des Bundeskanzlers nahmen an ihr der Außen- und Innenminister, der Minister für Gesamtdeutsche Fragen, die zuständigen Staatssekretäre und Abteilungsleiter, die Parteivorsitzenden sowie die Fraktionschefs aller vier im Bundestag vertretenen Parteien teil.
Für mich war es eine besonders günstige Gelegenheit, so kurz vor der Ausreise noch einmal alle für ostpolitische Probleme Verantwortlichen der Legislative und Exekutive zu treffen und ihre Ansichten in extenso kennenzulernen. Gleichzeitig war es bewegend, festzustellen, wie sehr sich alle Beteiligten, trotz der Verschiedenheit der Meinungen und trotz der Härte der Diskussion, doch gerade in diesen Fragen in einem Boot fühlten.
Leider war es das erste und auch das letzte Mal, daß ich einen solchen Versuch erlebt habe, eine Lebensfrage der Nation nicht nur im Bundestag, sondern auch im vertraulichen Kreis von Legislative und Exekutive zur Diskussion zu stellen und auf der

Basis vorhandener Übereinstimmungen ein möglichst gemeinsames Konzept zu erarbeiten. Die Regierung Brandt war der Meinung, solcher vertraulichen Debatten entraten zu können. Auch die Moskauer Erkenntnisse und Beobachtungen ihres Botschafters diskutierte man nicht mehr. Meine Telegramme, Analysen, Ratschläge, Empfehlungen wurden – wie ich gelegentlich erfuhr – oberhalb der Ebene der Abteilungsleiter – wenn überhaupt dann nur mit steigender Mißbilligung gelesen und verschwanden in den Akten. Bei besonders kritischen Berichten schraubte man gelegentlich den von mir verfügten Grad der Geheimhaltung so hoch, daß sie auch selbst zuständigen Abteilungsleitern nicht mehr zugänglich gemacht wurden, wodurch die »Ansteckungsgefahr« meiner darin vertretenen Auffassungen auf ein Minimum reduziert werden konnte.
Das Thema Ostverträge durfte selbst da nicht diskutiert werden, wo es im Mittelpunkt der Erörterungen hätte stehen müssen. Aus einem Kolloquium mit 27 ausgewählten deutschen Ostexperten über Ziele und Methoden sowjetischer Außenpolitik, das im Mai 1971 in Bonn stattfand, wurde, »um Kontroversen zu vermeiden, die eine Bewertung der sowjetischen Außenpolitik erschwert hätten«, das Thema »Deutsche Ostpolitik« aus den Erörterungen ausgeklammert. Ähnlich wurde im Mai 1971 auf einer Konferenz der deutschen Ostblock-Missionschefs in Bonn verfahren.

3.
Ankunft in Moskau

Am 3. Mai flogen wir, meine Frau und ich, zunächst nach Paris – eine direkte Verbindung zwischen Moskau und der Bundesrepublik gab es ja noch nicht – und am 5. Mai mit der »Scandinavian Airlines System« über Stockholm nach Moskau. Es war bereits Nacht, als wir in Scheremetjewo, dem internationalen der drei Moskauer Flughäfen, ankamen. An der Gangway erwartete uns der Chef des Protokolls, Botschafter Fjodor Molochkow, und führte uns zunächst zu der großen Gruppe der deutschen »Kolonie«. Mehr als hundert Menschen waren herausgekommen, um uns zu begrüßen: alle Botschaftsbeamten und -angestellten und die 14 in Moskau akkreditierten deutschen Journalisten mit ihren Damen. Im flackernden Licht der Bogenlampen schritten wir »die Front« ab und drückten so manchem Mitarbeiter oder Pressevertreter die Hand, mit dem uns seither über die Amtszeit hinaus eine zuverlässige Kameradschaft und Freundschaft verbindet.
Dann ging es über die Leningrader Chaussee in das künftige »Zuhause«, die Botschaftsresidenz, vorbei an den riesigen stilisierten Panzersperren, die daran erinnern sollen, daß der Vormarsch der deutschen Truppen 1941 unmittelbar vor Moskau zum Stehen gebracht worden war. Schließlich fuhren wir über die Moskwa-Brücken, vorbei an der Zuckerbäcker-Silhouette des Wolkenkratzer-Hotels »Ukraina«, dem – angeblich vom gleichen Architekten hochmodern aus Glas und Aluminium entworfenen – Verwaltungsgebäude des »COMECON« (des »Rats für gegenseitige Wirtschaftshilfe«), und schon bogen wir in die Uliza Worowskogo ein und erreichten den Hof des Hauses Nr. 48, das uns die nächsten vier Jahre beherbergen sollte.
Botschafter Molochkow verabschiedete sich, der türkische Diener Isr und das chilenische Zimmermädchen Elena brachten uns ins Haus, das Anfang dieses Jahrhunderts solide und mit viel

Geschmack erbaut worden war und während des Zweiten Weltkrieges Sir Stafford Cripps, dem britischen Botschafter, als Residenz gedient hatte.

Wir waren auf den ersten Blick angetan von der rundum holzgetäfelten Halle, von der die Treppe ins Obergeschoß führte, vom Schnitt der Repräsentations- und Privaträume und den drei anheimelnd aussehenden Kaminen.

Es fanden sich sogar einige wohlgekühlte Flaschen Münchener »Löwenbräu« im Eisschrank, die zum Menü des Tages und zum ersten Gespräch mit meinen beiden engsten Mitarbeitern, dem Gesandten Otto von Stempel und dem Chef des politischen Referats, Botschaftsrat Rudolf Wolf, einem ausgesprochenen Experten für deutsch-sowjetische Beziehungen, hervorragend paßten.

Die ersten Wochen und Monate stellten meinen guten Willen, möglichst rasch mit den Sowjets in Kontakt zu kommen, auf eine harte Probe.

Nachdem ich bereits ein Vierteljahr auf mein Agrément hatte warten müssen, ließen sich die Sowjets nun auch weiterhin Zeit, bis ich mein Beglaubigungsschreiben überreichen und dann auch offiziell als Botschafter die Arbeit aufnehmen konnte.

Inzwischen machte ich Antrittsbesuche bei den nächststehenden Kollegen: Olivier Wormser, der Botschafter von Frankreich, war mir bereits aus Vorkriegszeiten bekannt, als er französischen Delegationen für Wirtschaftsverhandlungen mit Deutschland vorstand. Er verließ Moskau bald, um Gouverneur der Bank von Frankreich zu werden. Auch Lwellyn Thompson, der Amerikaner, alterfahrener Rußland-Spezialist des State Department, verließ kurze Zeit nach meiner Ankunft unsere Runde. Sein Tod hat ihn daran gehindert, jahrzehntelange Erfahrungen mit den Sowjets zu Papier zu bringen. Der britische Botschafter, Sir Harrison, war, als ich meinen Posten

übernahm, gerade dabei, nach vierjähriger Amtszeit seine Abschiedsbesuche zu absolvieren.
Wir vier, d.h. die drei Botschafter, deren Regierungen – neben der sowjetischen Regierung – die Verantwortung für »Deutschland als Ganzes« trugen, und der Botschafter der Bundesrepublik, wir trafen uns an jedem Mittwoch um 11.00 Uhr morgens, um all das zu erörtern und miteinander abzustimmen, was sich insbesondere an politischen Ereignissen an den Vortagen ereignet hatte und an den Tagen darauf zu erwarten war.
Wenige Monate nach meinem Eintreffen war ich bereits der Senior dieser kleinen Gruppe und konnte die neuen Kollegen in unserer Mitte willkommen heißen. Zuerst kam Sir Duncan Wilson, bis dato Botschafter Ihrer Majestät in Belgrad, dann Roger Seydoux de Clausonne, ebenso wie sein in Bonn akkreditierter Bruder ein alter Routinier und stets hilfsbereiter Kollege auf der diplomatischen Bühne. Ihm folgte schließlich aus Prag der neue amerikanische Botschafter, Jacob Beam, ein erfahrener Ostblock-Experte. Ihnen allen bin ich Dank schuldig. Sie haben mir die Arbeit erleichtert, wo und wie es nur ging; und wenn es in diesen vier Jahren in der politischen Landschaft draußen mancherlei Spannungen gab, so ist diese Elektrizität niemals in die kleinen abhörgesicherten Kabinen gedrungen, in denen wir gemeinsam berieten. Sie haben niemals unser sachliches Einvernehmen und unsere freundschaftlichen, menschlichen Beziehungen getrübt. Neben diesen Kollegen gab es viele andere, die – wie der Botschafter Italiens, Frederico Senzi, ebenfalls ein »alter Hase« auf sowjetischem Parkett – meiner Frau und mir vom ersten Tage an mit Freundschaft entgegenkamen und uns das schwierige Einleben erleichterten.
Die Zeit ging rasch dahin, unser Hausrat traf ein, und die Repräsentationsräume unserer Residenz konnten endlich einge-

richtet werden. Mein Vorgänger, Gebhardt von Walther, hatte sie aus eigenen Mitteln eingerichtet, bei seiner Abreise hatte er sein Eigentum natürlich wieder mitgenommen und nur das zurückgelassen, was er an amtlicher Einrichtung selbst vorgefunden hatte: fleckige Speisezimmerstühle, mehr oder weniger abgewetzte Salonmöbel, Ladenhüter, die zudem nicht zusammenpaßten und mit denen weder Staat gemacht, geschweige denn den Gesellschaftsräumen einer großen Botschaft eine repräsentative oder gemütliche Atmosphäre verliehen werden konnte.

Von den deutschen Behörden und vor allem den den Ländern unterstehenden Museen war nichts zu bekommen. Sie weigerten sich, auch nur ein Stück der in ihren Kellern aufbewahrten Kunstwerke leihweise zur Verfügung zu stellen – häufig mit dem Hinweis auf die schlechten Erfahrungen in der Vergangenheit. Mit den Kriegen, so wurde oft argumentiert, verlören wir stets auch das Mobiliar und die Kunstschätze unserer diplomatischen Vertretungen. Dem Auswärtigen Amt seinerseits gelang es nicht, sich vom Haushaltsausschuß des Parlaments die Mittel zu beschaffen, die nötig waren, um wenigstens einige unserer zu kurz gekommenen großen Botschaften, zu denen vor allem Moskau gehörte, halbwegs anständig auszustatten. Für die Renovierung unserer alten, seit dem Ersten Weltkrieg mehrfach konfiszierten und von de Gaulle zurückerstatteten Botschaftsresidenz in Paris, dem Palais Beauharnais in der Rue de Lille, wurden allerdings weit über 20 Millionen DM aufgewandt. Hier hatte wohl die französische Regierung zur Bedingung gemacht, daß das in Jahrzehnten desolat verwohnte und verkommene Gebäude ohne Rücksicht auf Kosten in alter Pracht wieder hergerichtet werden müsse.

Unser damaliger Botschafter in Frankreich, Dr. Manfred Klaiber, nach den Kosten gefragt, pflegte, ohne Zahlen zu nennen, zu antworten: »Lächerlich wenig! Die gesamte Renovierung der Botschaft kostet nur wenig mehr als ein einziger Starfighter, hat aber den immensen Vorteil, daß sie nicht herunterfallen kann!«

Für die Botschaftsresidenz Moskau – nach der Eröffnung der diplomatischen Beziehungen 1957 rasch, lieb- und lustlos eingerichtet und inzwischen verwohnt – waren keinerlei Mittel vorhanden, um sie so auszustatten, wie es einer der größten und für uns bedeutungsvollsten Staaten der Welt eigentlich hätte erwarten dürfen. »Public relations« im eigentlichen Sinne des Wortes wären es gewesen, diese Residenz angemessen auszustatten, d.h. dabei auch ein wenig von den Kunstschätzen, Gemälden, Möbeln, Skulpturen zu zeigen, die in Deutschland und von Deutschen geschaffen worden waren.

Betrat man dagegen in Moskau die französische Botschaft mit ihren kostbaren Gobelins, die britische mit ihren schönen Möbeln und dem prachtvollen Silber, die kanadische mit ihrem sorgfältig gepflegten Interieur und der Sammlung wertvoller, moderner Bilder, oder durchwanderte man die Riesenräume des »Spaso-house«, der Residenz des amerikanischen Botschafters, die ihre russischen und internationalen Gäste mit wechselnden Wanderausstellungen zeitgenössischer amerikanischer Maler oder auch Pop-art für das Heute amerikanischen Kunstverständnisses zu interessieren versuchte, war es für den deutschen Botschafter schon fast peinlich, die »Visitenkarte« seines Landes, die Residenz, in dem geschilderten Zustand vorzufinden.

Da die Botschaft aber als »von Amts wegen eingerichtet« galt, wurden dem Botschafter nur wenige Kubikmeter Transportraum zugebilligt, um dringend benötigtes Privatmobiliar auf Staatskosten nach Moskau kommen zu lassen. Unter diesen Umständen und da das Bonner Möbellager des Auswärtigen

Amts kaum Passables an Einrichtung, geschweige denn an Kunstwerken hergab, entschloß ich mich, auf eigene Möbel und insbesondere auf die Einrichtung unserer über den Salons liegenden Privatwohnung zu verzichten und den knapp bemessenen Transportraum im wesentlichen mit privaten Kunstgegenständen auszufüllen – ein Entschluß, der sich als richtig erwies. Unsere Gäste, vor allem auch die russischen, hatten Freude an dem Ambiente der Botschaft und fühlten sich wohl. Eines Tages entdeckte ich im Möbelspeicher des Auswärtigen Amts ein spätes Bismarck-Porträt Lenbachs in Kürassier-Uniform. Ich ließ es nach Moskau kommen und in meinem Arbeitszimmer aufhängen – als kleinen und häufig verstandenen Hinweis, daß die Bundesregierung auch heute wieder ebenso besorgt um gute Beziehungen zu Rußland sei wie der erste deutsche Reichskanzler und letzte preußische Gesandte am Zarenhofe von St. Petersburg.

4.
Erste Gespräche

Endlich war es soweit. Vom Chef des Protokolls erhielt ich die Einladung des Staatspräsidenten Nikolai Podgorny zur Überreichung meines Beglaubigungsschreibens. Botschafter Molochkow, der, wie er mir erzählte, das dornige Amt des Protokollchefs bereits seit 40 Jahren versah, holte mich am 29. Mai vormittags ab. Gemeinsam fuhren wir zum Kreml. Während der Fahrt fiel mir ein, wie am 11. Juli 1963 der spanische Protokollchef, Conde de la Torre, in mein Hotel kam, um mich – ebenfalls zur Überreichung des Beglaubigungsschreibens – zum Staatschef General Franco in den Palacio del Pardo zu bringen. Auf die Frage des Grafen »Haben Sie auch Ihr Beglaubigungsschreiben bei sich?« verwies ich leicht pikiert auf eine blaue Ledermappe unter meinem Arm, in der das kostbare Dokument verborgen war. »Darf ich es wohl mal sehen?« fragte Graf de la Torre. »Sie sind reichlich neugierig«, sagte ich. Ungerührt überzeugte er sich selbst davon, daß es nicht eine alte Zeitung, sondern tatsächlich das Beglaubigungsschreiben war, gab es mir zurück und bemerkte: »In vergangenen Jahren ist es zweimal vorgekommen, daß ein neuer Botschafter dem Staatschef gegenüberstand und einen großen Umschlag unter dem Arm hatte. Als er nun das Beglaubigungsschreiben überreichen sollte, griff er selbstbewußt in den Umschlag. Der aber war leer! Das Dokument hatte er zu Hause vergessen! Verstehen Sie, seitdem sind wir vorsichtig geworden . . .«
Für das sowjetische Staatsoberhaupt Podgorny war alles »in Ordnung«. Nach feierlicher Übergabe der »credentials«, die erst in diesem Augenblick einen schlichten Bürger in einen Botschafter und damit in den gewichtigen Vertreter seines Staatsoberhauptes verwandeln, folgte die Vorstellung meiner Mitarbeiter und dann die Einladung Podgornys zum offiziösen Teil der Veranstaltung, der stets der angenehmere zu sein pflegt.

In einem kleinen Raum war für nur wenige Personen gedeckt; es gab Kaffee, Gebäck, Krim-Wein und den vorzüglichen armenischen Kognak, und es gab ein langes Streitgespräch. Podgorny begann mit der Aufzählung aller Sünden der deutschen Nachkriegsregierungen hinsichtlich ihrer Ostpolitik und ihrer Impertinenz, die »Realitäten« in Europa nicht anerkennen zu wollen. Für mich war es das erste Mal, daß ich diese – gar nicht so ungeschickte und jedenfalls wohlausgeklügelte – Methode kennenlernte, dem Botschafter klarzumachen, wieviel bzw. wie wenig man von seinem Lande und dessen Regierung halte und wie große Mühe er und seine Regierung sich geben müßten, um diesen miserablen Eindruck zu ändern. Fast alle Antrittsbesuche der kommenden Monate fingen so an. Ich holte tief Luft und war in meiner Replik um nichts weniger deutlich. Ich erwähnte auch, daß dem Botschafter der Sowjetunion in der Bundesrepublik alle Türen offenstünden, um sich davon zu überzeugen, wie stark in allen Kreisen der Wunsch sei, mit der Sowjetunion zu einer Normalisierung zu gelangen.
»Eine Kapitulation«, sagte ich in bezug auf die »Realitäten«, »eine Kapitulation wird es nicht noch einmal geben.« Wenn der Botschafter der Bundesrepublik in Moskau es ebenso leicht hätte, Gespräche zu führen, wie sein sowjetischer Kollege in Bonn, dann würde man sich und die beiderseitigen Standpunkte zur Lage auch besser und rascher kennenlernen. Aber da vor dem deutschen Botschafter, wie mir bekannt sei, viele Türen verschlossen gehalten würden, habe man in Bonn manchmal den Eindruck, daß die Sowjetregierung an einem besseren Verhältnis mit uns gar nicht so sehr interessiert sei.
»Wissen Sie«, erwiderte der Staatspräsident und legte seine Hand auf meinen Arm, »das ist der Punkt, über den man wirklich nachdenken sollte. Ich meine, Sie sollten Gelegenheit zum Gedankenaustausch mit den zuständigen Männern bei uns be-

kommen. Auch wir beide werden uns heute gewiß nicht das letzte Mal sehen. Und deshalb wollen wir uns nicht gleich das erste Mal in die Haare geraten. Streiten kann man immer noch genug. Trinken wir lieber auf das gemeinsame Wohl.«

So fand das erste offizielle Gespräch trotz des etwas aggressiven Anfangs ein recht kordiales Ende, an das mich Podgorny erinnerte, als er mich Ende März 1972 zu einem langen und besonders offenen und sympathischen Abschiedsgespräch empfing. Immer wenn ich den freundlichen alten Herrn sah, dachte ich, wie nett und amüsant es sein müßte, mit ihm bei einem guten Glas Wein und einmal fern von aller Politik persönliche Erinnerungen auszutauschen: über Reisen, über die Jagd, über die kleinen und großen Schwächen von Staats- und anderen Männern ...

Aber für sowjetische Politiker gilt entsprechend, was der oberste Hirte der Evangelischen Kirche in Deutschland, Dr. Otto Dibelius, einmal sagte: »Ein Christ ist immer im Dienst.« Sowjetfunktionäre sind im Umgang mit westlichen Ausländern »immer im Dienst«. Chruschtschow hatte dieses Protokoll mitunter auf etwas burschikose Weise ein wenig aufgelockert, aber das hat man ihm sehr übelgenommen.

Die Besuche bei Behörden und Behördenchefs, die ich danach laut sowjetischem Protokoll zu absolvieren hatte, erfolgten nur schleppend. Offensichtlich hatten die meisten der vom sowjetischen Außenministerium auf die Liste gesetzten Minister weder Lust noch Zeit, sich von mir besuchen zu lassen. Kam ein Besuch zustande, verlief er zumeist in gleicher Form, d. h. in einem höflich korrekten Austausch gegenseitiger Beschuldigungen. Es war schon viel, wenn die an die deutsche Seite adressierten Vorwürfe – der Überfall von 1941 mit dem immensen Blutzoll, den die Sowjets hatten entrichten müssen, der Drang der Deutschen nach Revanchismus, die Weigerung, die »Reali-

täten«, nämlich die von den Sowjets nach dem Kriege gezogenen Grenzen, anzuerkennen – mit einem Tonfall vorgetragen wurden, aus dem immer wieder der Wunsch herauszuhören war, die auch menschlich so unbefriedigende Situation zwischen zwei Völkern, die aufeinander angewiesen sind und miteinander leben müssen, zu ändern. So etwa erging es mir mit der Kultusministerin der Sowjetunion, Frau Jekaterina Furzewa, dem Vorsitzenden des Nationalitätensowjet, dem Letten Justas Paleskis, dem Vorsitzenden des Obersten Sowjet, Iwan Spiridonow, oder seiner stets freundlichen und lebhaften Nachfolgerin, Frau Jadgar Nasreddinowa, ehemals Vorsitzende des Ministerrats von Usbekistan, oder auch dem Ministerpräsidenten der Russischen Sozialistischen Föderativen Sowjetrepublik (RSFSR) Nikolai Rodinow.
Es waren harte, aber es waren eben doch menschliche Töne, die ich zu hören vermeinte, nicht nur das monotone Ablaufen einer Platte, die aufgrund höherer Weisung aus Anlaß meines Besuchs aufgelegt werden mußte und deren Resonanz bei mir – wenn überhaupt – höchstens negative Effekte auslösen konnte. Allerdings gehörten weder der eine noch der andere zu dem engen Kreis derjenigen sowjetischen Politiker, deren Stimme bei außenpolitischen Problemen von Gewicht war.
Diejenigen aber, die ich – jedenfalls nach internationalem Brauch – als erste hätte sehen müssen, den Außenminister Andrej Gromyko und den Ministerpräsidenten Alexej Kossygin, ließen sich viel Zeit.
Nun war es in Moskau stets eine Haupt- und Staatsaktion, um bei dem Außenminister überhaupt vorgelassen zu werden. Den Ministerpräsidenten wie die Mitglieder des Zentralkomitees oder des Politbüros – also die Männer, die die Richtlinien von Politik und Wirtschaft bestimmen – sahen viele der in Moskau akkreditierten Missionschefs überhaupt nur im Fernsehen oder

am 7. November beim Jahresempfang zum sowjetischen Nationalfeiertag. Man traf sie dort zwar, aber die Gelegenheit zu Gesprächen war sehr begrenzt.
Ulrich Graf Brockdorff-Rantzau, eigenwilliger und erfolgreicher Botschafter Deutschlands nach dem Ersten Weltkrieg, hat einmal zu seinem Gegenspieler Tschitscherin gesagt: »Zu einem Volkskommissar vorzudringen scheint heute viel schwieriger zu sein, als früher beim Zaren vorgelassen zu werden.« Graf Brockdorff-Rantzau hat übrigens, wie sein alter Freund und Berater Moritz Schlesinger schreibt, Lenins Nachfolger Stalin nie gesehen, weder zu Lenins Lebzeiten noch nachdem Stalin zusammen mit Grigorij Sinowjew und Leo Kamenew dessen Nachfolge angetreten hatte.
Das Protokoll spielte im offiziellen Miteinander Moskaus also von jeher eine große Rolle, und wer sich darüber ärgerte, konnte die »Memoiren« des Kollegen Sigismund von Herberstein lesen, der im Auftrag Kaiser Maximilians I. und Karls V. zwischen 1516 und 1526 als Sonderbotschafter nach Moskau reiste und 1567 ein Buch darüber veröffentlichte. Das Kapitel »Wie Botschafter empfangen und gehalten werden« läßt die Regeln lebendig werden, die bereits damals von Diplomaten beobachtet werden mußten, und tröstet über die heutigen hinweg.
Ein anderer Beobachter, Johann Georg Korb, der 1698 als Sekretär des kaiserlichen Gesandten von Guarient nach Moskau kam und aus dessen Tagebuch »Diarum itineris in Moscoviam« die »Fränkische Heimat« vor einigen Jahren interessante Abschnitte abgedruckt hat, schreibt, daß in Moskau die »Diplomaten mit Rang- und Etikettestreitigkeiten zu Tode gequält wurden«.
Ende Juli 1968 erhielt ich vom sowjetischen Außenministerium eine Einladung zu einem Empfang im Kreml aus Anlaß der

Anwesenheit des ungarischen Parteichefs János Kádár und hoher ungarischer Regierungsvertreter. Normalerweise wurde man zu bilateralen Veranstaltungen des Ostblocks nicht eingeladen, zumal wenn man wie die Bundesrepublik mit der Regierung der Ehrengäste – in diesem Fall also Ungarn – keine diplomatischen Beziehungen unterhielt. Meine Mitarbeiter tippten also bei der Einladung auf einen »Irrläufer« und meinten, die Einladung sei gewiß für den Botschafter der DDR bestimmt und sollte dem Protokoll zurückgegeben werden. Ich hatte eine höhere Meinung von der Präzisionsarbeit des sowjetischen Protokolls und entschied, die Einladung anzunehmen. »Wenn es schon nichts nützt, hinzugehen«, sagte ich, »kann es jedenfalls auch nichts schaden.«

Ich fuhr also am 3. Juli nachmittags zum Kreml und fand am – wie stets reich besetzten – Buffet bald Gelegenheit, mich dem Außenminister der Sowjetunion, Andrej Gromyko, vorzustellen. Er war gut aufgelegt und meinte sogar, meine Bekanntschaft zu machen sei ihm ein Vergnügen, das er in Kürze in seinen Amtsräumen wiederholen möchte. Die sowjetische Regierung, versicherte er mir, habe stets einen Unterschied gemacht zwischen dem deutschen Volk und den faschistischen Verbrechern, die sein Land überfallen hätten. Ich sagte ihm, die Generation von heute bestünde bereits wieder zur Hälfte aus Menschen, die in den Kriegsjahren erst geboren und natürlich besonders daran interessiert seien, unter eine Vergangenheit einen Strich zu ziehen, für die sie keinerlei Verantwortung trügen. Unmittelbar nach diesem für sowjetische Verhältnisse politisch wichtigen Gespräch entdeckte ich Anastasij Mikojan. Ich bewunderte diesen Mann, der das Kunststück fertiggebracht hatte, sich in allen lebensgefährlichen Situationen und Regimewechseln seines Landes 50 Jahre lang zu behaupten und auch noch dafür zu sorgen, daß sein – vorwiegend ökonomischer –

Ratschlag gesucht und gehört wurde, in Chruschtschows Zeiten so gut wie in der Stalin-Ära. Fröhlich das Wodkaglas schwenkend, umarmte er mich und erkundigte sich nach alten deutschen Bekannten und Gesprächspartnern, nicht zuletzt nach dem Gesandten Dr. Karl Schnurre, mit dem er 1939 und 1940, also zu Zeiten des Hitler-Stalin-Pakts, deutsch-sowjetische Verträge handelspolitischen Inhalts von hochpolitischer Brisanz ausgehandelt hatte. Trotz seines vorgerückten Alters blickten Mikojans Augen unter dichten schwarzen Brauen noch immer so lebhaft, schlau und listig in die Welt wie eh und je. Armenier sollen ja wohl vom lieben Gott das Privileg erhalten haben, bereits mit allen Wassern gewaschen und mit sämtlichen Ölen gesalbt zu sein, wenn sie – natürlich mit geschlitzten Ohren – geboren werden!

Im Gegensatz zu Chruschtschow, der nur noch als »Unperson« sein Leben fristete, also auch nie mehr zu Empfängen und dergleichen eingeladen wurde, war Mikojan, der frühere Minister, Ministerpräsident, Staatspräsident und wieder Minister, über alle turbulenten Zeitläufte hinweg der »elderly statesman« geblieben, dem auch sein Sitz im Zentralkomitee nicht streitig gemacht wurde. Als er sich nach seinem »Freunde« Gustav Hilger erkundigte, dem bewährten und allseits beliebten Botschaftsrat und Dolmetscher an unserer Moskauer Vorkriegsbotschaft, erzählte ich ihm, daß Hilger sehr interessante Erinnerungen veröffentlicht habe, und fragte dann Mikojan, wie es denn mit seinen Memoiren stehe. Diese Frage ließ er sich zweimal übersetzen, füllte dann statt einer Antwort bedächtig unsere Gläser mit Wodka und sagte mit mir anstoßend, das Glas auf einen Zug leerend, vergnügt: »Sa wasche sdorowje, Gospodin Posol!« – also dann herzlichst zum Wohle, Herr Botschafter!

Ich habe diesen nicht nur wegen seiner atemberaubenden politischen Drahtseilakte erstaunlichen Mann noch häufiger getroffen, manchen Wodka mit ihm geleert und bin immer wieder auf eine Herzlichkeit gestoßen, die bei der unterkühlten Moskauer Atmosphäre überaus wohltuend war.

In diesem Zusammenhang sollte allerdings auch an das Schicksal von Hans Clodius, stellvertretender Leiter der Handelspolitischen Abteilung des Auswärtigen Amts und hochqualifizierter Experte für die traditionellen Handelsströme zwischen dem Deutschen Reich und seinen östlichen Nachbarn, erinnert werden.

Im Juli 1944 wurde Clodius, der sich gerade zu Wirtschaftsverhandlungen in Bukarest aufhielt, bei der Befreiung Rumäniens durch russische Truppen verhaftet und gegen alle Regeln des Völkerrechts sieben Jahre zusammen mit seiner Frau in einer Einzelzelle des berüchtigten Lubjanka-Gefängnisses festgehalten. Frau Clodius wurde nach Sibirien verschleppt, wo sie – kaum angekommen – die lapidare Meldung erhielt, ihr Mann, den sie in gesundem Zustande verlassen hatte, sei »plötzlich« verstorben. Wer unter diesem grundgescheiten, lebenslustigen, sein Metier perfekt beherrschenden Mann gearbeitet und bei ihm Grundbegriffe der Handelspolitik und der Diplomatie gelernt hat, wird ihn so leicht nicht vergessen.

5.
Neue Belastungsproben – die Besetzung der ČSSR

Inzwischen war die Botschaft damit befaßt, anhand der täglichen Analyse der sowjetischen Massenmedien eine Antwort auf die alle Welt interessierende Frage zu bekommen: Wird die ČSSR besetzt, oder läßt der Kreml den Dingen seinen Lauf? Wir wußten zwar, daß sich der Aufmarsch gegen das kleine Land seit April nach klassisch strategischen Grundsätzen vollzog und der amerikanische Oberbefehlshaber für Europa, General Lemnitzer, den 2. August als den Tag bezeichnet hatte, von dem an stündlich mit einem Einmarsch gerechnet werden müßte.

Im Gegensatz zu anderen in Bonn eingegangenen Meldungen, die sich auf die Meinung Alexander Dubčeks stützten, der Aufmarsch erfolge, um politischen Druck auszuüben, werde aber nicht in eine Besetzung der ČSSR übergehen, waren wir in Moskau immer mehr davon überzeugt, daß des Kremls Geduld wohl bald erschöpft sei.

Am 21. August erfuhren wir dann die Tatsache des Einmarsches aus der morgendlich abgehörten »Deutschen Welle«. Als mittags der Staatssekretär des Auswärtigen Amts, Georg Ferdinand Duckwitz, bei mir anrief und sich u. a. erkundigte, wie das Moskauer Straßenbild auf diese »Sensation« reagiere, hatte der Sowjetbürger noch gar nichts von seiner, den Tschechen so selbstlos gewährten, »brüderlichen Hilfe« erfahren. Ebenso wie der Sowjetbürger erst am 22. Juni 1941 mittags davon unterrichtet worden war, daß die deutschen Truppen morgens um 4.00 Uhr in die Sowjetunion einmarschiert seien, meldeten Presse und Radio die Besetzung der ČSSR erst am Nachmittag des 21. August 1968. Der Versuch der tschechoslowakischen Führung, einen humanen Sozialismus zu verwirklichen, war gescheitert, bevor er richtig begonnen hatte.

Vom legendären (aber tatsächlich existierenden) Sender Eriwan in Sowjet-Armenien soll damals verbreitet worden sein, alles hätte seine Ordnung: Der tschechische Hilferuf – mit dem ja der Kreml bekanntlich den Einmarsch motivierte – sei tatsächlich im März 1939 ergangen, als Hitler in die ČSSR einmarschierte. Seine Bearbeitung durch die sowjetische Bürokratie hätte aber geraume Zeit in Anspruch genommen, so daß er erst 1968 positiv habe entschieden werden können.

Vom Kreml aus gesehen hatte das Regime Dubček die Sowjetunion in der Tat vor ein schweres Problem gestellt: Die Sowjetführung hat die Einbeziehung der fünf – seinen westlichen Grenzen vorgelagerten – Staaten Rumänien, Polen, Bulgarien, ČSSR und Ungarn (ursprünglich kam auch noch Jugoslawien hinzu) in ihren Machtbereich als den eigentlichen Gewinn des Zweiten Weltkrieges betrachtet; ihnen wurde die Aufgabe zugewiesen, zwischen der Sowjetunion und Westeuropa künftig als ein Kollektiv von Pufferstaaten, als »Cordon sanitaire« zwischen den Bereichen des Sozialismus und des Kapitalismus zu fungieren. Natürlich wußte und weiß man in Moskau, wie unpopulär und unerwünscht es der Bevölkerung dieser Staaten war und blieb, innerhalb einer Gesellschaftsordnung leben und arbeiten zu müssen, in der der Staat, gelenkt von der Partei, alles ist und der Mensch nur eine Funktion jenes Organismus verkörpert, an dessen Gestaltung er nicht einmal hat mitwirken dürfen. Schließlich und endlich hatten alle diese Staaten noch in diesem Jahrhundert – und die meisten davon noch bis zum Zweiten Weltkrieg – in Gesellschaftssystemen gelebt, die gewiß nicht immer allen behagten. Aber die physische und geistige Unfreiheit, die der Marxismus-Leninismus mit sich brachte, war ebenso schwer zu ertragen wie etwa das Gefühl, als ehemals freier Bürger einer in ihren Grenzen unabhängigen Nation einem Nachbarstaat, der Sowjetunion, auf Gedeih und Verderb ausgeliefert zu sein. So mußten sie erst auf ihre Aufgabe vorbereitet, d. h. pazifiert und sozialisiert werden. Selbst das nach der

Befreiung von deutscher Besatzung gewiß schwierige Geschäft der Regierungsbildung wurde ihnen abgenommen und vom Kreml zentral gelöst. Alle diese Aufgaben konnten nur unter beträchtlichen Schwierigkeiten, deren Weg durch den Abfall Jugoslawiens, die blutigen Aufstände in Polen, in Ungarn und in der DDR markiert ist, bewältigt werden.

Nachdem endlich die sozialistische Ruhe hergestellt schien, mußte es den Kreml alarmieren, daß trotz aller statuierten Exempel wiederum ein sozialistischer Staat, die ČSSR, den Versuch unternahm, sowjetische Richtlinien und Lebensregeln auf seine individuelle Weise auszulegen und damit die Gefahr eines Bruchs dieses wohlausgeklügelten Sicherheitssystems heraufzubeschwören.

Es läßt sich kaum leugnen, daß den Machthabern der Sowjetunion diese Gefahr um so virulenter erschien, als die westlichen Massenmedien – nicht zuletzt solche in der Bundesrepublik – nichts unterließen, um die Nervosität der Sowjets nach Kräften zu schüren, über die »düpierte« Sowjetunion zu triumphieren und der Hoffnung Ausdruck zu geben, daß der Weg zum menschlichen Kommunismus in der ČSSR nur ein Schritt auf dem Wege zu Neutralität und westlich orientierter parlamentarischer Demokratie sein möge.

Fehlte es etwa an Geld? Nichts leichter als das, sagte sich die Deutsche Bundesbank und entsandte – übrigens gegen das entschiedene Votum von Bundeskanzler Dr. Kiesinger, der bereits Monate früher als andere die provozierende Brisanz des »Runs nach Prag« und westlicher Hilfeleistungen an das Dubček-Regime erkannt und davor gewarnt hatte – schleunigst ihren Präsidenten Karl Blessing an die Moldau, um über Kreditlinien zu verhandeln. Dieser und andere Besuche, wie etwa die des FDP-Vorsitzenden Walter Scheel oder des CDU-Abgeordneten Werner Marx, offizielle und offiziöse Erklärungen über künftige wirtschaftliche und politische Kooperation folgten von mehreren Seiten. So trug der Westen schließlich das Seine dazu bei, im Kreml die Befürchtung zu stärken, das Experiment Dubčeks sei wohl nur ein Vorwand für den Versuch, aus dem sozialistischen Lager auszubrechen. Nachdem das ZK-Präsidium der KP der ČSSR in einer Erklärung vom 18. Juli 1968 selbst die Vorherrschaft der Kommunistischen Partei in Frage gestellt und vom Willen des Volkes abhängig gemacht hatte, war die Toleranzgrenze des Kreml erreicht.

Leicht kann den Sowjets die Entscheidung, die ČSSR zu besetzen, trotzdem nicht gefallen sein. Sie mußten damit rechnen, daß ein solcher Einmarsch dem bereits in Angriff genommenen Vorhaben, eine Politik der Entspannung gegenüber dem Westen einzuleiten, nicht eben förderlich sein konnte. Sie waren außerdem damit beschäftigt, eine kommunistische Weltkonferenz vorzubereiten, die im November 1968 in Moskau zusammentreten sollte. Sie sahen voraus, daß die Besetzung eines in ihrer Reichweite befindlichen kommunistischen Landes die Beziehungen zu den kommunistischen Brüdern außerhalb ihrer Reichweite empfindlich belasten mußte. Dies besonders, da einige von ihnen, wie z. B. die große italienische KP, eine sozialistische Politik nationaler Unabhängigkeit betrieben und daher kaum bereit sein konnten, Strafmaßnahmen gegen die unbotmäßige ČSSR zu sanktionieren. Andererseits wird man sich in Moskau auch an den Ungarn-Aufstand 1956 und die Neutralitäts-Erklärung des (später von ihnen umgebrachten) Ministerpräsidenten Imre Nagy erinnert haben, mit der er den Austritt aus dem Warschauer Militärblock begründete – und damit die Intervention der Sowjetunion auslöste. Eine Schwächung der sozialistischen Gemeinschaft – etwa gar zugunsten des Potentials des kapitalistischen Lagers – durfte keinesfalls hingenommen werden.

Höchstwahrscheinlich ist innerhalb des Politbüros heftig über das Pro und Kontra diskutiert worden, bis schließlich eine nur kleine, von dem Parteiboß Leonid Breschnew geführte Majorität den Ausschlag gegeben hat.

Schließlich war es erst drei Jahre her, daß die Sowjetregierung der Vollversammlung der Vereinten Nationen im Herbst 1965 den Entwurf einer Entschließung vorlegte, die »das unveräußerliche Recht jedes souveränen Staates auf Freiheit, Unabhängigkeit und Verteidigung seiner Souveränität« bestätigt und alle Staaten auffordert, sich an den »Grundsatz der gegenseitigen Achtung und des Nichteingreifens (non-intervention) in innere Angelegenheiten aus welchen Gründen immer, seien es wirtschaftliche, politische oder ideologische« zu halten. Und noch 1966 wandte sich Wladimir Kusnezow, der sowjetische Delegationsführer bei der damaligen Vollversammlung, »entrüstet gegen alle Versuche, kleinen Ländern einen fremden Willen aufzuzwingen«.

Monate nach dem Einmarsch fiel uns in Moskau eine kleine Zeitungsmeldung auf, nach der der neue tschechische Botschafter, Bohuslaw Chnoupek, zuerst feierlich Breschnew, kurz danach fünf weiteren namentlich genannten Politbüromitgliedern den höchsten tschechischen Orden überreicht habe. Das ergab sechs Orden.

Da das Politbüro elf Mitglieder besaß, blieben also fünf, darunter Kossygin, undekoriert. Chnoupek, inzwischen längst Außenminister – alter Stalinist der Novotny-Ära und dabei ein umgänglicher Botschafterkollege, mit dem mich manches nützliche Gespräch verband – wurde damals gefragt, warum Breschnew und fünf seiner Politbürokollegen in den Genuß eines so spontanen Zeichens tschechischer Dankbarkeit gekommen seien, die Minorität des Politbüros dagegen nicht? Chnoupek war diese Frage offenbar unwillkommen. Er antwortete nur

kurz: »Warten Sie ab, auch Kossygin wird seine Auszeichnung erhalten.«
Da aber darüber nichts verlautbart wurde, wird die quälende Ungewißheit, ob etwa Kossygin den Tschechen die brüderliche Hilfe der Sowjetunion und der DDR zwecks Wiederherstellung des ideologischen Status quo vorenthalten wollte, noch die Geschichtsforscher beschäftigen.
Natürlich kam das Verhalten der Sowjetunion dem Westen denkbar ungelegen. Es war höchst peinlich, vor ein Fait accompli gestellt zu werden, das einmal mehr klarstellte, welche Methoden die Sowjetunion anwendet, wenn es um die Einheit und Erhaltung ihres Machtbereichs geht, und wie sie die – von ihr unterzeichnete, aber bisher nicht ratifizierte – Menschenrechtskonvention der UNO interpretiert. Andererseits gab es – außer einigen verbalen Protesten – nicht die geringste Möglichkeit, am sowjetischen Vorgehen etwas zu ändern, zumal die amerikanische Regierung schon vorher zu erkennen gegeben hatte, daß von ihrer Seite aus keine Intervention zu erwarten sei.
Bereits wenige Wochen danach trafen Andrej Gromyko und Willy Brandt in New York zusammen und versicherten einander, den begonnenen Dialog über einen Gewaltverzicht fortsetzen zu wollen. Was sollten wir auch anderes tun? In den USA beeilte sich Richard Nixon sogar noch rascher als Georges Pompidou in Frankreich, die Sache unter den Tisch zu kehren. Heute, nachdem unter Sowjet-Marschall Jakubowski und Parteisekretär Husak das Ziel, eine ganze Nation zum Schweigen zu bringen, erreicht ist – Heinrich Böll nannte das anläßlich der Entgegennahme des Nobel-Preises in Stockholm: »der perfekte Kultur-Friedhof« –, hegt keine Regierung mehr den Gedanken, die Entwicklung freundschaftlicher Beziehungen zur Sowjetunion unter dem Einmarsch in Prag leiden zu lassen.

Bleibt zu erwähnen, daß Helmut Schmidt – genau ein Jahr nach dem Einmarsch als Fraktionsvorsitzender der SPD zusammen mit Egon Franke und Alex Möller nach Moskau eingeladen – diesem allgemeinen Trend zuwider die Sowjets nachdrücklich auf den Schock hinwies, den die Invasion in die ČSSR in Deutschland verursacht hatte. Die Annahme dieser Einladung nach Moskau – so sagte Schmidt etwa u.a. anläßlich eines Abendessens in meinem Hause – sei ihm überaus schwergefallen.

Allen in der Bundesrepublik an einem guten Verhältnis zur Sowjetunion interessierten Menschen mache es große Mühe, an einen Ausgleich und an ein friedliches Nebeneinander zu glauben, wenn die Regierung der Sowjetunion fortfahre, mit Methoden, wie sie soeben in der ČSSR praktiziert worden seien, ihren Willen durchzusetzen.

Meine sowjetischen Gäste legten ihre versteinerte Maske an und schwiegen. Als Schmidt geendet hatte und sich wieder auf seinen Platz neben dem Vizeaußenminister Wladimir Semjonow begab, sagte dieser lediglich: »Ich verstehe nicht, Herr Schmidt, wie Sie so viel Worte über eine Angelegenheit verlieren können, die Sie absolut nichts angeht. Die Bundesrepublik sollte endlich begreifen, daß es sich hier um eine interne Angelegenheit handelt.«

Schmidt hatte sich so couragiert und so deutlich geäußert, wie es die Sowjets in solchen Fällen zu tun pflegen – es war ihre eigene Sprache, die sie von ihm zu hören bekamen. Übrigens – das Verhalten meiner sowjetischen Gäste und ihr Bemühen, alsbald nach den eindringlichen Worten Schmidts die zuvor herrschende offene, fast freundschaftliche Atmosphäre rasch zurückkehren zu lassen, machte deutlich, daß sie auf jeden Fall vermeiden wollten, den dünngesponnenen Faden eines freundschaftlichen Gesprächs wieder abreißen zu lassen.

Was der spätere Verteidigungsminister Helmut Schmidt im ersten Kabinett Brandt sagte, als ihm Ende Mai 1970 Bahrs Moskauer »Protokoll-Notizen« zum erstenmal als Entwurf eines Staatsvertrages präsentiert wurden, ist – leider – nicht so genau in die Öffentlichkeit gedrungen, wie es wünschenswert gewesen wäre und aufweckend hätte wirken können.

6.
Gromykos Stärke

Bald danach, im August 1968, bat mich Gromyko das erste Mal zu sich. Er war besonders freundlich, was sich schon allein darin zeigte, daß er mir eine Zigarette anbot und sich selbst eine anzündete – das einzige Mal in vier Jahren, daß ich ihn habe rauchen sehen. Das Gespräch erschien mir mit seiner Aufzählung aller Fehler, die die deutsche Politik nach dem Kriege gegenüber dem Osten begangen hätte, und mit der entsprechenden Replik von meiner Seite nicht gerade ergiebig. Aber es dauerte ungewöhnlich lange, nämlich drei Stunden, und dies wiederum war – zumal beim Antrittsbesuch – durchaus positiv zu werten. Ein jedes solcher amtlich-politischen Gespräche hat, selbst wenn über den Inhalt nichts nach außen verlautet, doch seine öffentliche Seite: Die Journalisten haben ein Recht darauf, zu erfahren, ob und wie lange der Botschafter vom Außenminister empfangen wurde.

Die Aufzählung aller deutscher »Sünden« hätte auch beträchtlich kürzer sein können, aber in Bonn und in der westlichen Öffentlichkeit sollte bemerkt werden, daß der überaus beanspruchte Außenminister der Sowjetunion dieses Gespräch nicht als Höflichkeitsroutine, sondern als wichtiges Arbeitsgespräch aufgefaßt sehen wollte.

Ich habe Andrej Gromyko, seit anderthalb Jahrzehnten erster Steuermann sowjetischer Außenpolitik, wohl besser kennengelernt und beobachten können als manche meiner Kollegen in Moskau. Wäre ich am Anfang meiner Karriere gewesen, hätte ich sehr viel Nützliches und Brauchbares von ihm lernen können.

Von gedrungener Statur, etwas stiernackig mit lebhaften, schlauen Augen unter dichten Brauen, ähnelte er jener berühmten Bismarckkarikatur des »Punsch«: »Der Lotse geht von Bord.« Im Lauf der Jahre meinte ich mitunter, vielleicht sei es sogar etwas mehr als diese äußere Ähnlichkeit,

die dazu verführte, sich bei dem weißrussischen Bauernsohn Gromyko aus dem Bezirk Minsk an den preußischen Aristokraten von Bismarck zu erinnern.
Gromyko – ein Mann, dem Emotionen keineswegs fremd sind – besitzt zum Humor, wie schon sein stets kummervolles Gesicht zeigt, ein eher gespaltenes Verhältnis. Eigentlich schätzt er Humor nicht sehr, aber er hat auch nichts gegen ihn. Er ist zwar nicht mit der Leichtigkeit ausgestattet, die es ihm erlauben würde, eine spannungsgeladene Atmosphäre aufzulockern, aber ebensowenig besitzt er jenen tierischen Ernst, den manche Leute wie einen Bauchladen vor sich her tragen. Er gehört auch keineswegs zu den Menschen, denen es etwa peinlich ist, zum Lachen gebracht zu werden, und die dann so tun, als ob Lachen etwas ziemlich Unanständiges wäre. In Ausübung seines Metiers trägt er jeweils die Laune zur Schau, die die Umstände von ihm verlangen, und ist so kühl und nüchtern, wie ein Politiker sein muß, wenn er Erfolg haben will.
Einmal begann Egon Bahr die morgendliche Gesprächsrunde, indem er Gromyko die ihm über Nacht eingefallene Lösung eines bisher unlösbaren Problems vorschlug: »Herr Minister«, sagte Bahr, »ist das nicht das echte Ei des Kolumbus?« Gromyko sah ihn nachdenklich an, ließ sich in seinen Sessel fallen und sagte schließlich, ohne eine Miene zu verziehen, auf deutsch: »Ein kleines Ei.« Dann sprach er auf russisch von etwas anderem.
Gromyko tut und sagt nichts, was nicht durchdacht wäre. Er verfügt über alle Nuancen der Konversation: von steifer Förmlichkeit, konventioneller Höflichkeit bis zu persönlicher Wärme oder auch indigniertem Befremden – und setzt sie jeweils dann ein, wenn es ihm taktisch geboten erscheint. Dazu kommt ein erstaunlich umfassendes Wissen, gesammelt in jahrzehntelanger intensiver Beschäftigung mit allen Fragen der Weltpolitik.

Schließlich nahm er an so gut wie sämtlichen Verhandlungen, Besprechungen oder Entscheidungen teil, mit denen sich die Sowjetunion ihren Weg von einer territorialen Großmacht bis zur politisch-militärischen Supermacht gebahnt hat. Dank dieser immensen Erfahrung, verbunden mit der Fülle in seinem Gehirn gespeicherter Daten und seiner taktischen Routine, ist er vielen seiner Kollegen und Verhandlungspartner überlegen, zumal denen aus der westlichen Welt. Häufig verfügen sie zwar über einen weit größeren, insbesondere auch kreativen Verhandlungsspielraum, als er einem Außenminister der Sowjetunion zustehen dürfte, doch ihre parlamentarisch bemessene Zeit läuft mitunter schon ab, wenn sie gerade die Grundbegriffe ihres Metiers erlernt und die notwendigen persönlichen Kontakte zu ihren Kollegen hergestellt haben.
Die begrenzten Kompetenzen eines sowjetischen Außenministers ergeben sich daraus, daß er sowohl dem Zentralkomitee der Partei mit seinen weitgefächerten und wohlorganisierten Zuständigkeiten gerade für die Außenpolitik wie auch den Weisungen des Spitzengremiums der Führung, dem Politbüro mit dem Parteichef als Primus inter pares, untersteht. Man wird annehmen können, daß diese Führungsgremien zumal in Erinnerung an die Neigung Chruschtschows zu einsamen Entschlüssen auf die Wahrung ihrer umfassenden Kompetenzen eifersüchtig bedacht sind.
Andererseits ist die Amtszeit eines sowjetischen Ministers unbegrenzt und findet ihr Ende im allgemeinen nur aus Altersgründen, nicht erfüllten Leistungserwartungen oder bei grundsätzlichen Änderungen innerhalb der Sowjetführung. Während es einige Mühe bereitet, alle Außenminister zusammenzuzählen, die Deutschland seit dem Ende des Ersten Weltkrieges bis heute besaß, gab es in Moskau in den 55 Jahren seit der sowjetischen Oktoberrevolution insgesamt nur fünf:

Der erste, Georgi Wassiljewitsch Tschitscherin, altem Adelsgeschlecht entstammend, diente dem Zarenreich bereits 28 Jahre als Diplomat, bevor er von 1919 bis 1930 weitere 12 Jahre erster Volkskommissar des Äußeren des künftigen sowjetischen Reiches wurde. Der zweite war der ebenso wie sein Vorgänger hochgebildete und kultivierte Maksim Litwinow. Als er 1939 durch Wjatscheslaw Molotow ersetzt wurde, war dieser bereits 14 Jahre Mitglied des Politbüros und engster Mitarbeiter Stalins. 1956 wurde er Hauptdelegierter der Sowjetunion bei der Wiener Atomkommission und verschwand dann ganz von der politischen Bühne. Gelegentlich begegnete ich ihm auf seinem Wege von oder zur Lenin-Bibliothek, wo er dem Vernehmen nach an seinen Memoiren schreibt.
Nach einem kurzen politisch bedeutungslosen Zwischenspiel des Chefredakteurs der »Prawda«, Dmitrij Schepilow, der 1956 auf Befehl Chruschtschows Molotow abgelöst hatte, wurde – wenige Monate später – 1957 Gromyko sowjetischer Außenminister.
Gromyko, mittlerweile im siebzehnten Jahre im Amt und seit April 1973 überdies in die oberste politische Führung, das Politbüro, aufgestiegen, gestaltet nunmehr auch diejenige Politik mit, die er bisher nur ausgeführt, vermutlich aber auch schon vorher weitgehend inspiriert hat.
Verfolgen zu können, wie Gromyko alle Register seines Könnens zieht und in keinem Augenblick die Verhandlungsführung und seine eigenen Ziele aus den Augen läßt, ist ein Genuß. Er hat seinen Beruf von der Pike auf gelernt. Bereits 1943, also im Alter von 34 Jahren, Botschafter in Washington und damit auf dem schwierigsten Posten, den die Sowjetunion zu diesem Zeitpunkt in der Diplomatie zu vergeben hatte, war er später ständiger Delegierter im Sicherheitsrat, stellvertretender Außenminister und Botschafter in London, bis er schließlich die

Leitung der großen Behörde übernahm. Seitdem dürfte es in den vergangenen 30 Jahren wohl kaum einen Vertrag, kaum Verhandlungen der Sowjetunion mit dritten Staaten und kaum Entscheidungen des Zentralkomitees bzw. des Politbüros von außenpolitischer Tragweite gegeben haben, an denen Andrej Gromyko in Ausführung der ihm erteilten Weisungen nicht irgendwie beteiligt gewesen wäre.

Was die meisten seiner Gesprächs- und Verhandlungspartner in der westlichen Welt nur vom Hörensagen wußten oder wovon sie sich mühsam Daten und Details erst beschaffen mußten, hatte Gromyko mitgestaltet. So war die Souveränität, die seine Verhandlungstaktik auszeichnete, nicht gespielt, sondern beruhte auf einem Können, das in vielen Jahren harter Arbeit erworben worden war. Außerdem beruhte sie wohl auch auf dem irrational-unerschütterlichen Glauben an die marxistisch-leninistische Lehre und an die Größe ihres Schöpfers Wladimir Iljitsch Lenin.

Wie stark dieser Glaube bei manchen Persönlichkeiten der Sowjetführung offenbar auch im Emotionalen verwurzelt ist, machte eine Unterhaltung deutlich, die anläßlich eines von Gromyko für Außenminister Scheel im Dezember 1971 gegebenen Essens zwischen Gromyko, dem damaligen Landwirtschaftsminister Matzkjewitsch und dem gleichermaßen sympathischen wie einflußreichen Sekretär des Zentralkomitees Andrej Kirilenko stattfand. Sie sprachen von der Jagd und waren sich einig, daß der Angelsport nicht in einem Atem mit der Ausdauer, Geschicklichkeit, Training und Härte erfordernden Hochwildjagd genannt werden könne. »Kannst du dir«, fragte laut lachend Matzkjewitsch, »Lenin vorstellen, wie er eine Angelrute ins Wasser taucht und dann geduldig darauf wartet, ob wohl einer anbeißt?« Gromyko und Kirilenko lachten mit. »Eben«, sagte der Landwirtschaftsminister, »aber Lenin, mit der Büchse über der Schulter durch die Wälder streifend, alle Nerven angespannt, um einen Bär oder einen Hirsch zur Strecke zu bringen – das entspricht doch der Vorstellung, die wir uns von ihm machen.« Alle drei schwiegen ernst, bis Gromyko das Glas ergriff und zu Matzkjewitsch sagte: »Mein lieber Freund, du hast etwas sehr Wahres, etwas sehr Schönes gesagt. Ich danke dir dafür und möchte mit dir darauf trinken.«

Wer wollte leugnen, daß das System, Außenminister aus dem Metier auszusuchen und ihnen kein Limit für ihr Verbleiben zu setzen, erhebliche Vorteile besitzt? Die Dauer ihrer Amtszeit erlaubt diesen Dienern ihres Staates, die meisten ihrer Kollegen rund um die Welt dienstlich zu überleben, »Tod und Teufel« und die Fluktuation anderer Außenämter kennenzulernen und zu studieren. Sie erlaubt ihnen auch dank der dabei gesammelten Erfahrungen einen Einfluß zu gewinnen, der im Einzelfall weit größer sein dürfte, als sich aus der Skala ihrer administrativen Zuständigkeiten ablesen läßt.

Männer wie Tschitscherin, Litwinow – auch Gromyko – haben jedenfalls dank des Respekts, den sie sich aufgrund ihrer persönlichen Eigenschaften weltweit zu verschaffen wußten, mehr für das Prestige ihres Landes getan, als dies einem nur auf einige kurze Jahre gewählten Außenminister eines parlamentarischen Systems normalerweise möglich wäre. Allerdings erlaubt sowohl das Grundgesetz wie die Geschäftsordnung wie das parlamentarische System als solches jedem Regierungschef, sich einen Fachmann anstelle eines Abgeordneten als Minister zu holen. Wenn nur nicht der »Proporz« stets den Vorrang hätte . . .

Gromyko scheute vor keinem noch so antiquierten Versatzstück diplomatischen Finassierens zurück, wenn der Verhandlungsgegenstand es erforderte und ihm der Verhandlungspartner – notabene – die notwendigen psychologischen Voraussetzungen zu bieten schien. Egon Bahr war für solche Kunststücke übrigens nicht sehr empfänglich wie manch anderer Gesprächspartner und war – auch wenn man mit seinen Verhandlungsmethoden keineswegs immer einverstanden war – auch nicht der Mann, der sich von der Gegenseite etwa für bevorstehende schwierige Diskussionen alkoholisch präparieren ließ. Gromyko handelte nach seinen in langer Erfahrung geschulten Methoden, das Gespräch unmerklich in die von ihm gewünschte Richtung zu dirigieren – nur eines konnte man ihm gewiß nicht vorwerfen: Er hat uns in den Grundsatzfragen nie etwas vorgemacht. Wenn wer wem etwas vorgemacht haben sollte – eine Möglichkeit, die gewiß nicht auszuschließen ist –, dann höchstens die Bundesregierung, sich selbst – oder vielleicht auch nur der Öffentlichkeit. So eindrucksvoll wie Gromyko den sittlich Entrüsteten zu spielen wußte, wenn die Gegenseite Wünsche äußerte – Forderungen sind von uns nie aufgestellt worden –, die ihm nicht ins eigene Konzept paßten, so brutal offen pflegte er bei jeder Gelegenheit den Vorhang wegzuziehen, hinter dem sich Sinn und Zweck einschlägiger sowjetischer Planung verbargen.

»Das einzige Interesse«, pflegte er mehr als einmal zu sagen, »das die Sowjetregierung an diesen Verhandlungen und an einem Gewaltverzichtsvertrag mit Ihrer Regierung besitzt, ist die Fixierung der europäischen Grenzen, d.h. die Anerkennung der Realitäten, wie sie sich aus Krieg und Nachkriegszeiten ergeben haben. Wir brauchen sie zwar nicht, Ihre Anerkennung, denn an diesen Realitäten gibt es ohnehin nichts mehr zu ändern, aber es würde uns jedenfalls den Weg erleichtern, um die Bundesrepublik wieder als Partner zu akzeptieren.«

Das war so klar und deutlich, daß ich deshalb nach meinen ersten Gesprächen mit Gromyko im Dezember 1969 dem Bundeskanzler wie dem Außenminister vorschlug – und es später mündlich und schriftlich mehrfach wiederholte –, nun unsererseits rechtzeitig mit der gleichen Offenheit zu erklären, was für uns nicht »negotiabel« sei. Etwa ein Ansinnen, die Frage der deutschen Einheit, die Frage der Vier-Mächte-Verantwortung oder das Problem eines Friedensvertrages aus einem solchen Vertrag auszuklammern. Aber in Bonn fand man, daß solche Erklärungen die Russen höchstens verstimmen könnten.

7.
Verhandeln mit den Männern des Kreml

Bonner Feinfühligkeit am falschen Platz, gegenüber der falschen Adresse und zum falschen Zeitpunkt wirkten sich auch in anderen Angelegenheiten nachteilig aus: Bei Antritt meines Postens erhielt ich den Auftrag, darauf zu dringen, daß das sowjetische Außenministerium endlich Stellung zu unserem bereits 1965 vorgebrachten Antrag nehmen möge, eine Zeitschrift der deutschen Botschaft zu genehmigen.

Der Gedanke war keineswegs abwegig; denn die sowjetische Botschaft in Bonn gibt ihrerseits bereits seit 1956 nicht nur die hervorragend gemachte Zeitschrift »Sowjetunion heute« heraus, in der sie (ebenso wie die Zeitschrift »Neue Zeit«) nicht nur über die UdSSR informiert, sondern auch politisch-aggressive Artikel gegen die Bundesrepublik und ihre Verbündeten publiziert. Darüber hinaus finanziert die Sowjetregierung auch noch eine Reihe anderer in der Bundesrepublik erscheinender Zeitschriften in deutscher Sprache oder verteilt sie, soweit sie in der Sowjetunion gedruckt werden. Neben der »Sowjetunion heute«, von der vierzehntägig ca. 33000 Exemplare in der Bundesrepublik versandt werden, gibt es unter anderem »Die Sowjet-Frau«, »Sowjet-Literatur«, »Sowjet-Film«, »Sputnik«, »Kultur und Leben«, »Sport in der UdSSR«, »Außenhandel«, »Ideen des exakten Wissens«.

Man wird also nicht fehlgehen in der Annahme, daß über die sowjetische Botschaft in Bonn jährlich ca. 1 Million Exemplare sowjetischer Zeitschriften in deutscher Sprache in der Bundesrepublik verteilt werden.

Dagegen wäre nichts einzuwenden – vorausgesetzt allerdings, daß die Reziprozität halbwegs gewahrt wäre. Doch davon kann bis heute nicht die Rede sein. Leider war das bereits vor Jahren von der Bundesregierung genehmigt worden, ohne auf die selbstverständliche Gegenseitigkeit zu dringen, die ihrerseits die Amerikaner, Engländer, Japaner und andere Staaten mit den Sowjets vereinbart hatten. Als wir 1965 in Moskau einen entsprechenden Antrag stellten, erhielt die Botschaft lediglich die übliche Antwort: »Wir werden das prüfen.« Damit war der Fall für das sowjetische Außenministerium erledigt. Als ich nun vor meiner Abreise die Weisung erhielt, auf eine Antwort zu dringen, stellte ich die Gegenfrage, ob man in Bonn bereit sei, die sowjetische Botschaftszeitschrift zu verbieten, sollte uns die Gegenseitigkeit weiterhin verweigert werden.

Ein solcher Schritt – erhielt ich zur Antwort – sei aufgrund unserer demokratischen Pressegesetzgebung schwer zu realisieren. Er stünde auch im Widerspruch zu der gerade jetzt höchst aktuellen Absicht, uns um bessere Beziehungen zur Sowjetunion zu bemühen. Wenn also diplomatische Vorstellungen wiederum nicht fruchteten, müsse man die Sache auf sich beruhen lassen.

Ich äußerte die gegenteilige Meinung: Erst wenn die Sowjets eingesehen hätten, daß die Bundesregierung strikt auf dem Prinzip des »do ut des«, also der Reziprozität in allen wesentlichen Fragen, beharre, könne es zu einer echten Annäherung kommen. Gutmütigkeit, Vorleistungen und ähnliches würden in totalitären Staaten als nützliche Schwächeanfälle des Gegners gewertet und zögen nur neue Forderungen nach sich. Aber das Auswärtige Amt und vor allem das Bundeskanzleramt lehnten jede Retorsionsmaßnahme entschieden ab.

Das sowjetische Außenministerium wußte, daß es sich insoweit auf uns verlassen konnte:

Im März und im Juli 1969 brachte ich unsere Bitte an hoher Stelle im Außenministerium am Smolensker Platz zur Sprache. »Wir werden die Sache prüfen«, war die erste Antwort, und die zweite im Juli 1969: »Die Prüfung ist noch nicht abgeschlossen.«

Kurz vor meiner definitiven Abreise aus Moskau im April 1972 sagte ich vor dem deutschen Fernsehen, ich bedauerte sehr, diese Angelegenheit so unerledigt meinem Nachfolger überlassen zu müssen, wie ich sie 1968 von meinem Vorgänger übernommen hätte. Trotz wiederholter Erinnerungen habe das sowjetische Außenministerium in nunmehr sieben Jahren noch immer nicht zu unserem Antrag auf Herausgabe einer Botschaftszeitschrift Stellung genommen.

Die Geschichte dieses Antrags ist eines von vielen Beispielen dafür, daß es keineswegs immer die Sowjets waren, die Sand ins Getriebe des Sichnäherkommens streuten. In falscher Einschätzung sowjetischer Mentalität haben wir – nicht nur in den letzten Jahren – so manche Gelegenheiten nicht ausgelassen, uns auf unserem Wege zu einer ausgewogenen Verständigung auf die eine oder andere Weise selbst ein Bein zu stellen. Entgegenkommen, Vor- oder Verzichtleistungen am falschen Platz und zu falscher Zeit gehören ebenso dazu wie deplacierte Unterwürfigkeit gegenüber den jeweils »Mächtigen«.

Es gab einen Bundesminister, der einmal Moskau besuchte und den der Bundeskanzler beauftragt hatte, bei dieser Gelegenheit mit Kossygin gewisse mit einem Vertrage zusammenhängende Berlin-Fragen anzuschneiden. Er wagte dabei nicht einmal das Wort »Berlin« in den Mund zu nehmen. »Es handelt sich«, sagte er, »um ein heikles Problem, das noch zwischen uns steht, um ein Problem, das Sie kennen, Herr Ministerpräsident, auch wenn ich es nicht ausdrücklich nenne. Ich habe den Auftrag, dieses Problem in aller Zurückhaltung anzusprechen.«

»Ja, ja, Berlin«, sagte Kossygin, »sehr kompliziert! Ich empfehle Ihnen, das Thema nicht weiter zu vertiefen.« Und der Bundestagsabgeordnete Karl Wienand mußte sich widerspruchslos von einem sowjetischen Kollegen – Abgeordneter beim Obersten Sowjet – zurechtweisen lassen, als er sich im

Gespräch erlaubte, den Deutsch-Sowjetischen Vertrag vom 12. 8. 1970 als »Deutsch-Sowjetischen Vertrag« zu bezeichnen. »Ich nehme an, Sie haben sich versprochen«, sagte sein übrigens besonders netter sowjetischer Kollege, der bekannte »Prawda«-Kommentator Juri Schukow. »So ein Vertrag ist mir nicht bekannt. Eine solche Bezeichnung könnte auch ganz mißverständlich interpretiert werden. Meinten Sie vielleicht den Vertrag der Sowjetunion mit der Bundesrepublik Deutschland?«
Wienand schluckte und sagte: »Ebenden meine ich.«
Gromyko war sich zu solchen »Re-edukation«-Mätzchen zu schade. In den Verhandlungen formulierte jeder so, wie er es für richtig hielt. Was er, Gromyko, selbst zu sagen hatte, war fast immer unmißverständlich. Ich habe diese Sprache, die übrigens auch die Kossygins wie anderer kommunistischer Staatsmänner und Diplomaten ist, stets als einen Vorzug marxistisch-leninistischer Dialektik empfunden und sie wegen ihrer Deutlichkeit zu schätzen gewußt.
Ähnliches, was hier über Gromyko gesagt wurde, gilt übrigens auch für den Außenhandelsminister der Sowjetunion, Nikolai Patolitschew, einem alten Fuchs aus Georgien, passionierten Fußballfan, seit mehr als 30 Jahren Mitglied des Zentralkomitees und zuständig für alle Fragen des Außenhandels, umgeben von erstklassigen Beratern, die nach fachlichen Qualitäten und nicht, wie bei uns auch die Staatssekretäre, nach Parteigesichtspunkten ausgesucht werden.
Wie sehr diese letztere – als Prinzip weder den Interessen des Steuerzahlers noch des Staates bekömmliche und deshalb wohlweislich auch nirgendwo vorgeschriebene – Übung bei uns inzwischen als selbstverständlich betrachtet wird, zeigte das überraschte Rauschen im deutschen Blätterwald, als der neu ernannte Wirtschaftsminister Hans Friderichs im Dezember

1972 wagte, sich einen Staatssekretär zu holen, der sich zwar in dem Geschäft, das er betreiben sollte, bestens auskannte und bewährt hatte, aber parteilos war. Für Verhandlungen mit so hartgesottenen Männern, wie sie der Kreml präsentiert, braucht man auch hartgesottene Unterhändler, die einiges vom Marxismus-Leninismus verstehen, alle wesentlichen Fakten sowjetischer Außenpolitik im Kopf haben und einen möglichst großen Fundus einschlägiger Routine mitbringen.

8.
Marxistisch-leninistische Sprachlogik

Nach einer fast vierzig Jahre dauernden Abstinenz im Umgang mit dem Kreml ist es höchste Zeit, um sich für den Versuch, die eingefrorenen Beziehungen aufzutauen, das nötige Handwerkszeug zu beschaffen: sprachkundige Experten auf allen Gebieten der Politik, der Wirtschaft und der Kultur.

»Takt und gesunder Menschenverstand«, pflegte Bismarck zu sagen, »machen den Diplomaten aus.« Während die Sowjets es bei der Wahrung ihrer Interessen gegenüber dem Ausland gelegentlich an Takt, höchst selten aber an gesundem Menschenverstand fehlen lassen, meint man hierzulande häufig, mit Höflichkeit, Entgegenkommen und Nachgiebigkeit komme man am weitesten. Pflicht der Diplomaten sei es daher, möglichst nur angenehme Themen zur Sprache zu bringen. Wenn es denn aber gar nicht zu vermeiden sei, sollte man Kontroversen wenigstens so verklausuliert vorbringen, daß der Gesprächspartner den Sinn der Botschaft begreife, ohne den Überbringer deshalb für ungehobelt zu halten. Mit anderen Worten: Man verfahre wie jene bekannte Dame, die »vielleicht« sagt, wenn sie »ja« meint, aber aufhört, eine Dame zu sein, wenn sie »ja« sagt; gute Erziehung sei weit wichtiger als Klarheit!

Nun – die Zeiten haben mittlerweile diese Volksmeinung ein wenig modifiziert, übrigens auch die über die Dame. Die Diplomatie, die von den Russen seit Lenin entwickelt wurde, war von vornherein ganz anders: Sie ist direkt, deutlich, offen und gegebenenfalls brutal. Soweit nicht vorübergehend rein taktische Rücksichten den Fluß der schriftlichen oder mündlichen Sprache bestimmen, erfährt man aus dem Munde eines geschulten Kommunisten viel eindeutiger die Wahrheit – vor allem das, was er darunter versteht – als aus dem eines westlich geschulten Diplomaten.

Im kommunistischen Stil formulierte Noten, ans westliche Ausland adressierte Reden oder Artikel der »Prawda« haben häufig mehr schockiert und beunruhigt, als sie es im Grunde verdient hätten. Bei Licht besehen, stand nicht mehr und nicht weniger darin, als man ohnehin erwarten mußte. Es war nicht der Inhalt, es war die Form, die zu dem Schluß führte, auch der Inhalt müsse offenbar besonders hintergründig-drohend sein. Er war meist nur deutlich, klar und präzise.

Man lese den deutsch-sowjetischen Notenwechsel über den Gewaltverzicht und beachte, wie grundverschieden auf beiden Seiten die gewählten Formulierungen sind, auch wenn es sich um ein und dieselbe Sache handelt. Während jede deutsche Note schon in ihrem gemäßigten Ton darauf angelegt ist, der Sache, derentwegen sie verfaßt ist – der »Entspannung« nämlich – zu nützen, dienen die sowjetischen Noten zwar dem gleichen Zweck, aber mit entgegengesetzten Mitteln: Der Kreml war offenbar der Meinung, daß wahre Entspannung am besten mit massiven Drohungen, gehässiger Polemik und kaum verhüllter Aggressivität zu erreichen sei. Während schon die Attachés im Auswärtigen Amt lernen, Verstärkungsadverben in amtlichen Schriftstücken, wie »selbstverständlich«, »natürlich«, »bekanntlich«, niemals zu verwenden, da sie ohne rechtliche Aussagekraft sind und höchstens Unsicherheit verraten, finden sie sich in den sowjetischen Noten gerade da, wo die Rechtslage strittig ist, meistens in Gesellschaft von Kraftausdrücken:

»verbrecherisch«;
»kriegslüstern«;
»das Wüten ihrer reaktionärsten Kräfte . . . als direkte Folge der offiziellen Politik der BRD«;
»die abenteuerlichen Anmaßungen der BRD gegenüber West-Berlin, das, wie bekannt, nicht zur BRD gehört und nicht gehören wird«;

»der Rauchvorhang des Gesetzes vom Streben nach Frieden«;
»der militante Chauvinismus und Revanchismus der BRD«.
Bei diesen Zitaten handelt es sich durchwegs um Kraftausdrücke, die aus einer einzigen sowjetischen Note (vom 8. 12. 1967) an die Bundesregierung stammen.
Andere Aussprüche lauten: *»Man kann sich unschwer vorstellen, daß im Fall eines thermonuklearen Krieges die mächtigen und konzentrierten Schläge der Raketen und Kernwaffen unausbleiblich über Westdeutschland hereinbrechen«* (Note vom 5. 2. 1963).
Oder: *»Die Bundesrepublik Deutschland wird, wenn ein Krieg ausbricht, schon in der ersten Stunde brennen wie eine Kerze«* (Chruschtschow am 16. 1. 63 in Ost-Berlin).
Ein Gewaltverzichts-Vorschlag der Bundesregierung vom 9. April 1968 wird im sowjetischen Aide-Mémoire vom 15. Juli 1968 mit der Begründung abgelehnt, niemand könne »auf eine derartige betrügerische Vereinbarung« eingehen.

Diese Beispiele ließen sich beliebig vermehren. Dem gegenübergestellt sei ein Ausschnitt aus einer Note der Bundesregierung (vom 9. 4. 1968), die sich auch bei der Zurückweisung schwerer Anschuldigungen korrekt an die im zwischenstaatlichen Verkehr bislang übliche Höflichkeit hält: »Die Regierung der Bundesrepublik Deutschland bedauert, daß ihre Politik, die auf der Gewährung des allen Völkern zustehenden Selbstbestimmungsrechts an das deutsche Volk und auf eine friedliche Überwindung der unseligen Teilung der deutschen Nation gerichtet ist, als ›Territorial-Ansprüche‹ oder als ›Revanchismus‹ mißdeutet wird.«
Es ist nicht so sehr der sowjetische Ton, der beunruhigen und warnen sollte, als vielmehr die Dialektik, mit der uns vertraute, eindeutig erscheinende Begriffe ohne weiteres ins Gegenteil

verkehrt werden können. »Man muß sich stets darüber klar sein, daß Worte für die Russen einen anderen Sinn haben als für uns«, schrieb Kennan in seinen »Memoirs«. Den Begriffen »Normalisierung«, »Entspannung«, »Aggression«, »Freiheit«, »Demokratie«, »brüderliche Hilfe«, »Sozialismus«, »Sicherheit«, »Frieden« u. a. gibt der Kommunismus, wie wir gleich sehen werden, jeweils den Sinn, den die Lage erfordert.
Die Sowjetunion betrachtet sich selbst als Vorkämpfer des Antiimperialismus, der die Selbstbestimmung der Völker zum Ziele hat. Aber was ist Selbstbestimmung? Stalin hat es beim XII. Parteikongreß im April 1923 definiert: »Es gibt Fälle, in denen das Selbstbestimmungsrecht der Völker in Konflikt gerät mit einem anderen höheren Prinzip, nämlich dem Recht der Arbeiter, ihre Herrschaft zu stärken, wenn sie einmal die Macht ergriffen haben. In einem solchen Fall kann und darf das Selbstbestimmungsrecht nicht als Hindernis dem Recht der arbeitenden Klasse auf ihre Diktatur in den Weg treten. Das Selbstbestimmungsrecht muß diesem Recht den Weg freigeben.«
Abgesehen davon, daß die Diktatur der Arbeiterklasse in der Sowjetunion durch die Diktatur der Verwaltungsbürokratie längst abgelöst wurde, hat diese Definition ihre volle Gültigkeit behalten. Sie ist auch der ideologische Hintergrund der Invasion in die ČSSR und der Breschnew-Doktrin, die daher zu Unrecht die Welt konsterniert hat.
Was unter »brüderlicher Hilfe« verstanden wird, hat die ČSSR im August 1968 erfahren. Sie wird automatisch gewährt, sobald die Gefahr besteht, daß ein im Machtbereich der Sowjetunion befindlicher Staat vom »Selbstbestimmungsrecht« Gebrauch machen könnte. »Entspannung« wird – jedenfalls nach den Vorstellungen des Kreml – am besten dadurch herbeigeführt, daß der Westen alle jenseits des Eisernen Vorhangs beheima-

teten Nationen und Staaten als zur ausschließlichen Einflußsphäre der Sowjetunion gehörig anerkennt, der letzte amerikanische Soldat aus Europa nach den Vereinigten Staaten zurückkehrt, der Atlantikpakt und die EWG aufgelöst werden, und die Sowjetunion in Westeuropa eine Organisation unterhält oder ihr als Mitglied angehört, die die permanente Einhaltung dieses Zustandes kontrolliert.

Für den Begriff »Frieden« soll die bereits erwähnte »Radiostation Eriwan« eine Definition gefunden haben, die wegen ihres hintergründigen Sarkasmus in dieser Aufzählung nicht fehlen sollte. Frage: »Wird es bald wieder einen Krieg geben?« Antwort: »Im Prinzip nein. Doch im Kampf um den Frieden kann es passieren, daß kein Stein auf dem anderen bleibt.« Daß diese vom Volkswitz erfundene Antwort den Nagel auf den Kopf trifft, läßt sich übrigens in der »Großen Sowjetischen Enzyklopädie« nachlesen, wo es in Band 8, Seite 572 heißt: »Kriege werden erst dann aufhören, wenn die sozialistische Ordnung in der ganzen Welt den Sieg davongetragen hat.«

Als der langjährige Außenminister der Niederlande, Joseph Luns, heute Generalsekretär der NATO, die Unterzeichnung des Moskauer Vertrages mit Befriedigung quittierte, fügte er skeptisch hinzu: »Im übrigen wird man aufpassen müssen, daß die ›pax atlantica‹ sich nicht unversehens zu einer ›pax sovietica‹ entwickelt.«

Was versteht man unter »Normalisierung«? Während im Sommer 1970 die Viermächte-Verhandlungen über eine Normalisierung der Lage in und um Berlin vorbereitet wurden, erschien in der dem sowjetischen Außenministerium nahestehenden Zeitschrift »Meschdunarodnaja Schisn« (»Internationales Leben«) ein mit »Pseudonym« gezeichneter, vermutlich also von Regierungsseite inspirierter Artikel, in dem zunächst lapidar festgestellt wird, daß die Existenz der DDR als selbständiger

und unabhängiger Staat in Potsdam endgültig geregelt sei und West-Berlin einen Sonderstatus besitze. Eine Normalisierung der Lage West-Berlins könne von den vier Alliierten nur gemeinsam beschlossen werden.
Diese Feststellung von der gemeinsamen Verantwortlichkeit der vier Sieger des Weltkrieges für West-Berlin scheint eindeutig und kaum weiterer Auslegung fähig. Da die Sowjetführung aber wünschte, die DDR ins Spiel zu bringen, mußte die Potsdamer Berlin-Vereinbarung noch ein wenig manipuliert werden: »Da die besondere politische Einheit West-Berlin auf dem Territorium der DDR liegt«, so heißt es in dem Artikel weiter, »kann eine Normalisierung der Lage in West-Berlin nur in Zusammenarbeit mit der DDR verwirklicht werden.«
So lassen sich für alle Sachfragen, die seit Jahren im Mittelpunkt der »Koexistenz«-Doktrinen stehen, unterschiedliche Definitionen finden, die erkennen lassen, daß die Sowjetunion diejenigen Begriffe, über die sie mit dem Westen zu verhandeln wünscht, zunächst einmal in ihrem Sinne abgrenzt.
Selbst das Wort »Geschichte« wird anders verstanden als bei uns: Nach der Definition des Moskauer Historikers Professor Boris Ponomarjow, prominentes Mitglied der »Akademie der Wissenschaften«, ist »ein Historiker nie ein unparteiischer Erzähler, der etwa Fakten sammelt und sie nach wissenschaftlichen Erkenntnissen miteinander in Verbindung bringt. Der Historiker ist vielmehr ein Kämpfer, der sein Ziel darin sieht, die Geschichte der Vergangenheit in den Dienst des Kampfes für den Sieg des Kommunismus zu stellen.«
Diese verblüffende Definition macht ohne weiteres erklärlich, wie es mit korrekt-marxistischer Geschichtsschreibung vereinbar ist, bedeutende Persönlichkeiten sowjetischer Geschichte, Schriftsteller, Gelehrte, Politiker – wie z.B. Stalin oder Chruschtschow – je nach dem politischen Bedürfnis der Nach-

folger subjektiv-historischer Beurteilung zu würdigen oder sie aus dem gerade gültigen Geschichtsbild ganz verschwinden zu lassen. Gerechterweise muß man übrigens hinzufügen, daß es auch im Deutschland von heute – z. B. in den Schulen – gelegentlich Bestrebungen gibt, Ereignisse der jüngsten deutschen Vergangenheit, Taten des Nationalsozialismus, unter den Tisch fallen zu lassen und betroffen zu sein, wenn das Ausland uns gelegentlich daran erinnert.

Die Sowjetführung weiß jedenfalls, welche Vorstellungen sie mit welchem Begriff verbindet. Es ist ihr gutes Recht, so zu verfahren. Um so wichtiger ist es für den Verhandlungspartner, sich bei der Formulierung von Vereinbarungen darüber Klarheit zu verschaffen; sonst passiert, was Bundesaußenminister Scheel in der Bundestagsdebatte vom Mai 1970 im Auge hatte, als er bemerkte, daß »über den Inhalt aller« (in einem deutsch-sowjetischen Vertrag zu verwendenden) »Begriffe volle Klarheit bestehen muß. Ein offener oder versteckter Dissens würde das Verhältnis weiter belasten.«

In diesen Zusammenhang gehört auch ein interessantes Erlebnis aus dem vielfältigen kulturellen Bereich meiner Moskauer Zeit:

Als 1968 in einer vom Kultusministerium veranstalteten Feierstunde im Bolschoj-Theater des 150. Geburtstages des bedeutenden russischen Schriftstellers Iwan Turgenjew gedacht wurde, führte der Festredner, ein sowjetischer Romanschriftsteller, u. a. aus, Turgenjew müsse vor allem als Vorkämpfer des Kommunismus gewertet werden: »Sein ganzes Leben und seine Werke waren ausschließlich den Armen und Unterdrückten gewidmet.« Stürmischer Beifall.

Nach dieser verblüffenden Promotion des großen Schriftstellers zum Kommunisten ergriff ein französischer Slawist das Wort, Professor an der Sorbonne und Turgenjewforscher, der eigens zu dieser Feierstunde nach Moskau gebeten worden war. Er begann seinen Vortrag mit einer improvisierten Replik auf die Ausführungen seines Vorredners und sagte etwa: »Wir Franzosen lieben Turgenjew und seine Werke besonders. Allerdings – von einem Interesse Turgenjews für soziale Fragen kann überhaupt keine Rede sein. Solange er in Paris lebte, hatte er nur Interesse für die Feste der großen Gesellschaft und für die bildhübsche Madame Pauline Viardot-Garcia, mit der er später zusammen am high life der society von Baden-Baden teilnahm.« Stürmischer Beifall!

Der gleiche Applaus für zwei diametral entgegengesetzte Versionen entsprach im Grunde marxistischer Logik: Den sowjetischen Zuhörern war bewußt, daß es zwei Arten der Darstellung gibt: die Tatsachen so zu sehen, wie sie sind und wie sie im Interesse eines höheren Zwecks gesehen werden müssen. Jeder, der mit Kommunisten verhandelt, sollte sich dieser Unterschiede in der Terminologie bewußt sein. Ebenso sollte jeder wissen, daß sich die sowjetische Diplomatie aus Leuten rekrutiert, die weltanschaulich hervorragend geschult sind; es ist eine Illusion zu meinen, ein sowjetischer Politiker oder Funktionär würde in einem Gespräch unter vier Augen mit einem Ausländer eine andere als die vorgeschriebene Meinung vertreten.

Im Westen pflegt man bei Beamten zwischen privater Ansicht und amtlicher Sprachregelung zu differenzieren. Der Diplomat, der seine geistige Unabhängigkeit bewahrt hat, wird davon Gebrauch machen, insbesondere dann, wenn es dem Verständnis der Sache, um die es gerade geht, dienlich sein könnte. Im kommunistischen Teil unserer Welt ist eine solche Differenzierung undenkbar. Man tut gut, sich dessen besonders dann zu erinnern, wenn der marxistische Gesprächspartner seine Ausführungen mit den Worten beginnt: »Nach meiner ganz persönlichen Meinung . . .«

Eine persönliche Meinung zu haben oder gar zu äußern würde im Grunde auf Negierung eines der Grundprinzipien marxistisch-leninistischer Logik hinauslaufen, nämlich dem Prinzip, daß diese Logik keinerlei Widerspruch verträgt. Wer mit einem geschulten Marxisten diskutiert oder verhandelt, muß wissen, daß der Partner nicht überzeugt werden kann. Es gibt nur ein Recht, und das ist auf dessen Seite. Hat er die Weisung bekommen, eine Sache für schwarz zu halten, dann ist sie eben schwarz und bleibt es – jedenfalls so lange, wie die Weisung nicht geändert wird. Differenziert wird nicht. Wer die sowjetische Interpretation von Entspannung und der Sicherung des Friedens akzeptiert, ist ein Anhänger alles Guten, Wahren, Schönen. Wer das gleiche Ziel ansteuert, aber dabei auch nur andere Wege ins Auge faßt, ist ein Kriegshetzer, ein Nazi, ein Revanchist, mindestens aber ein »Kalter Krieger«, der nichts begriffen und nichts hinzugelernt hat.

9.
Verhandlungsstrategien

Ein anderer Unterschied: Unserer westlichen Mentalität entspricht die Taktik, diffizile Situationen zu entschärfen oder für schwierige Verhandlungen »gut Wetter« auf der Gegenseite zu schaffen, indem man »Vorleistungen« erbringt. Sie verpflichten den Partner zwar nicht juristisch, doch gerade deshalb erwartet man, daß er dieses Entgegenkommen moralisch honoriere. Nun – wer versucht, Moral in die Politik einzuführen, wird bald feststellen, daß hier zwei Begriffe zusammengeführt werden, die – leider – wenig miteinander gemein haben. Wer den Graben zwischen Politik und Moral kennt, wer sich also ein wenig mit Geschichte befaßt hat, weiß, daß »in der Politik jederzeit Dinge passieren, die selbst nach dem Ehrenkodex der Ganoven undenkbar wären«.

Wer ohne dazu verpflichtet zu sein oder ohne eine vorher fest vereinbarte äquivalente Gegenleistung etwas hergibt, ist nach marxistischer Logik nicht etwa anständig oder großzügig, sondern verrät lediglich Schwäche. Da sie vermuten läßt, er werde deshalb auch wohl bereit sein, für das abzuschließende Geschäft mehr zu zahlen, als von ihm zu verlangen beabsichtigt war, gilt es, diese Schwäche rasch auszunützen. Vorleistungen bewirken also keineswegs den erhofften moralischen Effekt, sondern sind ganz im Gegenteil dem Partner ein Signal, seine Verhandlungstaktik zu überdenken und seine Forderungen höherzuschrauben ...

Schon der bereits zitierte George F. Kennan, Professor für Geschichte in Princeton, vom Ende der zwanziger Jahre bis zu Beginn der fünfziger Jahre in Washington, Reval, Riga und immer wieder in Moskau, war mit Rätseln befaßt, die die Sowjetunion der westlichen Welt aufgibt. In seinen »Memoirs 1925–1950«, die jedem, der sich anschickt, mit Sowjets zu verhandeln, zur Pflichtlektüre gemacht werden sollten, zitiert er aus einem 1946 für das State Department angefertigten Memorandum eine

Reihe von ihm aufgestellter »Regeln für den Umgang mit Russen«. Unter der Überschrift »Hütet Euch vor einfältigen Gesten des guten Willens« heißt es da u.a.:
»Kaum einer von uns kann sich vorstellen, wieviel Bestürzung und Mißtrauen wohlmeinende Amerikaner in sowjetischen Hirnen durch Gesten und Zugeständnisse hervorgerufen haben, die die Russen von ihren freundschaftlichen Gefühlen überzeugen sollten. Solche Handlungen werfen ihre Berechnungen über den Haufen und bringen sie aus dem Gleichgewicht. Sie fangen sofort an, zu glauben, daß sie unsere Stärke überschätzt hätten, daß sie in ihren Pflichten gegen den Sowjetstaat nachlässig gewesen seien, daß sie von uns die ganze Zeit hätten mehr verlangen sollen. Häufig bewirkt derlei genau das Gegenteil von dem, was wir erstreben.«
Gerade im Osten gibt es Routiniers, die es sich nach der bewährten Taktik arabischer Teppichhändler zur Regel machen, weit mehr zu fordern, als sie im günstigsten Fall zu erhalten hoffen. Dank dieses Procedere können sie den Partner anfangs so verunsichern, daß es ihm später als unerwartete Noblesse erscheint, wenn der andere sich in mühsamen Verhandlungen das wieder abhandeln läßt, was zu bekommen er nicht erwartet hatte.
Bundeskanzler Kiesinger erwähnte in einer Pressekonferenz im Juli 1968, die Sowjetunion sei bestrebt, »den Katalog dessen, was sie von uns erwartet, noch auszudehnen, bevor es zu einer ernsthaften Unterhaltung über den Gewaltverzicht kommt«.
Das war die gewohnte sowjetische Taktik, die gleiche, die Gromyko uns gegenüber einschlug.
Die Sowjets schienen plötzlich, wenn auch nur mit äußerstem Widerstreben, bereit, gewisse Positionen aufzugeben, aber sie hatten sie höchstwahrscheinlich nur bezogen, um andere um so überzeugender verteidigen zu können.

Nun ist es im zwischenstaatlichen Verkehr stets eine fragwürdige Sache, nach der Devise »Kleine Geschenke erhalten die Freundschaft« zu verfahren. Die Qualität der Beziehungen zweier Staaten zueinander hängt nicht von Geschenken, sondern davon ab, ob gleichgeartete und unterschiedliche Interessen so ausbalanciert werden können, daß der natürliche Spannungszustand zwischen diesen beiden Staaten – vor allem, wenn sie benachbart sind oder sich ihre Einflußsphären überschneiden – in normalen Zeiten nicht überdehnt wird. Andernfalls kommt es zu einer Belastung der Beziehungen. Ein Gleichgewicht herzustellen und zu bewahren ist eine Kunst, die immer neu gelernt sein will und die nicht zuletzt auf der wechselseitigen Achtung vor dem Partner und seinen legitimen Interessen sowie dem Respekt vor seiner Entschlossenheit beruht, mit der er diese Interessen gegebenenfalls zu verteidigen weiß.

Der mißtrauisch zuschauenden Welt vor der Kulisse einer Traumlandschaft das Spektakel tiefer ungetrübter Freundschaft zu bieten, während in Wirklichkeit selbst noch die bescheidensten Anfänge einer Normalisierung des Verhältnisses in Nebel getaucht sind und kein einziges Problem auch nur ernsthaft angepackt, geschweige denn gelöst ist – das ist riskante Politik. Sie täuscht der Öffentlichkeit etwas vor, was weder vorhanden ist noch – leider – in absehbarer Zeit erwartet werden kann.

»Tut nicht so, als ob ihr dicke Freunde wäret«, empfiehlt Kennan in seinen oben zitierten Umgangsregeln und »setzt nicht Gemeinsamkeiten voraus, die es in Wahrheit nicht gibt.« Als die Bundesregierung in der Regierungserklärung vom 28. Oktober 1969 die Lehre von der Anerkennung der zwei deutschen Staaten verkündete, hatte sie sich mit dieser vorzeitigen Preisgabe einer Konzession, der wichtigsten, die der Kreml von uns im Laufe von Verhandlungen hätte erwarten können, von einer starken in eine schwache Ausgangslage hineinmanövriert. Das war um so überflüssiger, als der Kreml bereits, wie wir bald sehen werden, seit Anfang Januar 1969 am vorbereiteten Verhandlungstisch saß und nur darauf wartete, daß auch die deutsche Seite Platz nehme.

Als Egon Bahr in den »Absichtserklärungen« zum Moskauer Vertrag und später Bundeskanzler Brandt 1970 in Moskau bzw. 1971 in Oreanda versprachen, den sowjetischen Wunsch nach baldiger Einberufung der Europäischen Sicherheitskonferenz zu unterstützen, waren das ebenfalls verfrühte Konzessionen, die unsere Position gegenüber den Sowjets nur schwächen konnten: Diese von den Russen seit 1952 betriebene Konferenzidee war im Westen und insbesondere in den USA auf große Skepsis gestoßen. Unsere Zusage war also für den Kreml von ganz besonderem Wert. Sie war eine Trumpfkarte, die eine adäquate Gegenleistung verdient hätte, und wenn es nicht mehr gewesen wäre als Klarheit darüber, was die Sowjets mit dieser Sicherheitskonferenz eigentlich bezwecken. Je mehr wir darüber hätten in Erfahrung bringen können, um so leichter wäre es uns gefallen, die Absichten zu erkennen, die die Sowjets mit ihrer neuen Deutschlandpolitik verbanden.

Wie kam es nun zu Verhandlungen der Bundesrepublik mit der Sowjetunion, und gab es überhaupt Verhandlungen im eigentlichen Sinn des Wortes?

Außenpolitik ist ein Teil des lebendigen Organismus eines Staatswesens, und zwar ein so wesentlicher, daß er sich nicht einfach für Jahrzehnte stillegen läßt. Immobilismus und eine unnatürliche Sterilität bestimmten aber die deutsch-sowjetischen Beziehungen nicht erst seit Kriegsende, sondern bereits seit 1933. Sehr bald nach Hitlers Machtantritt wurde der Rapallo-Vertrag von 1922, der beiden Seiten politische und wirtschaftliche Vorteile gebracht hatte, praktisch eingefroren. Erst als Hitler den Entschluß faßte, Polen zu zerschlagen, den Raub mit Stalin zu teilen und sich gleichzeitig bei ihm für seine Kriegspläne gegen den Westen Rückendeckung zu verschaffen, kam es zu einer kurzen, anderthalbjährigen Blüte der Wirtschaftsbeziehungen zwischen beiden Staaten. Aber sie waren durch die Besonderheit der Kriegssituation gekennzeichnet und daher kein Maßstab für ein normales Verhältnis.

Dann kam der Überfall Hitlers auf die Sowjetunion.

Das Hissen der sowjetischen Flagge auf dem Reichstagsgebäude in Berlin markierte das Ende dieses grausigen Abenteuers, gleichzeitig aber auch den Beginn einer globalen Politik der zur Weltmacht gewordenen Sowjetunion. Nunmehr von Dritten gänzlich unbehelligt – bzw. von den USA und England sekundiert –, nahm sie in Ost- und Mitteleuropa diejenigen Veränderungen vor, die ihrem ständigen Streben nach mehr strategischer Sicherheit am meisten entsprechen. Zwei deutsche Staaten waren – unter anderem! – das Ergebnis. Da an nichts mehr angeknüpft werden konnte, was einmal war, blieb der neugeschaffenen Bundesrepublik nur das Bemühen um eine völlige Neuordnung der Beziehungen zum großen Nachbarn im Osten.

Aus dem Abkommen, das Adenauer mit der UdSSR 1955 geschlossen hatte, um die Entlassung deutscher Kriegs- und Zivilgefangener zu erreichen, war trotz mancher Bemühungen und Überlegungen von deutscher Seite (man denke u.a. an das zehnjährige Burgfriedensangebot Adenauers) in 15 Jahren nicht viel mehr geworden als die Existenz zweier diplomatischer Vertretungen, der deutschen in Moskau und der sowjetischen in Bonn, sowie ein mäßiger Warenaustausch zwischen beiden Staaten.

Während sich in dem Jahrzehnt zwischen 1961 und 1971 der

Handel der Bundesrepublik mit Polen, Rumänien und anderen Staaten des COMECON-Lagers um das Zwei- bis Dreifache vergrößert hatte, stagnierte er mit der Sowjetunion. Zwischen 1961 und 1971 erhöhte sich beispielsweise der Handel der BRD mit Polen um 147,4%, mit der ČSSR um 185%, mit Rumänien um 221,9%. Mit Ungarn, Bulgarien, Albanien gab es ähnliche Ziffern. Mit der Sowjetunion dagegen war im gleichen Zeitraum nur eine Steigerung von 78% zu verzeichnen.
Dabei muß freilich berücksichtigt werden, daß im Dezember 1962 ein zwischen den Ruhrfirmen Mannesmann, Hoesch und Thyssen auf der einen und der Sowjetunion auf der anderen Seite abgeschlossener Vertrag über die Lieferung von 200000 t Groß-Röhren für Öl- wie auch die Gastransporte von der Bundesregierung nicht genehmigt worden war, nachdem die Lieferungen bereits begonnen hatten.
Die Groß-Röhren sollten für den Bau einer »Freundschaftspipeline« von der Sowjetunion in die DDR verwandt werden. Der Wirtschaftsausschuß der NATO beanstandete diese Lieferung, und die Bundesregierung schloß sich nach reiflicher Prüfung der Rechts- und der Sachlage dieser Empfehlung an.
Der Ablauf war im Grunde völlig korrekt. Die deutschen Lieferfirmen hatten in Kenntnis des Umstandes, daß der Atlantikpakt berechtigt und verpflichtet war, durch wenigstens zwei permanente Ausschüsse die Lieferung strategischer Güter in den Osten durch ihre Mitgliedsländer zu kontrollieren, den Vertrag mit einer auflösenden Bedingung versehen: »Vorbehaltlich der Genehmigung durch die Bundesregierung.« Als diese Genehmigung versagt wurde, war der Vertrag hinfällig, und weder die Sowjets konnten Schadensersatz von ihren deutschen Partnern noch diese Schadensersatz von der Bundesregierung fordern. Ob es eine politische Meisterleistung der Bundesregierung war, zunächst zuzusehen, wie die deutschen

Firmen Jahr und Tag mit den Sowjets verhandeln, die Verträge unterzeichnen, und erst als schon 40000t ausgeliefert waren, die Genehmigung zu versagen –, dies freilich steht auf einem anderen Blatt.
Später auftauchende Gerüchte, die NATO hätte der Bundesregierung den Lieferstopp empfohlen, damit Röhrenproduzenten anderer Mitgliedstaaten sich das fette Geschäft teilen können, entsprachen übrigens in keiner Weise den Tatsachen. Selbst Nicht-NATO-Länder wie z.B. Schweden oder auch Japan sind nicht etwa in die Bresche gesprungen, sondern haben den Beschluß der Bundesregierung aus guten Gründen respektiert, bis er im Jahre 1966 wieder aufgehoben wurde.
Der Lieferstopp wirkte auf die Sowjetregierung, die mit dem Bau der Pipeline bereits begonnen hatte, wie ein schwerer Schock, von dessen Folgen sich das gerade wieder langsam beginnende Rußlandgeschäft der deutschen Industrie erst nach Jahren erholt hat. Noch sechs Jahre später verging in Moskau kaum ein Wirtschaftsgespräch, ohne daß Kossygin oder sein Außenhandelsminister Patolitschew deutsche Unternehmer oder mich an die Enttäuschung erinnerten, die ihnen die damalige wohl völlig unerwartete Stornierung des Röhren-Vertrages bereitet hatte. Einmal sagte Kossygin ironisch, im Grunde sei es ungerecht von ihm, die Bundesregierung deshalb zu tadeln. Der Lieferstopp hätte schließlich nur Positives bewirkt: Die Sowjetregierung sei auf diese Weise genötigt gewesen, auch die Produktion solcher Röhren einzuplanen, die sie eigentlich in der Bundesrepublik hätten kaufen wollen.
Immerhin sind nach schwierigen Verhandlungen zwischen der Arbeitsgemeinschaft Mannesmann, Thyssen-Stahlunion und der Firma Ruhrgas einerseits und der Sowjetunion andererseits am 1. Februar 1970 und am 6. Juli 1972 zwei Verträge unterzeichnet worden, nach denen insgesamt 2,7 Millionen t ge-

schweißte Großrohre in die Sowjetunion geliefert werden. Die Sowjets bauen damit Pipelines, in denen sie ab Oktober 1973 in den kommenden Jahren ca. 52 Milliarden cbm Erdgas in die Bundesrepublik liefern und u. a. damit den Röhrenkauf finanzieren werden.

1971 betrug der Gesamtumsatz im Rußlandgeschäft der Bundesrepublik 2,9 Milliarden DM. Das war ein Anteil der Sowjetunion von nicht mehr als 1,2% am Gesamt-Außenhandel der Bundesrepublik, d. h. etwa ebensoviel wie ihr Außenhandel mit Luxemburg! Der Wunsch, an der Prosperität der deutschen Wirtschaft stärker zu partizipieren, war sicherlich bei allen unseren sozialistischen Partnern vorhanden, doch hatten sie sich selbst Schranken gezogen. Dem Binnenhandel des Ostblocks war und ist absolute Priorität eingeräumt, das Autarkie-Streben dominiert, und dem Westhandel ist die Funktion eines Lückenbüßers zugewiesen. Während diese Zeilen geschrieben werden, hat sich der Warenaustausch zwischen der Bundesrepublik und der Sowjetunion unter dem Einfluß des Abkommens vom 12. August 1970 belebt; die Erkundungsreisen deutscher Unternehmer, die mit dem Moskauer Außenhandelsministerium oder im Staatskomitee für Wissenschaft und Technik mit dessen Chef, dem stellvertretenden Ministerpräsidenten Kirillin, oder seinem Stellvertreter Gwischiani, dem gegenüber allen wirtschaftlichen und technologischen Fragen aufgeschlossenen Schwiegersohn Kossygins, über Geschäfte und Projekte der nahen und fernen Zukunft konferieren, sind zahlreicher geworden. Als gutes Zeichen ist schließlich auch zu werten, daß sich die sowjetischen Behörden gegenüber Anträgen bundesdeutscher Firmen auf Zulassung ständiger Vertretungen in Moskau nunmehr weniger zugeknöpft zeigen, als dies bisher der Fall war.

Neuerdings wird auch – anknüpfend an das Röhren-Gas-Ge-

schäft – über die Belieferung der Bundesrepublik mit Elektrizität aus der Sowjetunion verhandelt:
Während bei dem Röhren-Gas-Geschäft allerdings die Energie – das Erdgas – vorhanden ist und nur die Transportwege fehlen, müssen bei der Elektrizität nicht nur die Transportwege gebaut und weiträumig durch dritte Staaten geführt, sondern die Energie selbst muß in Kraftwerken produziert werden, die erst noch zu bauen sind. Diese gewaltigen Vorhaben werfen komplizierte technische wie auch finanziell schwierig zu lösende Fragen auf, zu denen sich noch das Sicherheitsrisiko gesellt: Wie weit darf sich ein so industrieintensiver Staat wie die Bundesrepublik von Energie-Importen abhängig machen, deren Zuleitungswege sich seiner eigenen Kontrolle entziehen?
Abzuwarten bleibt, ob es sich bei der Vergabe mancher Großaufträge durch die Sowjetunion um eine kontinuierliche Steigerung oder nur um die Schließung bestimmter Lücken in der sowjetischen Industrialisierung handelt. Einstweilen fehlt auch noch im Rußlandgeschäft nicht nur der Bundesrepublik, sondern aller Industrie-Staaten des Westens das ebenso wünschenswerte wie auf die Dauer notwendige Gleichgewicht zwischen Export und Import.
Sowjetische Industrieprodukte sind – einstweilen – auf dem Weltmarkt noch nicht sehr gefragt. Was an Halbfertigprodukten und Rohstoffen angeboten wird, findet nur partiell Interesse, und Cash-Zahlungen sind angesichts der Devisen-Knappheit der Sowjetunion nur in Ausnahmefällen erhältlich. Es bleibt das Angebot der Sowjetregierung an den Westen, die in den vergangenen Jahrzehnten georteten Riesen-Rohstoff-Vorkommen in Sibirien gemeinsam auszubeuten und die Produktion – ist sie erst einmal angelaufen! – jeweils an Zahlungs Statt für inzwischen erfolgte Investitionen und Zwischenfinanzierungen zu akzeptieren.

Dies sind zwar faszinierende Projekte, deren Hauptproblem – die Finanzierung – aber noch der Lösung harrt. Je enger sich der Westen und insbesondere Westeuropa zusammenschließen, um so eher wird es auch technisch wie finanziell möglich sein, daß sich die Industrie des Gemeinsamen Marktes an diesen sowjetischen Super-Projekten beteiligt.

Einstweilen ist die Sowjetunion in doppelter Hinsicht noch ein Entwicklungsland – eine Feststellung, die übrigens schon deshalb nicht als diskriminierend angesehen werden sollte, als der Tag nicht mehr so fern ist, an dem sich die Begriffe von heute umgekehrt haben werden: Dann werden die rohstoffbesitzenden Länder die Reichen und die Industriestaaten die Armen sein ... Entwicklungsland deshalb, weil die Sowjetunion erst dabei ist, sich ihrer unbegrenzten wirtschaftlichen Ressourcen bewußt zu werden und sich diejenige maßstabgerechte Industrie aufzubauen, die den Aufgaben einer Weltmacht gewachsen ist! Entwicklungsland auch deshalb, weil die Sowjetunion von der Führungsschwäche der Vereinigten Staaten und der von Frankreich sorgsam konservierten Zerrissenheit Westeuropas profitiert und im Begriff ist, sich ein militärisches Potential zuzulegen, das ihr in nächster Zukunft einen globalen Führungsanspruch sichern soll!

Übrigens: Ein Blick zurück zum verhinderten Groß-Röhren-Auftrag von 1962, und man erfaßt, wie sich Politik und Wirtschaftspolitik des Westens gegenüber dem Ostblock – und vice-versa – in einem Jahrzehnt gewandelt haben!

Die ach so kühnen Slogans aus der Ära Chruschtschows »Wir werden euch (die Kapitalisten) noch alle begraben« u. a. – sie waren vergessen und hatten unter dem erfahrenen Wirtschaftstechnokraten Kossygin einer nüchternen Beurteilung Platz gemacht. Die sowjetische Landwirtschaft, die Industrialisierung und Forschung hatten sich dem westlichen Niveau nicht angenähert, sondern waren – mit gewissen bemerkenswerten Ausnahmen und darunter nicht nur die Weltraumforschung – ständig weiter zurückgeblieben. Hinzu kam, daß sich – jedenfalls nach Aussage Kossygins – die natürlichen Energiequellen der Sowjetunion langsam erschöpfen, während der Energieverbrauch stetig zunimmt. Dieses keineswegs nur auf die Sowjetunion beschränkte Phänomen zu beheben, erfordert nicht nur geschickte Politik (wie etwa den Freundschaftsvertrag der Sowjetunion mit dem Irak, einem der arabischen Erdöl-Großlieferanten!), sondern darüber hinaus fast unbegrenzte Mittel an Forschung. Kossygin nannte es einmal in einem Gespräch mit deutschen Unternehmern eine phantastische Verschwendung, daß die großen Industrienationen ihre wissenschaftliche Forschung, neue und billigere Energiequellen zu entdecken, parallel betrieben, anstatt die hierfür benötigten Milliarden zusammenzulegen.

So war es nur logisch, den potentesten Industriestaat auf dem europäischen Kontinent, die Bundesrepublik Deutschland, wieder wie in alten Zeiten als verläßlichen Wirtschaftspartner zu gewinnen.

Wirtschaftliche Betrachtungen Moskaus waren also einer der Gründe, die es dem Kreml nahelegten, die Beziehungen zur Bundesrepublik zu revidieren.

10.
Das Wettrüsten

Aber es gab auch andere: Die durch die Folgen des Weltkrieges hervorgerufene Polarisierung USA-Sowjetunion, die später wieder den Koreakrieg nach sich zog, hatte sich – ausgeweitet durch Vietnam und die israelisch-arabische Dauerkrise – zu einer sowjetisch-amerikanischen Konfrontation mit nuklearem Wettrüsten beider Giganten entwickelt. Allein die daraus resultierenden finanziellen Belastungen stellten beide Staaten vor überaus ernste Probleme. Wenn schon das reiche Amerika der nicht zuletzt durch die Rüstungskosten weltweit ausgelösten Dollarkrise nur schwer Herr wurde, war anzunehmen, daß die Sowjetunion mit ihrer Binnenwährung dem finanziellen Druck der Rüstungsaufgaben noch sehr viel stärker ausgesetzt sein würde: Außer den Militärausgaben waren Probleme der industriellen Infrastruktur und der nach wie vor ungelösten Agrarversorgung (bei steil ansteigender Bevölkerungszahl) ebenso zu bewältigen wie das Versprechen zu erfüllen, die Konsumansprüche der Sowjetbürger angemessener zu berücksichtigen. Hinzu kam, daß sich die Sowjetunion unter Ausnutzung des militärischen Engagements der USA in Südostasien zum Bau einer weltweit präsenten Flotte entschlossen hatte.
Der Sechstage-Krieg in Nahost hatte im Juni 1967 eben begonnen, als mir der spanische Außenminister Castiella sagte: »Er wird in wenigen Tagen mit dem Sieg Israels zu Ende gehen. Übrigbleiben wird eine latente noch bedrohlichere Spannung zwischen den arabischen Ländern und Israel als die, die zum Ausbruch der jetzigen Feindseligkeiten geführt hat. Und übrigbleiben wird die permanente Präsenz sowjetischer Kriegsschiffe im Mittelmeer.«
Inzwischen ist die sowjetische Flotte im Mittelmeer – bislang ein westliches Binnenmeer – militärisch wie politisch zu einer festen Größe geworden, übrigens nicht zuletzt mit der bereits vom Zarenreich stammenden Begründung, als Schwarzmeer-

Anrainer habe Rußland einen legitimen Anspruch darauf, seine Verbindungswege im Mittelmeer zu schützen.
Die Schließung des Suez-Kanals war ein weiterer Anlaß für die Strategen des Kreml, die sowjetische Flottenstärke im Indischen Ozean und im Pazifik zu erhöhen. Alles spricht dafür, daß die Sowjetunion entschlossen ist, die ihr zugefallene Rolle als Supermacht nun auch wirklich auf den gesamten Globus auszudehnen – vor allem, um dem Fernziel wieder einen Schritt näherzukommen, das den Erben Lenins Vermächtnis und stetes Gebot ist: die kommunistische Weltrevolution! Die – offenbar ständig fortschreitende – Aufstockung des Militärpotentials resultiert schließlich aus der begreiflichen Absicht, sich für die Verhandlungen mit der zweiten Supermacht, den USA, eine möglichst eindrucksvolle Ausgangsbasis der Stärke zu schaffen. Dazu aber mußte wiederum versucht werden, den europäischen Status quo festzuschreiben, das hieß, die Anerkennung der sowjetischen Hegemonie in Osteuropa und die Anerkennung der deutschen Teilung durchzusetzen – nicht nur bei der Bundesregierung, sondern bei allen Staaten Westeuropas, den Vereinigten Staaten von Amerika und Kanada.

11.
Der Konflikt der Sowjetunion mit China

Ein weiterer Grund für die Westpolitik der Sowjetunion war die Entwicklung ihres Verhältnisses zu China. Nachdem die zunehmende Entfremdung zwischen den beiden Matadoren des Kommunismus Anfang der sechziger Jahre zu einem spektakulären Bruch geführt hatte, ist über ihrer beider Beziehungen verhältnismäßig wenig in die Öffentlichkeit gedrungen. In Moskau waren die Politiker wohl über die ideologischen »Irrwege« des riesigen Nachbarn im Osten beunruhigt, aber mehr noch über seine mutmaßlichen machtpolitischen Ansprüche, seinen wachsenden Einfluß in Südostasien und auch über sein Erscheinen als Entwicklungshelfer in Afrika. Sie glaubten überdies, daß der Riß mitten durch den »monolithischen« Block des Marxismus-Leninismus (er war zu keiner Zeit und nirgendwo »monolithisch« – selbst nicht in der Sowjetunion) vermutlich heilbar sei – spätestens wohl nach dem Tode Mao Tse-tungs. Die Sowjets hielten Tschou En-lai für »einlenkbarer« als Mao, der übrigens auf Druck Moskaus 1927 aus dem Zentralkomitee der damals völlig abhängigen chinesischen KP ausgeschlossen worden war und dies sicherlich nicht vergessen hat.

Gelegentlich wird in der westlichen Publizistik die Meinung vertreten, es sei abwegig zu vermuten, der ideologische Methodenstreit mit China könne früher oder später die Sowjetunion veranlassen, im Westen Rückendeckung zu suchen. Ebensowenig sei anzunehmen, daß dieser Bruderzwist des Kreml Interesse an der Europäischen Sicherheitskonferenz verstärkt, wenn nicht überhaupt ausgelöst habe. Auch die von beiden Seiten absichtlich hochgespielten Zwischenfälle am Ussuri im März 1969 hätten in Wirklichkeit nur lokale Bedeutung gehabt und keinen Anlaß geliefert, das Sowjetunion–China-Problem ernster zu nehmen, als es sei.

Ich bin in Moskau zu einer ganz anderen Beurteilung gelangt

und bin überzeugt, daß dieser kommunistische Bruderzwist bei der neuen Westpolitik der Sowjetregierung eine entscheidende Rolle gespielt hat.

Die Geschichte der russisch-chinesischen Gegensätze ist älter und weitreichender als etwa die Geschichte russisch-chinesischer Gemeinsamkeiten. Sie würde den Rahmen dieses Buches sprengen und ist im übrigen von Berufeneren mehr als einmal beschrieben worden. Im vergangenen Jahrhundert waren es die Verträge von Aigun (1858) und Peking (1860), die die Chinesen unter russischem Druck zum Verzicht auf strategisch wichtige Territorien und deren Abtretung an das Zarenreich zwangen. Mit diesen Verträgen wurde die Grundlage für die Spannungen gelegt, die das Verhältnis beider Staaten trotz ursprünglich gemeinsamer kommunistischer Ideologie in diesem Jahrhundert bis zum heutigen Tage kennzeichnen.

Es ist zwar richtig, daß die beiden Großmächte Sowjetunion und China ihre Differenzen bisher ideologisch begründet haben. Das ist genauso wahr wie irreführend, als wenn man behaupten würde, Hitler habe die Kriege gegen Polen und später gegen die Sowjetunion vom Zaun gebrochen, weil er mit deren Regierungssystemen nicht einverstanden gewesen sei.

Vergleicht man einmal die Geschichte der chinesischen Revolution von Sun Yat-sen über Tschiang Kai-schek bis Mao Tsetung mit der Entwicklung des Kommunismus in Osteuropa, wird man nur wenig Parallelen entdecken. Bei den chinesischen Revolutionären fehlen die Zweifel Trotzkis und auch Lenins daran, daß der Kommunismus Überlebenschancen habe, wenn er nicht von entsprechenden Revolutionen in der Welt, vor allem in Europa, begleitet würde. Die chinesische Revolution – sofern man überhaupt von »Revolution« sprechen will und nicht das Wort »Evolution« vorzieht – entwickelte sich aus dem Lande heraus, war also autochthon und nicht wie die Umstürze in den osteuropäischen Ländern von sowjetischen Besatzungstruppen und »Beratern« provoziert, finanziert und manipuliert. Die Wurzeln des chinesischen Kommunismus waren, wie es kürzlich wieder der Chefideologe der KPdSU Michail Suslow vorgetragen hat, stets »chinesisch-nationalistisch und chauvinistisch« und blieben es auch dann, als China sich ideologische und materielle Hilfe bei den Sowjets holte. Der Terror hatte in der chinesischen Führung nicht die Ausmaße angenommen wie in der Sowjetunion unter Lenin und vor allem unter Stalin. Die chinesischen Politiker starben zumeist friedlich im Bett und brachten sich nicht gegenseitig um. Die chinesische Propaganda stieß zwar so blutrünstige Drohungen gegen die kapitalistische Welt aus, daß selbst Chruschtschow zur Rettung seines Koexistenzprogramms mit der Bemerkung protestierte: »Man muß nicht die Häuser niederbrennen, um die Flöhe umzubringen«, womit er die Kapitalisten meinte. Da die Chinesen aber nicht die Macht besaßen, die westliche Welt in Furcht und Schrecken zu versetzen, ist diese um so eher geneigt, der Versicherung der chinesischen Führung zu trauen, sie wolle lediglich China wieder zu seiner alten Größe zurückführen und die jahrhundertelange Ausbeutung der Massen durch ein System des »gleichen Rechts für alle« ersetzen. Für die Welt bleibt der chinesische Kommunismus zwar ebenso unberechenbar und undurchsichtig wie das Geschehen in der Sowjetunion, aber er erzeugte doch nirgends das abgrundtiefe Mißtrauen, dem Breschnew und das sowjetische Führungs-Kollektiv von heute begegnen, wenn sie mit ihrer Lehre von der Unduldsamkeit gegenüber anderen Gesellschaftsordnungen und beladen mit der Bürde des Stalinterrors, der »brüderlichen Hilfe« für Ungarn und die ČSSR im Zeichen der Breschnew-Doktrin Entspannung und Frieden predigen. Die jüngste uns bekannt gewordene Rede Suslows vom Juli 1973 hat mit der in der westlichen Welt so gern genährten Illusion aufgeräumt, der Marxismus leninistischer Prägung habe sich gemausert und besitze nur noch national-sowjetische Züge. Das Ziel, so sagte er, den sowjetischen Sozialismus im »Weltmaßstab« zu entwickeln, habe sich seit Lenin keineswegs verändert!

Selbst die Jahre enger Anlehnung der chinesischen KP an ihren großen Bruder in Moskau waren niemals frei von mehr oder weniger tiefgehenden ideologischen und massiv materiellen Differenzen, so daß es – retrospektiv – eher verwunderlich erscheint, daß sich die westliche Welt von dem chinesisch-sowjetischen Bruch so überraschen ließ.

Im April 1955 war ich – als Botschafter der Bundesrepublik in Indonesien – Zeuge der Konferenz von Bandung, der ersten und nicht ohne Erfolg verlaufenen Konferenz der sogenannten »Dritten«, der unterentwickelten »Welt«. Ich entsinne mich noch der erregten Dispute des Vorbereitungskomitees um die Zulassung Chinas und die Nicht-Zulassung der Sowjetunion. Vor allem aber erinnere ich mich daran, wie Nehru seine Rolle als allseits respektierter Vater dieser »Dritten Welt« in Bandung langsam aber sicher an Tschou En-lai verspielte. Der allzusehr herausgekehrte Führungsanspruch Nehrus, der seine britische Erziehung nicht verleugnen konnte, schockierte die Mehrzahl der Konferenzteilnehmer. Um so mehr Anklang fand die Bescheidenheit, mit der sich Tschou En-lai in seinem Auftreten und seinen Reden nach vorne schob, die Fehler Nehrus analysierte, sie entsprechend vermied und die Atmosphäre immer stärker zu seinen Gunsten beeinflußte, so daß er die Konferenz als eigentlicher Sieger verließ.

Im Herbst des gleichen Jahres unternahm der Staatspräsident Indonesiens, Ahmed Sukarno (»Bung [Kamerad] Karno« von seinen Landsleuten gerufen), eine erste Erkundungsreise nach China und in die Sowjetunion.

Nach seiner Rückkehr konnte ich von seinen Erfahrungen profitieren. Er zeigte sich tief beeindruckt von dem, was er in China gesehen und gehört hatte, und meinte, ein so unterentwickeltes Land wie Indonesien könne viel von China lernen. Unter Mao Tse-tung, dem es als einzigem Führer eines kommunistisch regierten Landes gelungen sei, den Sozialismus wirklich populär zu machen (während es in der Sowjetunion außer den privilegierten Schichten keine überzeugten Kommunisten gebe), werde sich China in kurzer Zeit zu einer Weltmacht entwickeln, mit der man rechnen müsse. Mit der Freundschaft China–Sowjetunion sei es übrigens nicht weit her! Mit wem immer er in China gesprochen habe – überall sei die tiefe Abneigung der Chinesen gegen die sowjetische Bevormundung zum Ausdruck gekommen. Die Chinesen seien ein Herrenvolk, das aufgrund seiner jahrtausendealten Geschichte und Kultur und trotz aller Armut auf andere jüngere Nationen herabsehe. Das erkläre, weshalb die ungezählten russischen »Berater«, die in vielen Bereichen des täglichen Lebens und der Verwaltung tätig seien, nicht nur von der Führung, sondern auch vom einfachen Mann zunehmend als Demütigung und unerträgliche Belastung empfunden würden. Es sei wohl nur eine Frage der Zeit, bis sich der längst vorhandene Riß zwischen beiden Staaten derart vertieft habe, daß er sich nicht mehr verheimlichen und nicht mehr kitten lasse.
Nun gab es manche Gründe, die es ratsam erscheinen ließen, Sukarnos Wertung mit einer gewissen Skepsis zu begegnen. Vor allem bekannt dafür, daß er dem jungen, hübschen und weiblichen Teil seiner Untertanen soviel menschlich-männliche Fürsorge zuteil werden ließ, daß darüber die Fürsorge für den Rest der Bevölkerung mitunter zu kurz kam oder ihm den Blick für wichtigere Regierungsgeschäfte verstellte, stießen seine politischen Urteile mitunter auf Zurückhaltung.

Wie aber die Entwicklung zeigt, hatte er mit seinen 1955 aus China mitgebrachten Beobachtungen schon zu einer Zeit recht, als im Westen und besonders in Bonn Gerüchte über eine zunehmende russisch-chinesische Entfremdung noch spöttisch als »wishful-thinking« abgetan wurden. Der damalige Vizepräsident Indonesiens, Mohamed Hatta, rechtsstehend und in ständiger ideologischer Fehde mit Sukarno, kam übrigens zu dem gleichen Schluß wie er, als er einige Monate nach der Rückkehr Sukarnos eine ähnliche Reise durch China unternahm.
Wie dem auch sei – ihrer beider Version klingt glaubwürdiger als die vom ideologischen Zerwürfnis, dessen Vorhandensein zwar durch den Anspruch Maos, der eigentliche und echte Bewahrer des marxistisch-leninistischen Erbes zu sein, offenkundig wurde, aber im Grunde doch nur die Tatsache vertuscht, daß der Gegensatz zwischen den beiden Großmächten neuen Zündstoff gefunden hatte. Und dieser Gegensatz war uralt, während die Feindschaft zwischen China und den Vereinigten Staaten neuesten Datums war und – ausgelöst durch beachtliche taktische Fehler der USA – jahrhundertealte freundschaftliche Beziehungen unterbrochen hatte.
Ebensowenig läßt sich der Meinung zustimmen, die blutigen Zwischenfälle am Ussuri hätten nur lokale Bedeutung besessen und seien von beiden Seiten »hochgespielt« worden. Der Außenstehende wird jedenfalls nie feststellen können, wo Machtpolitik anfängt und Ideologie aufhört. Sicher ist, daß jahrzehntelang bis zum offenen Ausbruch des Konflikts zwar ideologische Richtungskämpfe auch eine Rolle gespielt haben. Sie aber sind in ihrer Tragweite nur zu begreifen, wenn man sie vor dem Hintergrund sowjetischer wie chinesischer Sicherheits- und Machtpolitik betrachtet. Die russisch-chinesische Rivalität um die Beherrschung Asiens ist traditionell, und die ideologische Rivalität um die Bewahrung der »reinen Lehre« haben

diesem latenten Zwist zweier benachbarter Großmächte nun noch den Aspekt eines Bruderkampfes hinzugefügt. »Die Fahne der Ideologie verdeckt in Wirklichkeit nur den Ehrgeiz«, hat de Gaulle einmal zu diesem Thema gesagt.
Im März 1969 kam es zu einem Wetterleuchten, als sich an einem Nebenfluß des Amur, dem Ussuri, auf dem die russisch-chinesische Grenze verläuft, militärische Grenzwächter beider Staaten ein Gefecht lieferten, bei dem es allein auf sowjetischer Seite etwa 40 Gefallene gab. Jede Seite beschuldigte die andere, den Zwischenfall provoziert zu haben, und da unparteiische Dritte nicht zugegen waren, wird man wohl nie erfahren, wie es zu diesem Zwischenfall kam. Die offizielle Version der chinesischen Regierung, die Provokation sei von den Russen ausgegangen, ist jedenfalls ebenso unwahrscheinlich wie die russische Behauptung, die Chinesen hätten ein Exempel statuieren wollen. Wo eine latent-feindselige Atmosphäre und viele Maschinenpistolen zusammentreffen, kann sich schon einmal ein Schuß lösen, ohne daß ein diabolischer Plan dahinterstecken muß. Jedenfalls ist der blutige Zwischenfall von beiden Seiten zum Anlaß für tiefgreifende Vorkehrungen gegen weitere Zusammenstöße genommen worden. Ob der Kreml auf Anraten der Militärs 1969 ernsthaft einen nuklearen Präventiv-Schlag ins Auge gefaßt oder zwecks Einschüchterung der chinesischen Führung nur propagandistisch mit diesem Gedanken gespielt hat, bleibt umstritten.
Nachdem Gromyko im Juli 1969 vor dem Obersten Sowjet China »antileninistischer Großmachtpolitik« bezichtigte und Kossygin im September 1969 von einem nicht eben erfolgreichen Besuch aus Peking zurückgekehrt war, sind die Beziehungen beider Staaten insbesondere dadurch bestimmt, daß gegeneinander massiv aufgerüstet wird. Nach westlichen Schätzungen sind derzeit etwa 44 konventionell und nuklear

schwerbewaffnete sowjetische Divisionen an der über 7000 km langen gemeinsamen Grenze stationiert. Dazu kommen Atomraketen mit abgestufter Reichweite, von denen viele in der mongolischen Volksrepublik eingebunkert sind – einem 1921 ins Leben gerufen, de jure »souveränen« Staat (bekannter unter der Bezeichnung »Äußere Mongolei«), de facto einem Satellitenstaat der Sowjetunion.
Er grenzt an die chinesische Provinz Sinkiang, denjenigen Teil Turkestans, der nach dem Zweiten Weltkrieg – sehr gegen den Willen der Sowjetunion – von China vereinnahmt und zunächst zum chinesischen Atomforschungszentrum ausgebaut wurde, das dann aber im Hinblick auf die drohende Nähe der russischen Grenze aufgelöst und in verschiedene Teile des Reiches disloziert worden ist.
Die Chinesen begannen bereits nach dem Zweiten Weltkrieg mit russischer Hilfe an der Entwicklung eigener Atomwaffen zu arbeiten. Sie haben 1960 nach dem Bruch mit der Sowjetunion diese Initiativen verstärkt und – begünstigt durch das Vorhandensein fast aller einschlägigen Rohstoffe im eigenen Lande – mit eindrucksvollem Erfolg fortgesetzt. Die Zwischenfälle am Ussuri im März 1969, vor allem aber wohl auch die sowjetische Maßregelung der ČSSR und die zu deren Rechtfertigung entworfene Breschnew-Doktrin, in deren denkbaren Anwendungsbereich sich China als sozialistischer Bruderstaat einbezogen sah, dürften die Politik der Annäherung an die USA ausgelöst und der nuklearen Aufrüstung Pekings einen besonderen Grad an Priorität verliehen haben. Jedenfalls heißt es, daß Chinas Atomraketen bereits heute jeden Ort der Sowjetunion »abdecken« könnten. Damit ist von beiden Seiten ein Circulus vitiosus von wechselseitiger Aufrüstung, Einschüchterung und Bedrohung in Gang gesetzt, dessen künftige Entwicklung die ganze Welt nur mit großer Sorge erfüllen kann.

Ende 1969 entsandte der Kreml den ersten Stellvertreter Gromykos, den klugen und nicht zum erstenmal als »trouble-shooter« bewährten Vizeaußenminister Wassili Kusnezow nach Peking, um über Grenzprobleme zu verhandeln. Zu Beginn 1971 wurde er von seinem Kollegen, dem stellvertretenden Außenminister Leonid Iljitschow, abgelöst. Erstaunlicherweise und ganz entgegen diplomatischem Brauch bestand die Sowjetregierung nicht darauf, auch den Ort zu wechseln und die Verhandlungen nach Moskau zu verlegen. Sie dauern noch an, ohne daß Details nach außen dringen.

Die Tatsache, daß verhandelt wird, zeigt zumindest, daß beide Seiten optisch den Eindruck von Entspannung zu erhalten wünschen – eine Vermutung, die durch die Bemerkung eines sowjetischen Funktionärs unterstrichen wird, der in Moskau 1971 einmal bemerkte:

»Wären bei uns noch die Zaren am Ruder, hätte es längst Krieg mit China gegeben.«

Der Ausspruch macht gleichzeitig deutlich, daß Fortschritte in Richtung einer russisch-chinesischen Einigung offenbar nicht erzielt werden konnten.

Für Außenstehende ist es denkbar schwierig, sich eine wirkliche Entspannung zwischen Rußland und China vorzustellen. Selbst wenn es – was mehr als unwahrscheinlich ist – den Chinesen gelingen sollte, die ihrer Ansicht nach erpreßten Grenzverträge von Aigun und Peking außer Kraft zu setzen und neu zu verhandeln (wozu sich die russische Revolutionsregierung von 1919 durch den stellvertretenden Kommissar für Äußere Angelegenheiten, Leo Karachan, bereit erklärt hatte), selbst dann bliebe noch mehr als genug gefährlicher Konfliktstoff übrig: Man denke nur an den Wettbewerb um die Gunst der Staaten in Südostasien, die nach ihrer Entlassung in die Unabhängigkeit als potentielle Bundesgenossen und als Absatzmärkte für

China wie für die Sowjetunion gleichermaßen an Anziehungskraft gewonnen haben – siehe Nordvietnam, das nur dank permanenter Unterstützung durch China und die UdSSR überleben konnte, siehe den chinesisch-indischen Konflikt 1962, siehe den Kampf um die Unabhängigkeit Ost-Pakistans, heute Bangla Desh, siehe die Sowjetunion auf der Seite Indiens, China auf der Seite Pakistans, siehe auch das Werben um Indonesien . . .

Und da ist last not least die Rivalität um das ideologische Erbe von Marx, Lenin und Stalin, die 1960 ihren – einstweiligen – Höhepunkt durch die apodiktische Feststellung der chinesischen Führung erhielt, die KP Chinas sei der wahre Interpret des Leninismus und die Ideologie Maos stelle den Marxismus-Leninismus »in seiner höchsten Form« dar.

Eine Beilegung dieses Konflikts könnte also nur erfolgen, wenn sich China zu einem »Kotau« herbeiließe und seinen obigen Anspruch feierlich und selbstkritisch widerrufen würde. Ein solcher Akt der Chinesen scheint um so weniger denkbar, als China inzwischen begonnen hat, seinen Part in der Weltpolitik und den Vereinten Nationen zu spielen und – geographisch wie politisch zwischen der Sowjetunion und den USA angesiedelt – fürs erste für die USA optiert und damit vor der ganzen Welt die Sowjetunion als »Feind Nr. 1« deklariert hat.

Ebensowenig ist anzunehmen, daß sich in der Sowjetunion eine Regierung finden würde, die für das Linsen-Gericht einer Entspannung mit China sich bereit fände, ihren Anspruch, in der Gralsburg des Leninismus, dem Kreml, die »reine Lehre« zu hüten und ihre richtige Interpretation weltweit zu überwachen, zugunsten eines dritten Landes aufzugeben.

Trotz alledem lassen sich Veränderungen im sowjetisch-chinesischen Verhältnis nicht für alle Zukunft ausschließen. Andererseits steht fest, daß bei der Konzeption einer neuen sowjetischen Westpolitik das Problem China für den Kreml offensichtlich einen sehr hohen Stellenwert besaß: Je nachhaltiger Westeuropa unter dem warmen Regen der sowjetischen Entspannungs-Kampagne in seiner eigenen Verteidigungsbereitschaft nachläßt, um so größer ist die Chance, den osteuropäischen Machtbereich der Sowjetunion zu konsolidieren und das strategisch-militärische Schwergewicht in den asiatischen Teil und an die chinesische Grenze zu verlagern. Aus ebendiesem Grunde machen die Chinesen ihrerseits kein Hehl daraus, daß ihnen ein Westeuropa als politisch-militärisch geschlossene und kräftebindende Einheit mit einem wiedervereinigten Deutschland sehr viel lieber wäre als ein – wie die »Pekinger Volkszeitung« schreibt – »in seinem Wohlstand erschlafftes« friedensgläubiges, wehrunwilliges Konglomerat heterogener Staaten. Die Westeuropäer haben – so scheint es den Chinesen – in ihrem »wishful thinking« selbst die Lehren der Hitlerschen Salamitaktik (Rheinland, Österreich, Tschechoslowakei, Polen usw.) völlig vergessen und vertrauten lieber dem nunmehr aus Moskau kommenden »Chamberlain mit dem Regenschirm«.

So bleibt das Verhältnis beider Giganten – einstweilen – durch tiefes gegenseitiges Mißtrauen zueinander bestimmt: die Besorgnis der Sowjetunion vor dem China der Zukunft, seiner nuklearen Rüstung, dem Bienenfleiß, der Erfindungsgabe und der biologischen Fruchtbarkeit seiner Bewohner auf der einen – die Furcht Chinas vor einem Präventivkrieg der Sowjetunion auf der anderen Seite. Die daraus resultierenden Spannungen werden die Weltpolitik zumindest so lange beeinflussen, bis zwischen der Rüstung Chinas und der seines sowjetischen Nachbarn ein ähnliches »Patt« erreicht ist wie zwischen den USA und der Sowjetunion.

Als sichtbare und weit überschaubare Größe mußte demnach auch das Verhältnis Sowjetunion–China in das Kalkül der Bundesregierung eingesetzt werden, als sie Verhandlungen mit der Sowjetunion vorbereitete.

12.
War die Teilung Deutschlands geplant?

Es gab – mindestens – noch einen weiteren Grund für die Sowjetführung, unseren Annäherungsversuchen mit Wohlwollen zu begegnen:

Der von ihr – ich erwähnte es bereits – als Hauptgewinn des Zweiten Weltkrieges betrachtete Zuwachs ihres Machtbereichs erstreckte sich auf nicht weniger als sieben europäische Staaten: Bulgarien, ČSSR, DDR, Jugoslawien, Polen, Rumänien, Ungarn. Einige von ihnen mußten zwar zunächst dem Prokrustesbett kommunistischer Gesinnung angepaßt werden, aber das Ziel, die Schaffung eines tief nach Westeuropa hineingreifenden Einflußbereichs und damit gleichzeitig auch eines der sowjetischen Westgrenze vorgeschalteten strategischen Sicherheitsglacis, war erreicht. Ob die DDR von Anfang fest eingeplant war, erscheint zweifelhaft.

Es gibt eine Reihe von Meldungen, Aussprüchen und Entscheidungen Stalins, wonach er »im Prinzip« ein Gesamtdeutschland dem geteilten vorgezogen hätte. Dabei dürfte er stillschweigend vorausgesetzt haben, daß dieses Gesamtdeutschland entweder von vornherein sozialistisch sei oder aber unter Zwangsauflagen gestellt werde, unter denen es einer raschen Sozialisierung keinen nennenswerten Widerstand hätte entgegensetzen können. Ein vielerfahrener, hoher sowjetischer Funktionär und Deutschlandexperte sagte mir sogar einmal, Stalin sei ein großer Staatsmann gewesen, aber er hätte einen »Tick« gehabt: Er sei fest überzeugt gewesen, daß der Sicherheit Rußlands mit einem wiedervereinigten Deutschland weit besser gedient wäre als mit einer Teilung. Nach seinem Tode habe man dann diese –natürlich falsche – Überlegung korrigieren können . . . Nach anderer mir häufig in Moskau entgegengehaltener Version sei die Wiedervereinigung durch Adenauer systematisch verhindert worden.

Es ist übrigens die gleiche These, welche die Bundesregierung in ihrem Bulletin vom 4. Juni 1970 vertritt, wenn sie ausführt: »Die Haltung des Alles oder Nichts hat in zwei Jahrzehnten dazu geführt, daß die Sowjetunion aus einer Befürworterin zu einer Gegnerin der deutschen Einheit geworden ist.« Diese uneingeschränkte apodiktische Feststellung ist zwar kaum mehr als eine polemische Schutzbehauptung, die historischer Nachprüfung, soweit sie heute bereits möglich ist, kaum standhält. Dennoch gibt es in diesem Zusammenhang einige Ereignisse aus den ersten Nachkriegsjahren der Ostpolitik, die der Aufhellung bedürfen:

Wollte Stalin die Spaltung Deutschlands? Viele bekanntgewordene Fakten sprechen dagegen. Schon während des Krieges hatte er Harry Hopkins, dem Berater Roosevelts, gesagt, daß er von der Spaltung eines besiegten Deutschland nichts halte. Als nach dem Ende des Krieges sich die Spannungen zwischen den vier Siegern mehrten, scheint Stalin in einem vereintbleibenden Deutschland eine zuverlässigere Sicherheitsgarantie für die Sowjetunion erblickt zu haben als in einer – von de Gaulle befürworteten – Teilung. Auch wenn er 1948/49 die Konstituierung der »DDR« förderte, ließ er kaum Zweifel daran, daß er den Teilstaat DDR als Provisorium und Tauschobjekt betrachtete. Besonders deutlich wurde diese Einstellung, als im Westen Erörterungen über die gleichberechtigte Einbeziehung der Bundesrepublik in eine europäische Verteidigungsgemeinschaft angestellt wurden.

Der Ministerpräsident der DDR, Otto Grotewohl, schlug – ohne Zweifel im Auftrag der Sowjetführung – Adenauer in einem Schreiben vom 30. November 1950 die Einberufung eines Gesamtdeutschen Konstituierenden Rats vor, der mit der Aufgabe betraut werden sollte, die Bildung einer »Gesamtdeutschen Regierung« vorzubereiten. Adenauer lehnte in einer Regierungserklärung vom 15. Januar 1951 den Vorschlag ab. Er

selbst notiert dazu in seinen »Erinnerungen«: »Meine Stellungnahme im Bundestag fand in der Öffentlichkeit keine ungeteilte Zustimmung. Man argumentierte, man müsse die Tür für Gespräche offenhalten.«
Im Herbst 1951 erfolgte in einer »Entschließung« der Ost-Berliner Volkskammer ein erneuter Vorstoß Grotewohls, in der bemerkenswerterweise die in seinem vorgenannten Brief vom 30. November 1950 erhobene Forderung nach »paritätischer« Ost-West-Zusammensetzung des Gesamtdeutschen Rats fallengelassen wurde. Die Zahl der Verhandlungsteilnehmer sei »nicht von grundsätzlicher Bedeutung«, sagte Grotewohl.
Adenauer erkannte sofort, daß der neue Vorschlag ein Kompromiß sei, um den Eintritt Westdeutschlands in den Nordatlantikpakt zu verhindern. Aber anstatt daraus den Schluß zu ziehen, daß wohl nunmehr eine »Abwägung der Güter« vorgenommen, d.h. geprüft werden müsse, ob für die Priorität genießende Wiedervereinigung – entgegen aller Erwartung – akzeptable Bedingungen in Sicht seien, fand er, daß Grotewohl und die Volkskammer im Auftrage der Sowjetunion mit ihrem Eingeständnis, die Bundesrepublik aus Bindungen an den Westen heraushalten zu wollen, die Katze aus dem Sack gelassen hätten. Er empfand diese Voraussetzung nicht als einen Kompromiß zwischen legitimen westlichen und legitimen sowjetischen Interessen, sondern als Zumutung, die eine negative Antwort erfordere. Bestärkt wurde er darin durch seine Befürchtung, der Westen und insbesondere Frankreich könnten in einem Augenblick, wo »erste Ansätze zu einer Einigung Westeuropas gemacht würden«, ein Eingehen auf die »sowjetzonalen Initiativen« als neuen Beweis deutscher Unzuverlässigkeit auslegen.
Die Antwort bestand denn auch in einer von Adenauer ange-

regten Resolution der Vereinten Nationen auf Einsetzung einer internationalen Kontrollkommission, deren Aufgaben und Kompetenzen so formuliert wurden, daß der Sowjetunion schon aus Prestigegründen nicht viel anderes übrigblieb, als sie abzulehnen.

Aber Stalin ließ nicht locker. Am 10. März und 9. April 1952 überreichte die sowjetische Regierung den drei für Deutschland zuständigen Westmächten je eine gleichlautende Note mit der Aufforderung, endlich gemeinsam einen Friedensvertrag mit Deutschland auszuarbeiten. Dieser Vertrag (dessen sowjetischer Entwurf der ersten Note beigefügt war) müsse »unter unmittelbarer Beteiligung Deutschlands, vertreten durch eine gesamtdeutsche Regierung«, ausgearbeitet werden, und auch die Bedingungen seien zu prüfen, »die die schleunigste Bildung einer gesamtdeutschen, den Willen des deutschen Volkes ausdrückenden Regierung fördern«. Unter den insgesamt sieben politischen Leitsätzen, die laut den sowjetischen Noten bei der Beratung dieses Vertrages Pate stehen müßten, hieß es unter Nr. 1: »Deutschland ist als einheitlicher Staat wiederhergestellt. Damit ist der Spaltung Deutschlands ein Ende gemacht, und das geeinte Deutschland gewinnt die Möglichkeit, sich als unabhängiger, demokratischer, friedliebender Staat zu entwikkeln.«

Zur Frage der freien Wahlen schließlich schlugen die Sowjets in ihrer 2. Note vor, daß »eine von den 4 in Deutschland Besatzungsfunktionen ausübenden Mächten zu ernennende Kommission« zwecks Überwachung des Wahlvorgangs zu bilden wäre.

Und zum Problem der Wiederbewaffnung: »Es ist Deutschland gestattet, seine eigenen nationalen Streitkräfte (Land-, Luft- und Seestreitkräfte) zu besitzen, die für die Verteidigung des Landes notwendig sind.«

Aus diesen Vorschlägen entwickelte sich eine fieberhafte diplomatische Aktivität zwischen Washington, London, Paris und Bonn – sprich Adenauer – auf der einen und Moskau auf der anderen Seite, die sich in einem höchst lesenswerten Notenwechsel zwischen West und Ost niederschlug und der mit einer Note der Westmächte an die Sowjets vom 23. September 1952 beendet wurde. Die Note wurde von den Sowjets nicht mehr beantwortet.

Adenauer ist im I. wie im II. Band seiner »Erinnerungen« detailliert auf die Geschichte dieser sowjetischen Vorschläge eingegangen.

Die meisten Kommentatoren dieser Ereignisse sind sich darüber einig, daß es den Sowjets mit ihren überraschend weitgehenden Vorschlägen lediglich darauf ankam, Zeit zu gewinnen, um die Konsolidierung der BRD zu verzögern. Der Abschluß von Verträgen, die diesen Teil Deutschlands in den Westen integrieren sollten, stand bevor, die Europäische Verteidigungsgemeinschaft schien zur Realität zu werden. Vom Sicherheitsdenken des Kreml aus betrachtet waren diese Aspekte bedrohlich genug, um für die Verhinderung solcher Pläne einen Preis zu zahlen.

War es also nicht denkbar, daß ein Realpolitiker wie Stalin eher bereit war, auf unrealistische Pläne wie eine *rasche* Bolschewisierung Deutschlands zu verzichten und ein Gesamtdeutschland in Kauf zu nehmen, wenn den Westmächten damit der Plan einer Integration Westdeutschlands und seines riesigen Industriepotentials in den Westen abgekauft werden konnte? Man wußte schon seit der besorgten sowjetischen Reaktion auf die 1925 publik gewordene Absicht der Reichsregierung, dem Völkerbund beizutreten, daß Stalin sehr befürchtete, Deutschland könnte sich in die Arme des Westens begeben. Stalin hatte ja auch mit der Blockade Berlins 1948/49 nicht nur die Absicht verfolgt, den freien Teil der Stadt der sowjetischen Besatzungszone einzuverleiben. Der nach seiner Auffassung unausweichliche Rückzug der drei Westmächte aus Berlin sollte die Deutschen nachdenklich stimmen und sie mit Rücksicht auf die in Berlin eindrucksvoll bezeugte Überlegenheit der Sowjetunion davon abhalten, die Bildung eines westdeutschen Staates ins Auge zu fassen.

Weshalb ging man Vermutungen und Möglichkeiten dieser Art nicht nach? Weshalb setzte man sich mit den Sowjets nicht zusammen? Weshalb analysierte man das erstaunliche Angebot Stalins, den Deutschen eigene nationale Streitkräfte zu gestatten, nicht näher? Weshalb versuchte man nicht, in Sondierungsgesprächen zu ermitteln, ob gewisse als unannehmbar empfundene Vorschläge der sowjetischen Noten wirklich des Kreml letztes Wort darstellten oder vielleicht nur Verhandlungspositionen waren?

In der Note des Kreml vom 24. Mai 1952 heißt es zum Beispiel: »Die Fortsetzung der Erörterung dieser Fragen mittels eines weiteren Notenaustausches kann nicht die Ergebnisse zeitigen, die in unmittelbaren Verhandlungen erzielt werden können . . .«

War damit nicht schon deutlich genug gesagt, daß das letzte Wort nicht gesprochen sei und man über das Procedere noch mit sich reden lasse?

In der Tat, die entschieden negative Haltung Adenauers zu den Initiativen des Kreml traf nicht nur bei der sozialdemokratischen Opposition, die bei den Vorstößen Grotewohls 1950/1951 noch ganz auf seiner Seite gewesen war, auf Unverständnis: »Man glaubte (in Deutschland und auch in anderen Ländern) tatsächlich, die Bereitschaft der Sowjetunion zu tragbaren Verhandlungen über die Wiedervereinigung Deutschlands und über einen vertretbaren Friedensvertrag mit Deutschland erkennen zu können«, schreibt Adenauer.

Seine Ansicht, man dürfe mit der Sowjetunion so lange nicht verhandeln, bis der EVG-Vertrag unterzeichnet, in Kraft getreten und damit das Vertrauen der Westmächte und ihre Unterstützung gegenüber der Sowjetunion gewonnen wäre, wurde also keineswegs überall geteilt, vor allem nicht von Frankreich und Großbritannien, und sie bleibt auch heute in sich widersprüchlich und nicht überzeugend.
Dr. Schumacher, Vorsitzender der SPD, schrieb am 22. April 1952 an Adenauer einen Brief, in dem er dringend empfahl, den drei Westmächten »als gemeinsamen deutschen Standpunkt« vorzutragen, »daß nichts unversucht bleiben darf, festzustellen, ob die Sowjetnote eine Möglichkeit bietet, die Wiedervereinigung Deutschlands in Freiheit durchzuführen. Um dieses festzustellen, sollten sobald wie möglich Vier-Mächte-Verhandlungen stattfinden.«
Jedenfalls müsse deutlich gemacht werden, daß »die Bundesrepublik keine Anstrengungen gescheut habe, um eine sich bietende Chance zur Wiedervereinigung Deutschlands zur Befriedigung Europas auszunützen.«
Auch die drei Westmächte, vor allem England und Frankreich, waren erschreckt von der Aussicht, in Mitteleuropa mit einem für die Dauer seiner Existenz sowjet-servilen künstlichen Staatsgebilde konfrontiert zu werden. Die Konsequenz, damit die Sowjets im Herzen Europas zu haben, schienen sie weit klarer vorauszusehen als Adenauer. Zudem fürchteten sie die sowjetische Reaktion auf den militärischen Zusammenschluß Westeuropas und zögerten auch deshalb, den Sowjets die Tür zuzuschlagen. Die französische Regierung stand einer deutschen Wiedervereinigung gewiß mit großer Reserve gegenüber. Trotzdem ließ sie Adenauer über ihren Hochkommissar André François-Poncet ausrichten, jede Möglichkeit einer Verständigung mit der Sowjetunion müsse ausgeschöpft werden. Erst

wenn die Kabinette in Frankreich, Großbritannien und der Bundesrepublik definitiv vom schlechten Willen der Sowjets überzeugt seien, erst dann dürfe die Europäische Verteidigungsgemeinschaft ins Leben gerufen werden.

Die Amerikaner ihrerseits waren, wie schon die Überlassung der von ihnen besetzten Provinzen Thüringen und Mecklenburg an die Sowjets gezeigt hatte, von ihrem Sicherheitsdenken aus zunächst nicht so sehr daran interessiert, ob nun einige Quadratkilometer Deutschlands mehr oder weniger unter sowjetischen Einfluß gerieten. Später allerdings »setzte sich«, schreibt Adenauer, »die Überzeugung durch, daß für eine wirksame Verteidigung Europas gegen den Kommunismus die Mitwirkung der Bundesrepublik unerläßlich sei.«

In der Tat, ein massiver europäischer Beitrag zur Verteidigung Westeuropas mußte ohne das westdeutsche Potential ein Torso bleiben. So unterstützten die Amerikaner Adenauer nachdrücklich und zögerten – seinen »Erinnerungen« nach zu urteilen – nicht einmal, Schumacher der Konspiration mit den Sowjets zu verdächtigen.

Am 26. und 27. Mai erfolgte die Unterzeichnung des Deutschland- und des EVG-Vertrages, und damit war für den Kreml die Chance, diese ihm höchst unbequemen Verträge durch die Aussicht auf Wiedervereinigung zu verhindern, nur noch auf die Möglichkeit reduziert, die Ratifikation zu torpedieren. Da die Würfel offensichtlich gefallen waren, verloren die Sowjets auch ihr Interesse an der Fortsetzung des Dialogs und beantworteten die letzte westliche Note vom 23. September 1952 nicht mehr.

1954 fiel dann der Sowjetführung in den Schoß, wofür sie 1952 einen offenbar hohen Preis zu zahlen gewillt war: Der EVG-Vertrag scheiterte am Veto der französischen Nationalversammlung!

Zunächst aber hatte sich Adenauer durchgesetzt. Sicherlich war die Entscheidung für jeden nur mit beschränkter Souveränität ausgestatteten und amerikanischem Druck ausgesetzten deutschen Regierungschef unerhört schwer. Für Adenauer waren die Kooperationsverträge mit dem Westen die »Taube in der Hand«, die Aussicht auf Wiedervereinigung durch langwierige Verhandlungen mit den Sowjets der »Sperling auf dem Dach«. Der Ausgang solcher Verhandlungen war ungewiß und zudem mit dem enormen Risiko belastet, am Ende die Westmächte verprellt und sich zwischen alle Stühle gesetzt zu haben.

Im März 1953 starb Stalin, und bald danach schienen sich mit der Regierung Malenkow-Berija neue Impulse in der Deutschland-Politik anzudeuten. Als Ulbricht – nur an der Konsolidierung seiner Machtposition und daran interessiert, in Moskau als Treuester der Treuen angenehm aufzufallen – die Arbeitsnormen bei gleichzeitiger Einfrierung der Löhne und immer fühlbarer werdender Unfreiheit erhöhte, griff unerwartet Moskau ein. Der sowjetische Hochkommissar Wladimir Semjonow überbrachte Direktiven, die eine neue gemäßigte Handschrift des Politbüros erkennen ließen. Malenkow äußerte sich friedfertig und die »Prawda« beschwor das Abkommen von Potsdam (das bekanntlich von den deutschen Grenzen von 1937 ausging) als »größte Errungenschaft auf dem Wege zur Versöhnung der Sicherheit Rußlands mit der Freiheit und der Sicherheit Westeuropas«. Churchill war der einzige Staatsmann des Westens, der eine positive Änderung der Sowjetpolitik zu erkennen glaubte. Er schlug daher im Mai 1953 vor, in einer Vierer-Konferenz die Deutschlandfrage zu behandeln.

Aber Adenauer sah »kein besonderes Zeichen für eine Bereitschaft der Sowjetunion zur Wiederherstellung der deutschen Einheit in Freiheit« und versprach sich nichts von einem Gipfeltreffen.

Am 16. und 17. Juni 1953 kam es in Berlin und in etwa 240 weiteren Städten der DDR zu Demonstrationen und zu Aufständen gegen das Ulbricht-Regime. Die Sowjets, die offenbar schon bereit gewesen waren, Ulbricht fallenzulassen, konnten es mit ihrem Prestige schwer vereinbaren zuzusehen, wie der von ihnen beauftragte Regierungschef von seinen eigenen Arbeitern gestürzt wurde. Sie griffen mit ihren Panzern ein. Ulbricht war noch einmal gerettet.

Ich habe es stets als etwas beschämend empfunden, daß die Bundesregierung aus dieser zutiefst tragischen Auflehnung keinerlei andere Lehre zu ziehen wußte, als die, den vielen deutschen Feiertagen einen neuen, den 17. Juni, hinzuzufügen. Als aktiver Missionschef in Djakarta, in Madrid oder in Moskau hatte ich entsprechend den Weisungen der Zentrale vor der deutschen Kolonie und meinen Mitarbeitern dieses Tages in einer Ansprache zu gedenken. Allen meinen Reden habe ich jeweils vorangestellt, daß mir keiner von unseren Feiertagen so gänzlich ungeeignet zum »Feiern« schiene wie eben der Tag, an dem einige hunderttausend deutsche Arbeiter sich gegen das Terror-Regime des Moskauer Statthalters Ulbricht erhoben hätten.

Statt aus den Maßnahmen der Sowjets den Schluß zu ziehen, daß eine Weltmacht sich ein Faustpfand vielleicht gegen entsprechende Konzessionen abhandeln, aber nicht mit Pressionen oder Gewalt wieder wegnehmen läßt, wurde die alte Illusion, »die Politik der (amerikanischen) Stärke werde die Wiedervereinigung schon herbeiführen, weil den Sowjets eines Tages schon aus wirtschaftlichen Gründen nichts anderes übrigbleibe«, weiter genährt und in der Öffentlichkeit wohl vielfach auch geglaubt.

Jedenfalls – die Geschichte jener Jahre, soweit sie heute schon bekannt ist, zeigt, daß die erste Regierung Adenauer nicht der

Wiedervereinigung, sondern dem Anschluß der Bundesrepublik an den Westen Priorität eingeräumt hat. Angesichts des unbegrenzten Mißtrauens, das wir uns in aller Welt eingehandelt hatten, und angesichts des tiefen Unbehagens, das die sowjetische Nachkriegspolitik in Osteuropa auslöste, war dies eine Entscheidung, die gewiß allen Respekt verdient.

Trotzdem bleibt es schwer verständlich, daß die Vorstöße des Kreml mehr als lästige Einmischung in schwebende Verhandlungen Westdeutschlands mit den USA, Großbritannien und Frankreich empfunden wurden, denn als prüfungswürdige Initiativen. Die Wiedervereinigung – unabdingbarer Schritt zur Beseitigung der im Nachkriegs-Europa aufgetretenen Spannungen – war zu einer Angelegenheit von sekundärer Bedeutung geworden.

Nach Adenauers »Erinnerungen« zu schließen, war er – wie die Amerikaner – davon überzeugt, daß sich die Sowjets unter dem Druck der USA und Westeuropas eines Tages dazu entschließen würden, die von ihnen besetzte Zone freizugeben, weil sie sich vermutlich nicht als lebensfähig erweisen würde.

Aber war er wirklich davon überzeugt? Wollte Adenauer überhaupt die Wiedervereinigung? Es ist hier nicht der Ort, über diese so häufig diskutierte Frage Untersuchungen anzustellen; man müßte wohl auch die tiefen Differenzen zwischen dem bedeutenden Berliner Bürgermeister und Adenauer-Gegner, dem Sozialdemokraten Ernst Reuter, zwischen Jakob Kaiser, Ernst Lemmer, Rudolf Nadolny auf der einen und Konrad Adenauer auf der anderen Seite über die Deutschlandpolitik ebenso in Betracht ziehen wie die Politik der drei Westmächte in ihren drei deutschen Zonen. Deren Politik der säuberlichen Abgrenzung voneinander war sicherlich nicht dazu angetan, den vierten Sieger, die UdSSR, in seiner Zone zu einer Politik der »offenen Tür« zu animieren.

Rudolf Nadolny, Botschafter in Moskau, einer der aufrechtesten Kämpfer für eine deutsch-russische Verständigung vor dem Kriege, bis Hitler ihn kaltstellte, versuchte bald nach Kriegsende zwischen der sowjetischen Verwaltung in Karlshorst und West-Berlin bzw. Westdeutschland Brücken zu schlagen; seine Auseinandersetzungen mit Adenauer über die Wiedervereinigung hat er mit ins Grab genommen.
»Eines Tages«, so schreibt er resignierend in seinem Büchlein »Mein Beitrag«, »erschien in Berlin ein Herr aus Westdeutschland bei mir und setzte mir auseinander, es sei bedenklich, die russische Zone wieder mit Westdeutschland zusammenzuflechten, sie sei sehr bolschewisiert.« Wer der Herr aus Westdeutschland war und in wessen Auftrag er kam, hat Nadolny verschwiegen.
Anläßlich des Amtsantritts der zweiten Regierung Brandt schrieb André Fontaine, politischer Kolumnist von »Le Monde«, einen der Geschichte der Bundesrepublik Deutschland gewidmeten Artikel »Et maintenant?«. Zu den sowjetischen Annäherungsversuchen des Jahres 1952 führte er unter anderem aus:
»Niemand ist übrigens sicher, daß dieser Rheinländer (gemeint ist Adenauer) wirklich die Wiedervereinigung wünschte. Auf jeden Fall räumte er nicht der Wiedervereinigung, sondern der Versöhnung mit Frankreich Priorität ein. Außerdem wußte er sehr gut, daß angesichts der soliden Position der Sozialdemokraten in Deutschlands Osten er (im Falle einer Wiedervereinigung) wenig Chancen haben würde, der Herr Deutschlands zu bleiben.«
Wir wissen also nicht, wie letztlich Verhandlungen mit den Sowjets damals ausgegangen wären und – wir wollten es auch nicht wissen! Die deutsche Teilung wurde 1950 bis 1953 – und nicht erst 1970 mit dem Vertrag von Moskau – besiegelt. Dies

sollte man auch dann nicht vergessen, wenn man an dem Vertrag vom 12. 8. 1970 und den Folgeverträgen jene harte Kritik übt, die ihr Inhalt und ihre Entstehungsgeschichte meines Erachtens verdienen.

Als Adenauer – schon nicht mehr Bundeskanzler – im Februar 1967 Madrid besuchte, war er häufig mein Gast in der neuerbauten Botschaftsresidenz an der Avenida Castellana und gleichzeitig entspannter Partner für zurückschauende Gespräche. Eines Vormittags, bei gemeinsamer Autofahrt von Madrid zu dem tief verschneiten Escorial, dem riesigen Schloß Philipps II., brachte ich das Gespräch auf Adenauers erste Regierungsjahre und stellte die Frage, ob – retrospektiv gesehen – eine Wiedervereinigung unter akzeptablen Bedingungen nicht doch erreichbar gewesen wäre.

Adenauer entgegnete, diese Vermutung treffe zu, sofern man eine Neutralisierung Deutschlands als akzeptable Bedingung ansehe. Dann allerdings verkenne man das Ziel des Kreml, einer Wiedervereinigung Deutschlands nur dann zuzustimmen, wenn damit reelle Aussichten für eine Bolschewisierung verbunden seien. Wenigstens zunächst zwei Drittel Gesamtdeutschlands vor diesem Schicksal zu retten, sei das Ziel seiner damaligen Politik gewesen.

Wie ich selbst in den entscheidenden Jahren 1951–1953 über diese Politik dachte, mag aus einem Gespräch ersehen werden, das ich im Herbst 1953 mit dem damaligen Personalchef des Auswärtigen Amtes, Ministerialdirektor Wolfgang Freiherr von Welck, zu führen hatte. Herr von Welck, preußischer Beamter von altem Schrot und Korn, im Dritten Reich zeitweise inhaftiert und mein Vorgänger als Botschafter in Madrid, fragte mich, ob ich bereit wäre, als erster Botschafter der Bundesrepublik die neu zu errichtende Pariser NATO-Vertretung zu übernehmen. Ich lehnte ab und entgegnete, der frühe Beitritt der Bundesrepublik zur NATO habe meines Erachtens alle vielleicht noch vorhandenen Möglichkeiten einer Wiedervereinigung für absehbare Zeit zunichte gemacht. Für die Wiedervereinigung müsse, so wie die Dinge lägen, ein Preis entrichtet werden. Höhe und Zumutbarkeit dieses Preises hätten nur in Verhandlungen mit der Sowjetunion geklärt werden können. Sie habe solche Verhandlungen 1951/52 angeboten, aber dieses Angebot sei damals von seiten der Bundesregierung nicht ausgeschöpft worden. Jetzt sei es vermutlich zu spät.

Unter diesen Umständen wäre ich vielleicht genötigt, vor der NATO eine Politik vertreten zu müssen, die ich im Hinblick auf die Zukunft Deutschlands für verhängnisvoll hielte.

Ob mir klar sei, daß ich damit das Fundament der Außenpolitik in Frage stelle? Ich sagte, dies sei mir wohl klar, und ich sei natürlich auch bereit, die Konsequenzen daraus zu ziehen. Staatssekretär Walter Hallstein, auf dessen Weisung diese Anfrage zurückging, hat mich meine Ablehnung niemals fühlen lassen. Es erschien ihm wohl auch selbstverständlich, daß ein Beamter nicht nur das Recht hat, abweichende Meinungen zu vertreten, sondern sogar die Pflicht, diese auch zu äußern.

13.
Öffnung nach Westen – Öffnung nach Osten

Den Ereignissen des Jahres 1952 habe ich verhältnismäßig viel Raum gewidmet, um darzutun, daß jedenfalls nach dem heutigen Stande der Geschichtsforschung die Teilung Deutschland und die bedeutende Rolle, die die DDR heute im Sicherheits- und Versorgungsgefüge der Sowjetunion spielt, von den Sowjets kaum von vornherein eingeplant war – zumindest nicht mit derselben Zielstrebigkeit wie die Zusammenfassung Polens, Ungarns, der ČSSR, Rumäniens, Bulgariens und Jugoslawiens zu einer Gruppe von Pufferstaaten mit der Aufgabe, die Sowjetunion vor etwaigen aggressiven Gelüsten westlicher Anrainer abzuschirmen.
Man weiß, daß die Integrierung dieser Gruppe in den Machtbereich der Sowjetunion mit Schwierigkeiten verbunden war und bleibt. Angefangen 1948 mit der Loslösung Jugoslawiens, der Revolte von 1953 in Ost-Berlin, dem unterirdischen Grollen in Polen und dem Aufstand in Ungarn 1956, der Dubček-Ära in der ČSSR, dem Abfall Albaniens 1968, dem zweiten Arbeiter-Aufstand in Polen 1970 bis hin zu den Unabhängigkeitsbestrebungen Rumäniens haben alle Satellitenstaaten mit Ausnahme Bulgariens den Absichten der Sowjetunion mehr Widerstand entgegengesetzt, als vermutlich vom Kreml einkalkuliert worden war. Und dies in einem Prozeß, von dem man erwarten muß, daß er nicht etwa abgeschlossen ist, sondern latent andauern wird. Das beste Beispiel dafür ist die vom Kreml wie von der DDR betriebene Abgrenzungskampagne gegenüber dem Westen und insbesondere der Bundesrepublik, die durch die Diskussion anläßlich der Konferenz für Sicherheit und Zusammenarbeit in Europa (KSZE) neue Akzente erhält.
In der Tat hat die Sowjetunion mit ihrer Öffnung nach Westen eine Politik eingeleitet, die für sie selbst und den Zusammenhalt des sozialistischen Lagers nicht ohne Risiken ist, ein Beweis

dafür, wie sehr ihr ein aufgelockertes Verhältnis zum Westen am Herzen lag: Auf der einen Seite wünscht sie normale, das heißt also beträchtlich erweiterte handelspolitische, technologische, politische Beziehungen zum westlichen Ausland und ein geordnetes Verhältnis zwischen ihrem »Rat für gegenseitige Wirtschaftshilfe« (COMECON) und der EWG. Nachdem sich, insbesondere seit dem Beitritt Dänemarks, Englands und Irlands, herausgestellt hat, daß der 1958 aus der Taufe gehobenen EWG entgegen allen sowjetischen Hoffnungen eine gesunde, vielleicht sogar dynamische Entwicklung beschieden sein könnte, scheint der Kreml – pragmatisch und realistisch, wie er stets zu handeln pflegt – sich mit ihr arrangieren zu wollen.

Auf der anderen Seite darf nach Auffassung der sowjetischen Führung das so anvisierte künftige Verhältnis zum Westen aber nicht etwa in eine vom Westen erhoffte und erwartete »Transparenz« des Eisernen Vorhangs ausufern. Wenn schon durch Tourismus, zunehmenden Geschäftsverkehr, technologische Zusammenarbeit usw. mehr bourgeoise Bakterien als wünschenswert in den sowjetischen Kreislauf gelangen, dann muß wenigstens sichergestellt werden, daß diese Infektion in möglichst engen Grenzen gehalten wird. Andernfalls wären die Folgen nach Auffassung des Kreml – siehe die oben aufgezählten Aufstände – unabsehbar. Wenn der bereits einmal apostrophierte Juri Schukow zur Feder greift und im Zusammenhang mit der KSZE westliche, bisher recht bescheiden geäußerte »Transparenz-Wünsche« als »Unverschämtheit« bezeichnet, läßt sich daran ablesen, wie ernst das Problem in Moskau genommen wird. Nimmt man zudem noch die – schon kurz zitierte – Rede zur Hand, die Chefideologe Michail Suslow am 13. Juli 1973 im Kreml gehalten hat, stellt sich unwillkürlich die Frage, ob die Sowjetführung etwa fürchtet, ihre Entspannungs-Propaganda im Westen könnte vom eigenen Lager ernst genommen werden. »Von besonderer Schärfe«, so heißt es da, »ist der ideologische Kampf, in dem es eine friedliche Koexistenz zwischen Sozialismus und Kapitalismus nicht gibt und nicht geben darf ... Der Klassengegner ist bestrebt, alle Möglichkeiten auszunutzen, um fremde reaktionäre, bürgerliche Ideologien in die Länder des Sozialismus einzuschleppen.«

Nach meinem Dafürhalten gab es drei Kategorien von Problemen, die zwischen der Bundesrepublik und der Sowjetunion erörtert werden mußten:

Die erste Kategorie bestand aus mutmaßlich leicht lösbaren Fragen, wie etwa dem Austausch von Generalkonsulaten. Die Sowjetunion hatte offenbar ebensoviel Interesse an einem Generalkonsulat in Hamburg, wie die Bundesregierung an einem Generalkonsulat in Leningrad. Der notwendige Zusatzvertrag zum deutsch-sowjetischen Konsularabkommen von 1958 schien mir keine großen Probleme aufzuwerfen. Mit anderen Fragen würde es ähnlich sein. Man sollte sie zusammenstellen, vorab diskutieren und bei prinzipiell erzielter Einigung von der Agenda »abhaken«.

Zur zweiten Kategorie zählten diejenigen Probleme, die längere Verhandlungen erforderten, wie etwa den Abschluß eines Handels- bzw. eines Kulturabkommens. Hier bestand die Schwierigkeit in der für die Bundesregierung unverzichtbaren Einbeziehung West-Berlins in die Abkommen, die die sowjetische Seite bisher stets abgelehnt hatte. Legten die Sowjets aber wirklich, wie vermutet, so großen Wert darauf, die Wirtschaftsbeziehungen mit der Bundesrepublik zu erweitern, würden sie einen vertraglich gesicherten Zustand dem bisherigen vertraglosen gewiß vorziehen und dann auch Mittel und Wege finden, der Einbeziehung West-Berlins in alle Abkommen zuzustimmen.

Die dritte Kategorie betraf nach meiner Meinung alle übrigen Fragen, die for the time being nicht lösbar erschienen: die von der Sowjetunion geforderte Anerkennung der DDR oder die Anerkennung Berlins als einer »besonderen politischen Einheit«. Da weder die Bundesregierung hier nachgeben konnte, noch seitens der Sowjetunion ein Einlenken zu erwarten war, müßte es sich wenigstens erreichen lassen, nicht lösbar erscheinende Fragen in ihrer Virulenz so weit zu entschärfen, daß sie die Zusammenarbeit dort, wo sie möglich ist, nicht behinderten.

So etwa stellte ich mir das Schema vor, mit dessen Hilfe sich am besten ermitteln lassen müßte, ob die andauernde Sterilität in den Beziehungen überwindbar sei.

Gromyko schien diese Auffassungen im Prinzip zu teilen. Am 11. Dezember 1968 bat er mich zu sich und sagte, Gespräche auf der besprochenen Basis schienen auch seiner Regierung ein vernünftiger Versuch, um festzustellen, ob sich Möglichkeiten für eine Zusammenarbeit finden ließen. Natürlich führe kein Weg daran vorbei, die »Realitäten«, so wie sie sich nun einmal nach dem Kriege ergeben hätten, zur Kenntnis zu nehmen und zu akzeptieren. Dies beziehe sich auf die DDR als unabhängigen deutschen Staat so gut wie auf die Endgültigkeit der polnischen Westgrenze wie schließlich auch auf die Notwendigkeit, die »Ungültigkeit ex tunc« des Münchener Abkommens vom September 1938 anzuerkennen. Aber es gäbe in der Tat noch viel mehr, was zu besprechen sei. Er sei jederzeit bereit, damit anzufangen. Dann werde man sehen, was dabei herauskomme.

Ich entgegnete, mit diesem Bescheid versehen würde ich nach Bonn fliegen und hoffe, ihm bei meiner Rückkehr Anfang Januar Terminvorschläge machen zu können.

Mir schien diese Übereinstimmung im Verfahren bereits ein Fortschritt:

Wenn die Sowjetführung auf ihrer Forderung beharrt hätte, daß die BRD vor Verhandlungen über die Normalisierung der deutsch-sowjetischen Beziehungen die DDR völkerrechtlich anzuerkennen habe, wären nicht einmal Sondierungsgespräche zustande gekommen. Aus Gromykos Einverständnis mit diesen Gesprächen auf der von mir angeregten Basis der drei Kategorien war aber trotz seines behutsam formulierten Hinweises auf die Unabdingbarkeit solcher Anerkennung zu entnehmen, daß sie von den Sowjets als Vorbedingung fallengelassen worden war. Hinzu kam, daß nach meiner festen Überzeugung und nach meinen bisher in Moskau gesammelten Erfahrungen die persönliche Atmosphäre bei der Lösung von Problemen einen heilsamen Einfluß ausüben kann, während Noten zwangsläufig in einer Atmosphäre anonymer Sachlichkeit produziert werden. Alle von der Sowjetführung mit mir geführten Besprechungen hatten sich trotz der Unvereinbarkeit gewisser Standpunkte in kollegialer Höflichkeit abgespielt, so daß Grund zu der Annahme bestand, auch bei der Aufnahme formeller Sondierungsgespräche würde es nicht anders sein. Die Verlockung, polemisch zu werden, den Partner zu verunsichern und ihn gegebenenfalls zu falschen Schlußfolgerungen und Reaktionen zu verleiten, war im mündlichen Gespräch sehr viel geringer. Man lernte sich kennen, man hatte mit Menschen und nicht mit anonymen Gremien zu tun, und man war, wie es sich gezeigt hatte, beiderseits an guter Verhandlungsatmosphäre interessiert. Die Möglichkeit der »Wahrheit« auf den Grund zu kommen, schien mir – auch nach der Devise »quod non est in actis non est in mundo« – aussichtsreicher als beim Austausch mehr oder minder aggressiver Noten.
In Bonn war man über den Kontakt mit dem sowjetischen Außenministerium durch meine telegraphische Berichterstattung bereits unterrichtet. Bundeskanzler Kiesinger wie Bun-

desaußenminister Brandt zeigten sich mit dem Vorgehen ganz einverstanden, und Ministerialdirektor Hans Hellmuth Ruete, der Leiter der Ost-Abteilung des Auswärtigen Amts, erhielt den Auftrag, mit der Ausarbeitung der Instruktionen für mich zu beginnen. Ich nahm, nachdem im Auswärtigen Amt nach den Weihnachtstagen die Arbeit wieder begonnen hatte, an einigen Sitzungen teil und kehrte in der ersten Januarhälfte nach Moskau zurück, in der Erwartung, in aller Kürze mit Weisungen versehen zu werden und Gromyko den Beginn unserer Gespräche vorschlagen zu können.

Wie waren die Bastionen geschaffen, von denen aus die Regierung der Bundesrepublik und die der Sowjetunion das Ringen um ein besseres Verhältnis aufnehmen sollten?

Hatte es einer der beiden Partner besonders eilig und wenn ja, welcher von beiden? Schien es innen- oder außenpolitische Probleme von großer Dringlichkeit zu geben, die die Bundesregierung bzw. die Sowjetführung zu Verhandlungen geradezu verpflichteten und die zu möglichst raschem Abschluß drängten, und wenn ja, welche waren es? Nötigten die weltpolitische Lage oder wirtschaftliche Zwänge zum Handeln? Welche Situation würde entstehen, wenn die Bundesregierung die Sowjets oder die Sowjets die Bundesregierung nach der Devise behandeln würden, die Churchill mit einem französischen Ausdruck gegenüber Deutschland empfahl, als im Kriege seitens der Reichsregierung Friedensfühler über Stockholm ausgestreckt wurden: »Il faut les laisser cuire dans leur jus« – man soll sie in ihrem eigenen Saft schmoren lassen. Das hieß also, nicht verhandeln, sondern abwarten, bis der andere dank der ihn bedrängenden Probleme noch verhandlungsbereiter geworden ist. Je später man sich – dies war seine These – mit den Deutschen an einen Tisch setzte, um so günstiger würde die eigene Ausgangsposition sein. Nun – mir schien, daß weiteres

Abwarten die schlechteste Empfehlung war, die man der Bundesregierung geben konnte.
Mit welchen Forderungen des Gegners war mit Sicherheit und mit welchen vermutlich zu rechnen? Welche Forderungen hatte die Bundesregierung und welchen davon kam absolute Priorität zu? Mußte mit Forderungen des Gegners gerechnet werden, deren Erfüllung indiskutabel war, und war es taktisch zweckmäßig, vorab klarzustellen, worüber man nicht verhandeln könne, oder sollte man erst einmal anfangen und den Verlauf der Dinge abwarten?
Da jeder Vertrag letzten Endes einen Kompromiß zwischen erfüllbaren und unerfüllbaren Wünschen beider Seiten darstellt, mußte man sich vor allem auch die Frage vorlegen, welche Konzessionen vom Gegner verlangt werden sollten und welche eigenen er wohl dafür erwarten würde. Welche Verhandlungsthemen sollten von uns zunächst gar nicht angeschnitten werden, und bei welchen war noch am ehesten Entgegenkommen der anderen Seite zu erwarten? Wo gab es bei den Sowjets besonders empfindliche Stellen?
1968 schien es allerdings so, daß keinem der beiden Gesprächspartner – weder der Bundesrepublik noch der Sowjetunion – der Wind ins Gesicht blies, um mit Chruschtschow zu sprechen. Wir hatten die Sicherheit des Atlantikpaktes und nicht die Absicht, sie durch eine mit den Sowjets ausgehandelte Sicherheit abzulösen. Unsere wirtschaftlichen Beziehungen mit dem Ostblock waren zwar nicht sonderlich befriedigend, doch war auch von einem Gewaltverzichts-Abkommen keine rasche Besserung zu erwarten. Die Sowjetunion wünschte offensichtlich eine Klärung ihrer Beziehungen zu Deutschland um anderer außenpolitischer und wirtschaftlicher Ziele willen, aber so eilig, um deshalb spektakuläre Zugeständnisse zu machen, hatte sie es gewiß nicht.

Was die Verhandlungen für uns komplizierte, war die Ungleichheit des Gewichts der beiden Partner. Um so wichtiger war es für uns, die Strategie künftiger Kontakte und Verhandlungen mit aller Sorgfalt festzulegen und die Chancen für ein ausgewogenes Gespräch und ein ausgewogenes Abkommen nicht dadurch zu reduzieren, daß wir in Moskau etwa den Eindruck von Bittstellern erweckten.

Aber es kam erst gar nicht zu dem Gespräch: Während man im Auswärtigen Amt noch intensiv damit beschäftigt war, Instruktionen für die Gesprächsführung zu entwerfen, und mir der Staatssekretär noch am 23. Januar 1969 mitteilte, ich würde die Instruktionen in Kürze erhalten, schien eine Wolkenwand den deutsch-sowjetischen Himmel erneut zu trüben. Es drehte sich um die bevorstehende Wahl des Bundespräsidenten in Berlin.

14.
Geschichtsrepetition

Daß und warum auf seiten aller Bundesregierungen seit 1949 das Bedürfnis bestand, die Beziehungen zur Sowjetunion in Ordnung zu bringen – dazu bedarf es nicht vieler Worte. Und doch ist es – meine ich – notwendig, sich hier noch einmal zu erinnern: Im August 1939 unterzeichnete Hitlers Außenminister Joachim von Ribbentrop in Moskau den »Deutsch-Sowjetischen Nichtangriffspakt« (bekannt unter der Bezeichnung Hitler-Stalin-Pakt), der die beiden so ungleichen – und in vieler Hinsicht doch so ähnlichen – Staaten für eine Weile scheinbar zusammen marschieren ließ. Beide waren sich einig in der Absicht, Polen endgültig zu vernichten und das Gebiet unter sich zu verteilen. Hitler brauchte für den Krieg gegen Großbritannien und Frankreich Rückendeckung im Osten, und Stalin war es zufrieden, ein Papier in der Hand zu haben, das ihm in Aussicht zu stellen schien, vom Kriege verschont zu bleiben. Soweit er sich nicht freiwillig selbst wie in Polen und Finnland an lokalen Kriegshandlungen beteiligte, hoffte er zusehen zu können, wie potentielle Gegner, also Deutschland, Frankreich und Großbritannien, langsam ausbluteten.
Was der schlaue Georgier sonst über Hitler, dessen System und Gewinnchancen gedacht und gewünscht haben mag, wissen wir nicht. Aber ein Jahr später – im November 1940 – kam sein Außenminister Molotow nach Berlin, um mit Hitler und Ribbentrop über die Zukunft zu reden und – langfristig – die beiderseitigen »Interessen-Sphären« abzugrenzen. Molotow muß sich, den Gesprächsprotokollen nach zu urteilen, mit zunehmender Skepsis das Bramarbasieren seiner beiden Gesprächspartner, insbesondere Ribbentrops, angehört haben, zumal wenn sie – mehrere Male von englischen Luftangriffen unterbrochen und in den Keller vertrieben – ausführten, England sei bereits geschlagen, auch wenn es seine Niederlage noch nicht zugegeben habe. Aber das stehe bevor und »das Britische

Weltreich als eine gigantische ›Konkursmasse von 40 Mio. km^2‹« könne nunmehr einer »Verteilung« zugeführt werden, an der auch die Sowjetunion nach Kräften partizipieren solle. Am Ende des Besuches bemerkte Molotow, der es klugerweise vorgezogen hatte, mehr zuzuhören, als selber zu reden, mit schwer überbietbarem Sarkasmus, die deutsche Seite gehe also davon aus, daß der Krieg gegen England bereits gewonnen sei. Andererseits sei ihm aber auch gesagt worden, Deutschland befinde sich gegen England »in einem Krieg auf Leben und Tod«. Er verstehe das also so, daß Deutschland offenbar »auf Leben« und England »auf Tod« kämpfe. Schließlich bedankte er sich sogar für den häufigen Luftalarm, weil er ihm das Vergnügen so ausgiebiger Unterhaltung verschafft hätte ...

Leider kennen wir die mündlichen und schriftlichen Berichte nicht, die Molotow nach Rückkehr in Moskau erstattet hat. Sie müssen auf den nüchtern kalkulierenden Stalin um so enttäuschender gewirkt haben, als Molotow in Berlin über die Einflußsphären in Europa, in der Ostsee und auf dem Balkan hätte sprechen sollen. Statt dessen war er mit einer absurden Darstellung der Kriegslage und der Empfehlung abgespeist worden, die Sowjetunion möge sich vor allem in Richtung Südwestasien, den Persischen Golf und das Arabische Meer orientieren, das hieß also, sich vornehmlich an dem britischen Löwen schadlos zu halten, der bereits erlegt und mausetot sei, es selbst aber noch nicht bemerkt habe. Der Kieler Historiker Georg von Rauch erinnert in seiner »Geschichte der Sowjetunion«, im Zusammenhang mit Molotows Besuch bei Hitler, an die Weigerung Napoleons I., die Bitte Zar Pauls I. um Überlassung Konstantinopels zu erfüllen. Statt dessen sei es Napoleon gelungen, den Zaren zu einem Feldzug gegen Indien zu überreden und damit von Europa abzulenken.

Inzwischen sind 170 Jahre vergangen, und die geduldigen Russen sind ihrem Ziel von damals, im Westen Europas Fuß zu fassen, näher als jemals zuvor!

Zum Zeitpunkt der »in freundschaftlicher Atmosphäre« geführten Gespräche mit Hitler hatte dieser wohl mutmaßlich längst mit der Vorbereitung des Krieges gegen die Sowjetunion begonnen.

Bereits sieben Monate später marschierte die deutsche Wehrmacht, gefolgt von Mord- und Vernichtungskommandos, in Rußland ein. Als 1944 die deutschen Armeen aus der Sowjetunion zurückfluteten, blieb den Sowjets eine ungeheure Zerstörung und die Erinnerung an rund 20 Millionen Tote. Die Zahl entstammt der russischen Statistik. Sie mag überhöht sein, doch spielt das bei der moralischen Bewertung und der Schuldfrage ebensowenig eine Rolle wie etwa der Streit, ob unter Hitler 6 oder »nur« 4 Millionen Juden »liquidiert« worden seien.

Man glaubt heute zu wissen, Stalin sei trotz aller gemeldeten Indizien und Warnungen von dem Überfall derartig überrascht worden, daß seine anfängliche Rat- und Entschlußlosigkeit den raschen deutschen Vormarsch beträchtlich erleichtert hätte. Auch daraus, wie aus dem deutlichen Mangel an entsprechender Vorbereitung, läßt sich schließen, daß er selbst keineswegs die Absicht hatte, Deutschland mit Krieg zu überziehen. Es kann daher keine Rede davon sein, daß Hitler ihm lediglich zuvorgekommen sei.

Diesen Sachverhalt im Zusammenhang mit Ereignissen um die deutsch-sowjetischen Nachkriegsbeziehungen in Erinnerung zu bringen, scheint mir notwendig, weil inzwischen neue Generationen herangewachsen sind, die über das Dritte Reich und das Elend, das von ihm ausging, mitunter wohl zu wenig unterrichtet wurden und sich vielleicht sogar darüber wundern, daß die Sowjetunion und Polen besonders schwierige, besonders harte

Partner für uns Deutsche seien, wenn es darum gehe, mit ihnen ein einträgliches Verhältnis zu finden.
Wir konnten zwar nicht hoffen, den vom Zaun gebrochenen Krieg vergessen zu machen. Wir konnten auch – nachdem die Adenauerschen Überlegungen zur Wiedervereinigung im Grunde nur zu der Strategie des Kreml geführt hatten, die DDR möglichst rasch von einer Marionette zu einem Staat zu entwickeln – nicht erwarten, die »Realitäten« in absehbarer Zeit zu modifizieren, zumal uns auch von unseren Freunden im Westen niemand dabei geholfen hätte.
So tief die Differenzen unter den einstigen Kriegsgegnern Deutschlands inzwischen auch geworden sein mochten, in einem Punkt waren sie sich – nicht zuletzt angesichts des deutschen Wirtschaftswunders – doch wieder einig geworden: das deutsche Machtpotential klein zu halten! Schon 60 Millionen Deutsche in einem Staat seien, so meinte man, reichlich viel.
Um so wichtiger war es für jede Bundesregierung, mit dem Ostblock wenigstens eine Regelung zu finden und die eigentliche Nachkriegsperiode abzuschließen. Wenn schon nicht – infolge der von der Sowjetunion gewaltsam vorgenommenen territorialen Veränderungen – mit einem Friedensvertrag, so doch mit einem Entspannung verheißenden Modus vivendi! Nachdem sich dank Hitler und seiner Angriffskriege die Sowjetunion zu einer Supermacht entwickelt hatte, die das deutsche Schicksal weit mehr beeinflussen konnte und würde als je zuvor, ergab es sich zwangsläufig, die Beziehungen zu ihr von Grund auf neuzuordnen. Ein Anfang war ja bereits wie erwähnt vom letzten Kabinett Adenauer-Schröder gemacht worden:
Eine erste amtlich-deutsche Delegation verhandelte unter meiner Leitung vom November 1962 bis zum März 1963 in Warschau über den Handelsverkehr beider Länder. Ich unterzeich-

nete auch den ersten deutsch-polnischen Regierungsvertrag, der nach dem Kriege zwischen beiden Ländern geschlossen wurde und ebenso ein – übrigens sehr viel schwieriger erreichbares – Abkommen über den Austausch von Handelsmissionen.

Politische Gespräche, in die damals auch der sogenannte Rapacki-Plan – das Projekt der Schaffung einer atomwaffenfreien Zone in Mitteleuropa, das den Namen des polnischen Außenministers trug – hätte einbezogen werden müssen, kamen allerdings über den Anfang nicht hinaus: Die Rücksicht der jeweiligen Bundesregierung auf das millionenstarke Wähler-Potential der aus ihrer Heimat vertriebenen Ostdeutschen hat gewiß nicht wenig zu dem Entschluß beigetragen, das unausweichliche Thema »Verständigung mit Polen« länger vor sich herzuschieben, als der Sache guttat. Auch das erste und einzige politische Gespräch, das ich anläßlich der Handelsvertrags-Verhandlungen in Warschau im Dezember 1962 mit dem stellvertretenden polnischen Außenminister Józef Winiewicz führte – begreiflicherweise nicht sehr ergiebig aber in guter Atmosphäre –, wurde in Bonn nicht dazu benutzt, den Faden aufzugreifen und weiterzuspinnen.

Allerdings war dabei eine Komplikation nicht zu übersehen: Solange die Bundesrepublik den »Alleinvertretungs«-Anspruch postulierte, hatte sie mit Polen eine gemeinsame Grenze, deren Anerkennung im Sinne völkerrechtlicher Gepflogenheiten also ganz legitim gewesen wäre, soweit man sie politisch für opportun hielt. Polen aber hatte inzwischen längst die DDR anerkannt und sich von ihr die Oder-Neiße feierlich als »Friedensgrenze« verbriefen lassen. Damit war der Anspruch der Bundesrepublik, Deutschland allein zu vertreten, aus polnischer Sicht zwar hinfällig geworden, aber gleichzeitig hatte Polen den Anspruch gegen die Bundesrepublik auf Aner-

kennung seiner Westgrenze verloren. Durch keine gemeinsame Grenze mehr mit Polen verbunden, war sie für Anerkennung von Polens Grenzen nicht mehr zuständig!
Das Kabinett Brandt-Scheel war da großzügiger.
Mit der Zweistaaten-Theorie verzichtete es auf den Allein-Vertretungsanspruch und erkannte gleichzeitig in Artikel 3 des Moskauer Vertrages die Westgrenze Polens zunächst der Sowjetunion gegenüber als »unverletzlich und unantastbar« an. Dabei war die Sowjetunion zur Entgegennahme oder auch zur Abgabe solcher Erklärungen gar nicht legitimiert, weil es sich nicht um ihre eigene Grenze handelte. Sie hatte aber darauf bestanden, nicht zuletzt deshalb, weil damit die sogenannte Breschnew-Doktrin erstmalig international anerkannt wurde.
Aber auch dies gehört zu den Merkwürdigkeiten dieser Ostpolitik, daß auf internationale Gepflogenheiten wie etwa die, daß ein Staat nur über die Grenzen befindet, die ihn von seinen eigenen Nachbarn trennen, bzw. mit ihm verbinden, nicht weiter Rücksicht genommen wurde.
Schließlich hatte die Bundesregierung durch die in Artikel 3 des deutsch-sowjetischen Vertrages übernommene Verpflichtung, »heute und künftig die Grenzen aller Staaten in Europa als unverletzlich« und »unantastbar« zu respektieren, sogar solche europäische Grenzen anerkannt, die im Gefolge des Hitler-Stalin-Paktes gezogen worden sind! Abgesehen von den baltischen Staaten sei an die heutige »Moldauische Sowjetrepublik« erinnert, deren bedeutendster und fruchtbarster Teil als Bessarabien zu Rumänien gehörte und 1940 an die Sowjetunion als ehemals russisches Gebiet wieder abgetreten werden mußte.
Es mag also sein, daß auch juristische Erwägungen die Bundesregierungen vor dem Kabinett Brandt-Scheel davon abgehalten haben, sich Polen als dem ersten und am meisten von

Deutschland unter Hitler mißhandelten Staat zuzuwenden und nach einem Ausgleich zu suchen. Der Gedanke, diesem Ausgleich zunächst in Form bilateraler Gewaltverzichtsverträge näherzukommen, tauchte erst in der sogenannten »Friedensnote« vom 25. März 1966 des Kabinetts Erhard-Schröder auf. Sie regte an, »mit den Regierungen der Sowjetunion, Polens, der Tschechoslowakei und jedes anderen osteuropäischen Staates, der dies wünscht, förmlich Erklärungen auszutauschen, in denen jede Seite gegenüber dem anderen Volk auf die Anwendung von Gewalt zur Regelung internationaler Streitfragen verzichtet.«
In seiner Regierungserklärung vom 13. Dezember 1966 wiederholte Bundeskanzler Kiesinger das Angebot. Ein erster Brief Kiesingers an den »Vorsitzenden des Ministerrats der DDR« Willi Stoph vom 14. Juni 1967 tat einen weiteren bedeutungsvollen Schritt und bezog in den Vorschlag auf Gewaltverzicht auch »den anderen Teil Deutschlands« mit ein. Im Verlauf des nun zwischen Bundesregierung und Sowjetführung eröffneten Dialoges erklärte die Bundesregierung in ihrer Note vom 9. April 1968 ihre Bereitschaft, »auch mit dem anderen Teil Deutschlands über einen verbindlichen Gewaltverzicht zu sprechen«. In der gleichen Note hieß es, »die Bundesrepublik Deutschland erhebt keine ›Gebietsansprüche‹ gegen irgend jemand«.
Kein Zweifel: Mit diesem Dialog, der Aufnahme einer Korrespondenz mit dem »Vorsitzenden des Ministerrats der DDR« und dem Verzicht auf Gebietsansprüche, der sich implizite auch auf die von Polen verwalteten Gebiete erstreckte, offenbarte sich die Erkenntnis der Bundesregierung, daß eine Neuordnung ihrer Beziehungen zum Ostblock nunmehr auf einer Basis des Status quo gesucht werden müsse. Kein Zweifel auch daran, daß damit die Regierung Kiesinger eine grundlegende Wende

in der deutschen Ostpolitik eingeleitet hatte! Die damit verbundenen Konzessionen waren zwar noch nicht vollzogen, aber eine Bereitschaft dazu war mit dem Vorschlag angedeutet, angesichts der sehr komplizierten Probleme, die »zum Teil auch die Rechte und Interessen dritter Staaten berühren«, »schrittweise« vorzugehen und zunächst lediglich eine »Vereinbarung über den Verzicht der Anwendung oder Androhung von Gewalt« ins Auge zu fassen.

Entsprechend sowjetischer Praxis, die Bereitschaft zu Konzessionen als diese selbst zu nehmen und sie damit als bereits »konsumiert« zu betrachten, antwortete die DDR mit einer Forderung nach weiteren Konzessionen.

Inzwischen war aber auch der Kreml hellhörig geworden. Der Handelsvertrag mit Polen, der Austausch von Handelsmissionen mit den Ostblockländern, politische Kontakte da und dort hatten den Verdacht geweckt, die Ostpolitik der Bundesregierung diene vornehmlich dem Zweck, die Sowjetunion und ihre sozialistischen Freunde auseinander zu dividieren.

Als Rumänien 1967 diplomatische Beziehungen mit der Bundesrepublik aufnahm, ohne zugleich die von Moskau und Ost-Berlin geforderte Bedingung vorheriger Anerkennung der »Realitäten« durch die Bundesregierung gestellt zu haben, schalteten sich der Kreml und die DDR ein.

Es begann damit, daß Wladislaw Gomulka im Februar 1967 in Kattowitz sagte, die BRD habe beschlossen, auf der Geige der Entspannung, der Sicherheit und des Friedens in Europa zu spielen. Offenbar rechne sie damit, daß nicht alle Hörer dieser Symphonie musikalisch und daher auch nicht alle fähig seien, die falschen Noten zu erkennen. Mit den »Unmusikalischen« waren in diesem Fall die Rumänen gemeint, denen wegen ihres Alleingangs ein entrüstetes Warschauer Gipfeltreffen im Februar 1967 galt. Sie waren ihm denn auch ferngeblieben.

Bei einem weiteren Ostblocktreffen in Karlsbad im April 1967 wurde vereinbart, künftig Verhandlungen mit der Bundesrepublik nur noch in gegenseitigem Einvernehmen zu führen. Der damalige Parteisekretär der ČSSR, Novotny, kritisierte den Versuch der Bundesrepublik, das Einvernehmen des Ostblocks zu untergraben, damit den Folgen des Zweiten Weltkrieges zu entgehen und einen Allein-Vertretungsanspruch zu erheben. So einigte man sich denn auf die »Ulbricht-Doktrin«, das heißt »Normalisierung der Beziehungen zwischen allen Staaten und der DDR ebenso wie auch zwischen den beiden deutschen Staaten sowie zwischen der DDR und West-Berlin als besonderer politischer Einheit.«

Die Bundesregierung war damit in eine Sackgasse manövriert worden, zu der der FDP-Vorsitzende Walter Scheel später anläßlich der Bundestags-Debatte über die Regierungserklärung vom 25. September 1968 sicher nicht ganz zu Unrecht sagte:

»Wir hätten uns und anderen vielleicht manche Enttäuschung und manchen Kummer ersparen können, wenn alles vermieden worden wäre, was den Eindruck einer Osteuropapolitik an der Sowjetunion vorbei erwecken konnte ... Man darf sich nicht verwundern, wenn die Regierung der UdSSR zu der –zweifellos nicht zutreffenden – Feststellung gelangt, das westliche Deutschland betrachte seine Ostpolitik lediglich als Mittel, um die Staaten des Cordon sanitaire der Sowjetunion aufzuwiegeln.«

Aus dieser Sackgasse mit Hilfe des deutsch-sowjetischen Notenwechsels über den Gewaltverzicht wieder herauszufinden, erwies sich also als schwierig. In Bonn begriff man wohl auch kaum, daß die zunehmende Härte der sowjetischen Noten nur eine der beim Kreml gebräuchlichen Methoden war, erwünschte Verhandlungen psychologisch vorzubereiten.

Der Notenwechsel schleppte sich hin – mehr aggressiv als konstruktiv – und die Sowjets machten ihm im Juli 1968 kurz entschlossen ein Ende, indem sie ihn trotz Geheimhaltungsvereinbarungen publizierten.
Gromyko, dem ich unsere Überraschung darüber nicht verbarg, quittierte mit dem Bemerken, in der Sowjetunion verstehe man unter Geheimhaltung offenbar etwas anderes als bei uns: Tatsache sei, daß von jeder einzelnen dieser seit 1967 gewechselten Noten immer irgend etwas und mitunter auch Unwahres oder Entstellendes in unserer Presse durchgesickert sei. Dann sei es schon besser, die ganze Wahrheit ans Licht zu bringen als immer nur ein Viertelchen. Daran war etwas Wahres, aber auch die Bundesregierung hatte sich bereits in ihrer Note vom 14. Dezember 1967 über einen sowjetischen Bruch der vereinbarten Vertraulichkeit beschwert, und die Sowjets hatten in ihrem Aide-Mémoire vom 29. Januar 1968 den Vorwurf an uns zurückgegeben. Wer auch immer angefangen haben mochte, der Entschluß der Sowjets, plötzlich die Öffentlichkeit mit dem Notenwechsel bekannt zu machen, hatte natürlich andere Gründe als die nicht ganz gewahrter Diskretion. Vermutlich dauerte es ihnen zu lange, auf diesem umständlichen Korrespondenzwege zu dem eigentlichen Ziel – Vertragsverhandlungen – zu gelangen.
Außenminister Willy Brandt erklärte in einer Pressekonferenz am 12. Januar 1969 zur Veröffentlichung, die Gründe für die Indiskretion seien ihm nicht bekannt. Jedenfalls sei zu bedauern, daß »statt einer ruhigen und sachlichen Diskussion der Probleme weite Abschnitte . . . in einem polemischen Ton gehalten sind und Angriffe gegen die Bundesregierung enthalten«.
Der Notenkrieg ging trotzdem weiter und wurde erst durch eine sowjetische Note vom 12. September 1969 beendet, zu der

Bundeskanzler Kiesinger erklärte, sie sei zwar nicht hilfreich für eine Normalisierung der Beziehungen, aber die Sowjets wünschten doch eine Fortsetzung des Dialogs. Um allerdings dabei weiterzukommen, appellierte er an sie, nicht weiterhin »faktische Tatsachen auch als rechtliche Tatsachen« anzusehen. Im übrigen hätten sie vorgeschlagen, über die Fragen des Gewaltverzichts in Moskau weiterzuverhandeln. Dies sei eine Frage, deren Entscheidung der neuen Regierung vorbehalten bleiben müsse.

Damit war – kurz vor der Wahl – der Dialog auf Eis gelegt. Mein Vertreter, Gesandter Otto von Stempel, schrieb mir denn auch Mitte September an meinen französischen Urlaubsort: »Die Substanz unserer Beziehungen zu Moskau hat sich weder in positivem noch negativem Sinne geändert. Es herrscht absoluter Stillstand.«

15.
Wladimir Semjonow

Im Januar 1969 suchte ich den stellvertretenden Außenminister Semjonow auf. Er war damals noch für Deutschland zuständig und mein unmittelbarer Gesprächspartner für alle laufenden Fragen.

Wladimir Semjonow, 1911 geboren, hatte in Moskau Sprachen und Literatur studiert. 1938 trat er in den diplomatischen Dienst der Sowjetunion und kam 1940 bereits als Legationssekretär an die sowjetische Botschaft in Berlin. Sein etwas bulliger, männlicher Charme, durch die spiegelnde Glätte eines mächtigen Schädels und das vorgeschobene Kinn eindrucksvoll unterstrichen, die zwanglose Freundlichkeit, mit der er seine Gäste wie Gastgeber zu behandeln pflegte, sein breites sympathisches Lachen verbunden mit seinem Hang zu allem Schönen, mochten darüber hinwegtäuschen, daß dieser routinierte Diplomat seine Sache gegebenenfalls auch mit schneidender Härte zu vertreten wußte. Aus persönlicher Neigung und von der Universität her mit deutscher Literatur vertraut, passionierter Kenner von russischer so gut wie deutscher oder italienischer Musik und Verehrer der großen Maler, leidenschaftlicher Museenbesucher, hat dieser bemerkenswerte Weißrusse auf die Deutschlandpolitik des Kreml in den ersten Nachkriegsjahren gewiß großen Einfluß genommen.

Dank seiner weltmännischen Aufgeschlossenheit gewöhnte man sich rasch an Semjonow, den Lebenskünstler und Kunstkenner, so gut wie an Semjonow, den Unterhändler und diplomatischen Taktiker, den »T 34«, wie er unter Diplomaten – in Erinnerung an den schweren Panzer – mit Respekt genannt wurde. Ich begegnete ihm zuerst 1968, als er in der Eigenschaft eines Vize-Außenministers in Moskau für Deutschland zuständig war, und verlor ihn leider als Gesprächspartner, als er 1970 mit der Führung der sowjetisch-amerikanischen »SAL-Talks« betraut wurde und damit seine bisherigen Kompetenzen abge-

ben mußte. Aber 1968 war er ebenso wie später noch ein häufiger, stets gern gesehener Gast in meinem Hause. Er nahm auch gelegentlich, wenn es seine Zeit erlaubte, an den Gesprächen Gromykos mit Bahr teil. Wahrscheinlich ist, daß die bereits erwähnte sowjetische Note vom 10. März 1952 ebenso seine Handschrift trägt wie die folgenden Gesamtdeutschland ansprechenden Noten des Jahres 1952. Er mußte ja wissen, ob hinter diesen Überlegungen mehr stand als nur ein erneuter Versuch, ein macht- und einflußloses Deutschland dem sozialistischen Lager zu integrieren. Semjonow könnte als einer der ganz wenigen Überlebenden auch die Frage beantworten, weshalb die Friedenssondierungen, die Emissäre Ribbentrops im Winter 1942/43 mit sowjetischen Abgesandten unter seiner Führung in Stockholm unternahmen, scheiterten.
Semjonow erlebte als Mitglied der sowjetischen Botschaft in Berlin die Deutschen 1940 in der Stunde ihrer totalen Hybris, 1945 in der Stunde ihres totalen Zusammenbruchs und der bedingungslosen Kapitulation. Unmittelbar darauf wurde er als politischer Berater der sowjetischen Kontrollkommission in Berlin-Karlshorst, später als Hochkommissar und schließlich als erster Botschafter der UdSSR bei der Regierung der DDR so etwas wie der Ziehvater derjenigen Deutschen, die bei Kriegsende aus Moskau nach Berlin übersiedelten, um die Bewohner der sowjetisch besetzten Zone Deutschlands nach den Weisungen Stalins mit dem System des sowjetischen Sozialismus vertraut zu machen.
Der unter Hitler aus dem Auswärtigen Dienst geschiedene Vorkriegs-Botschafter in Moskau, Rudolf Nadolny, stand damals mit Semjonow in Verbindung und schreibt in seinen kurzen Memoiren »Mein Beitrag«, Semjonow, damals im Botschafter-Rang außenpolitischer Berater Marschall Georgij Schukows in Karlshorst, habe ihm 1945 erklärt, »Deutschland

solle wieder groß und stark und mit Rußland befreundet werden und sein Selbstbestimmungsrecht behalten.«
Die deutschen Kommunisten hingegen, so fügt Nadolny hinzu, »verfolgten ganz andere Ziele ... Die Deutschen östlich der Elbe wollten zwar ebensowenig kommunistisch werden wie die westlich wohnenden oder wie die Polen, Ungarn oder Tschechen – aber darauf kommt es ja wohl nicht mehr an ...«
Semjonow hat offenbar frühzeitig die Gefahren erkannt, die sich aus der forcierten Sozialisierungspolitik Ulbrichts für die damalige sowjetische Westpolitik ergaben, wahrscheinlich im Frühjahr 1953 aus der immer schlechter werdenden Stimmung im Arbeiter- und Bauernstaat die richtigen Schlüsse gezogen und versucht, den Kreml und Ulbricht vor den Konsequenzen des drohenden Zusammenstoßes zwischen »Arbeiter«-Regierung und Arbeitern zu warnen.
1955 nahm Semjonow in Moskau an den Verhandlungen mit Adenauer teil. Er war übrigens derjenige, der auf die Frage des Bundeskanzlers nach den deutschen Kriegsgefangenen mit der ihm eigenen überzeugenden Unbefangenheit entgegnete, es gäbe schon längst keine mehr ... Alle seien bereits in die Heimat entlassen worden. Erst als Adenauer daraufhin seine Delegation beauftragte, ein Flugzeug für die Rückkehr nach Bonn kommen zu lassen, erst dann beschloß der Kreml, noch einige Zehntausend zu entdecken, um die Verhandlungen nicht scheitern zu lassen. Auch Adenauer war zwar gänzlich unerfahren im Umgang mit kommunistischen Staatsmännern; er hatte aber ein instinktives Gespür, wie taktisch am besten mit ihnen zu verhandeln sei. – Es war so ähnlich wie sieben Jahre später, als die amerikanische Regierung dem Sicherheitsrat der UNO die Beweise für die Errichtung sowjetischer Raketenbasen auf Kuba vorlegte, und der sowjetische Delegierte mit eiserner Stirn erklärte, es gäbe überhaupt keine.

Bald darauf mußte sich Chruschtschow bekanntlich entschließen, sie schleunigst wieder abzubauen ...

Nachdem Stalin tot, Malenkow verbannt und Berija hingerichtet waren, verlor mit Beginn der Ära Chruschtschow Semjonow seinen starken Einfluß auf die Deutschlandpolitik des Kreml. Zum stellvertretenden Außenminister ernannt, war er zwar für Deutschlandfragen noch zuständig, dirigierte sie aber nicht mehr. Seine Betrauung mit den überaus komplizierten SAL-Talks beweist aber, daß die Führung keinesfalls auf diesen vielseitigen und geschätzten Diplomaten verzichten wollte.

Semjonow war es also, der mich empfing, als ich aus Bonn zurückkehrte. Seine erste Frage galt meinen Instruktionen für die Sondierungen mit Gromyko. Als ich ihm sagte, bei meiner Abreise seien sie noch nicht abgeschlossen gewesen, doch rechnete ich damit, daß sie mir bald zugehen würden, zeigte er sich befriedigt und fügte hinzu: »Schön, dann kann man ja wohl bald beginnen. Über Procedere und Zweck dieser Gespräche, die wir miteinander führen wollen, waren wir uns ja hier schon einig, und erfreulicherweise hat die Unterredung, die, wie Sie wissen, neulich in unserer Botschaft in Rolandseck stattgefunden hat, diese Übereinstimmung nochmals bestätigt.«

Als ich ihn fragte, worum sich das Gespräch handelte – damals waren offizielle Gespräche mit den Sowjets in deren Bonner Botschaft ja noch eine Rarität –, merkte Semjonow, daß ich nicht unterrichtet war, wich meiner Frage aus, bestätigte aber dabei noch einmal, daß zwischen Weihnachten 1968 und Anfang Januar 1969 in Rolandseck eine solche Besprechung stattgefunden hatte.

Ich bat in Bonn um Unterrichtung, welches Gespräch zu dieser Zeit mit Botschafter Zarapkin oder seinen Mitarbeitern von wem und worüber geführt worden sei. Im Auswärtigen Amt wußte man von nichts. Einige Wochen später wurde ich von

Staatssekretär Duckwitz schriftlich erneut gebeten, bei Semjonow Teilnehmer und Inhalt besagten Gesprächs zu erforschen. Da er, wie aus Semjonows Worten hervorging, die gefallenen Äußerungen in den Zusammenhang der zwischen Gromyko und mir geführten Gespräche einordnete, mußten ja schließlich Bundeskanzler, Auswärtiges Amt und der in Moskau amtierende Botschafter darüber unterrichtet werden. Semjonow aber, durch meine spontane Frage gewarnt und gleichzeitig – wie ich übrigens auch – davon überrascht, daß in Bonn offenbar auf mehreren Ebenen gleichzeitig offizielle Politik gemacht wird, schwieg. Welche Bonner Funktionäre – oder auch Abgeordnete – damals in der sowjetischen Botschaft die Hand im Spiel hatten, wurde seltsamerweise niemals ans Licht gezogen.
Auf die Instruktionen für mich traf ähnliches zu. Die Formulierung einer Gewalt-Verzichtsformel, mit der sich ja schon der jahrelange Notenwechsel befaßt hatte, beschäftigte Außenminister und Bundeskanzler, ohne daß es darüber zu einer Einigung zwischen beiden kam. Brandt und Kiesinger hatten über Ostpolitik wohl sehr verschiedene Ansichten. Brandt mögen unter dem Einfluß seiner Berater beträchtliche Konzessionen bereits zu einer Zeit unvermeidlich erschienen sein, als Vorstellungen dieser Art Kiesinger noch fernlagen. Hinzu kam, daß im Herbst 1969 Bundestagswahlen stattfinden mußten, das heißt, alle von Bundeskanzler und Außenminister zu treffenden Entscheidungen gerieten damit zwangsläufig in den Sog des Wahlkampf-Opportunismus.
Brandt erhoffte sich vom Wahlresultat, daß ihm der große Sprung vom Außenminister zum Bundeskanzler gelingen möge, und Kiesinger erwartete eine absolute Mehrheit für die CDU/CSU. Beide Parteivorsitzenden waren sich sicherlich nur in dem Wunsch einig, daß der Wahlausgang die Fortführung der beiderseits nur ungern eingegangenen Zwangskoalition von 1966 entbehrlich machen möge.

16.
Komplikationen um Berlin – Komplikationen in Bonn

Eine zwischenzeitliche Einigung zwischen Außenminister Brandt und Bundeskanzler Kiesinger über die Ostpolitik wurde gewiß auch durch die Gereiztheit erschwert, mit der die Sowjetregierung und die DDR auf die Wahl des neuen Bundespräsidenten in Berlin reagierten. West-Berlin, so hieß es, sei »bekanntlich kein Land der BRD«, und Hoheitsakte des Bundes hätten dort deshalb zu unterbleiben.

Die Propagandamaschinerie der DDR begann auf vollen Touren zu laufen, und auch der Kreml tat das Seine, um – wohldosiertes – Öl ins Feuer zu gießen. Gromyko hatte schon in unserem Gespräch vom Dezember die Bundesregierung gewarnt, und Pjotr Abrassimow, der sowjetische Botschafter in Ost-Berlin, tat ein übriges, indem er sibyllinisch erklärte, die Verantwortung für die sich aus der Wahl des Bundespräsidenten in Berlin ergebenden Folgen trage nicht die DDR, sondern die Sowjetregierung.

In den Ämtern hielt man es nicht für ausgeschlossen, daß die künstliche Protestwelle, die dieser Hoheitsakt der Bundesregierung in Moskau wie in Ost-Berlin hervorgerufen hatte, Vorbote eines neuen Berlin-Ultimatums sein könnte, so wie es Chruschtschow mit seiner Note vom 27. November 1958 an die drei Westmächte schon einmal gestellt hatte. Damals hielt er »die Zeit für gekommen«, dem Besatzungsregime in Berlin ein Ende zu bereiten, und kündigte an, er werde den sowjetischen Teil besagter Besatzungsfunktionen nunmehr der »souveränen Deutschen Demokratischen Republik« übertragen. Unter diesen Umständen könne man – die Zustimmung der DDR natürlich vorausgesetzt – mit der Umwandlung West-Berlins in eine »selbständige nationale Einheit« so lange einverstanden sein, wie »die richtigste und natürlichste Lösung« der Berlinfrage, nämlich die Wiedervereinigung West-Berlins mit Ost-Berlin »im Bestande des Staates . . ., auf dessen Boden sich Berlin befindet«, noch nicht möglich sei.

Nachdem Chruschtschow mit diesem Plan am entschiedenen Widerstand der Westmächte gescheitert war, lag es durchaus im Bereich der Möglichkeiten, daß nunmehr ein neuer Anlaß gesucht und mit der Präsidentenwahl gefunden werden sollte, das Manöver zu wiederholen.

Am 6. Februar 1969 bezeichnete die DDR in einer Protestnote an das Auswärtige Amt in Bonn die Wahl des Bundespräsidenten in Berlin als »groben Bruch des Völkerrechts«. Am 13. Februar übergab der sowjetische Botschafter in Bonn, Zarapkin, ein Aide-Mémoire, nach dem Versuche der Bundesrepublik, eigenmächtig ihre Macht auf West-Berlin auszudehnen, die Sowjetregierung vor die Notwendigkeit stellen würden, »die Frage der strikten und konsequenten Erfüllung der Bestimmungen der alliierten Beschlüsse, die West-Berlin betreffen, zu überprüfen«. Und am 20. Februar kündigte TASS »Gemeinsame Übungen von Truppen der Sowjetunion und der Nationalen Volksarmee in den zentralen und westlichen Gebieten der DDR« an.

Am 22. Februar machte Ulbricht in einem Schreiben an Willy Brandt in dessen Eigenschaft als Vorsitzender der SPD den Vorschlag, die Wahl des Bundespräsidenten an einen anderen Ort zu verlegen. Dann ließe sich vielleicht über Passierscheine für West-Berliner für die Ostertage 1969 miteinander reden. Als Brandt und Schütz in ebenso positiver wie vernünftiger Reaktion bereit waren, darüber zu reden, sofern es sich nicht nur um Ostern 1969, sondern um eine langfristige Besuchsregelung handeln würde, zerschlug sich der Vorschlag. Die – in der Bundesrepublik erscheinenden! – »Blätter für deutsche und internationale Politik« meinten, der Gegenvorschlag Brandts gliche der Bereitschaftserklärung eines Einbrechers, auf seinen geplanten Einbruch zu verzichten, »wenn ihm doppelt so viel Beute, wie der Einbruch selbst hätte erbringen können, freiwillig ausgehändigt würde.«

Angesichts der sich häufenden Drohungen zögerte man in Bonn, Gespräche mit den Sowjets zu beginnen.
Andererseits hatte ich in Moskau den Eindruck, daß der von Ulbricht entfachte Theaterdonner den Sowjets nicht so recht ins Konzept paßte. Der Weltmacht Sowjetunion, die gerade eben umfassenden Grundsatzgesprächen mit der Bundesrepublik zugestimmt hatte, ging es doch offensichtlich um ganz andere Dinge, als um die eine Hälfte der alten deutschen Reichshauptstadt. Und in der Tat: Analysierte man den Aufwand der sowjetischen Protestkampagne und verglich ihn mit der Entrüstung Ost-Berlins, so wurde deutlich, daß der Kreml Herrn Ulbricht zwar zugestanden hatte, so viel Lärm zu schlagen, wie er wolle, aber unter der Voraussetzung, daß die »Reizschwelle« der drei für West-Berlin verantwortlichen Westmächte nicht angetastet – geschweige denn überschritten werde. Dem Kreml konnte nicht daran liegen, zu diesem Zeitpunkt die Spannung mit uns und insbesondere mit unseren Verbündeten auf gefährliche Weise zu überdehnen. Die von Moskau beigesteuerte Propaganda gegen die Präsidentenwahl in Berlin bestand denn auch im wesentlichen aus sowjetischen Pflichtübungen, wie sie die vertraglichen Beziehungen zur DDR und die gebotene Rücksichtnahme auf diesen verläßlichen Partner nötig machten.
Das Verhalten der Sowjets mir gegenüber und ihr gelegentliches Fragen nach dem Beginn unserer Gespräche – selbst als sich die Kampagne der östlichen Massenmedien gegen den »Mißbrauch« Berlins überschlug – bestätigten diese Überlegungen.
Nachdem die Wahl entschieden war und Gustav Heinemann den bisherigen Bundespräsidenten abgelöst hatte, ebbte die Propaganda schlagartig ab. Die sehr entschiedene Haltung aller drei für Berlin verantwortlichen Westmächte und ihre Ent-

schlossenheit, den Wahlvorgang in West-Berlin als rechtens anzusehen und ihn voll zu decken, trug natürlich zu der Entscheidung der Sowjets, die sittliche Entrüstung Ost-Berlins zu dämpfen, nicht wenig bei. Vor allem aber dürfte ihnen daran gelegen haben, sich ihr eigenes Konzept, nämlich mit der Bundesrepublik endlich ins Gespräch zu kommen, nicht durch eine – aus ihrer Sicht vergleichsweise sekundäre – Angelegenheit verderben zu lassen.

Aber wertvolle Zeit ging verloren.

17.
Zentrale und Auslandsmission – zwei Gegenpole?

Während man also in Bonn weiterrätselte, worin die wirklichen Absichten der Sowjets uns gegenüber bestehen und wie ihnen zu begegnen sei, verstellte man sich gleichzeitig den einzigen Weg, auf dem man eine Aufklärung hätte erhalten können: die schleunige Aufnahme der bereits vereinbarten Gespräche. Die Zeit war wirklich dafür reif, aber anstatt der Courage, ein Loch in die Eiskruste zu bohren, um zu prüfen, ob sich wenigstens darunter wärmeres Wasser befinde, überwog in Bonn das wechselseitige Mißtrauen beider Regierungsparteien bzw. der beiden Parteichefs.

Außenminister Brandt sprach gelegentlich mit dem sowjetischen Botschafter Zarapkin und lud ihn sogar allein zum Essen ein – ein Privileg, das seit dem letzten Weltkrieg der sowjetische Außenminister noch keinem deutschen Botschafter in Moskau hatte zuteil werden lassen. Natürlich legt im diplomatischen Verhalten jede Seite Wert darauf, Informationen direkt »from the horses mouth« zu erhalten, und deshalb nahmen die sowjetischen Botschafter im Ausland auch gerne jede Möglichkeit wahr, sich einladen zu lassen – insbesondere, wenn die Einladung vom Regierungschef oder seinem Außenminister kam. In Bonn übersah man dabei oder wollte es nicht sehen, daß diese im Westen viel praktizierte diplomatische Übung der politischen Führung, dann und wann mit einem Botschafter zu lunchen, kein Echo in Moskau fand. Je besser ein sowjetischer Botschafter bei uns behandelt wurde, das heißt je eingehender er über sein persönliches Verhältnis zur Regierungsspitze und die dabei erhaltenen Informationen zu berichten wußte, um so geringer wurde das Interesse des Kreml an seinem deutschen Kollegen in Moskau.

Wenn die Informationsquelle aus Bonn sprudelte, konnte man – vielbeschäftigt wie die Führung einer Weltmacht zu sein pflegt – in Moskau auf die Pflege guter Beziehungen zum deutschen

Botschafter verzichten. Über den Inhalt politischer Gespräche, die in Bonn mit dem sowjetischen Botschafter geführt worden waren, erfuhr ich häufig nur dadurch, daß meine russischen Gesprächspartner oder auch die Botschafter unserer drei Westalliierten sich mir gegenüber darauf bezogen. So schrieb ich unter anderem am 10. März 1969 an Staatssekretär Georg Duckwitz:

»Wir haben eine Krisensituation durchlebt« (gemeint ist die Wahl des Bundespräsidenten in Berlin), »in der meine drei westlichen Kollegen besser unterrichtet waren als ich. Das war schon deshalb mißlich, weil in den vergangenen Wochen bei mir ein nervös gewordener NATO-Botschafter dem anderen die Klinke in die Hand drückte ... So hätte ich für diese Gespräche doch gern gewußt, wie man in Bonn über die Lage denkt und wie man den Wert meiner eigenen Prognosen einschätzte ... Es war nicht sehr förderlich, laufend von den drei alliierten Kollegen nach dem einen oder anderen Papier gefragt zu werden und dann zugeben zu müssen, daß man nicht weiß, wovon die Rede ist.

Hinzu kommt, daß die drei westlichen Botschafter naturgemäß sehr aktiv wurden, während der deutsche Botschafter in völliger Passivität ... zu verharren hatte, obwohl es in erster Linie um die Belange der Bundesrepublik ging ...«

In den folgenden Monaten unterhielt ich mit Duckwitz eine verhältnismäßig rege »Privatdienst-Korrespondenz«.

Briefe von Duckwitz waren häufig die einzige Verbindung, die mich über diejenigen Probleme orientierte, die Botschaft und Botschafter unmittelbar betrafen. Aus ihnen ließ sich entnehmen, daß mein Drängen auf die Erfüllung der mit Gromyko getroffenen Vereinbarungen vergeblich war. Im April 1969 war man zwar bereit, mit den Sowjets über die Vertiefung technologisch-wirtschaftlicher Kontakte zu verhandeln. Ich riet ab,

weil ich die Auffassung vertrat, Gespräche über Einzelfragen dürften einem Gedankenaustausch über Grundsatzprobleme nicht vorgeschaltet werden, solle das Gesamtkonzept zum Erfolg führen. Nur die Themen herauszupicken, an denen wir bzw. unsere Industrie geschäftlich interessiert seien, würde gleich zu Anfang bei den mißtrauischen Sowjets den Eindruck erwecken, als sei die Bundesregierung von der ursprünglichen Abmachung allgemeiner Gespräche wieder abgekommen.
Zu dieser Zeit gab es in Bonn Verhandlungen über den von den USA und der Sowjetunion vorgeschlagenen Atomsperrvertrag: Danach sollte die Zahl der Atomwaffeneigner beschränkt werden, und diejenigen Staaten, die noch keine Atomwaffen produzierten, sollten sich verpflichten, auch künftig keine herzustellen, und ebenso darauf verzichten, sie sich über dritte Staaten zu verschaffen.
Die Bundesrepublik hatte bereits im Deutschland-Vertrag von 1954 feierlich auf jegliche Art von Atom-Bewaffnung verzichtet und in einem der Sowjetregierung übergebenen Memorandum vom 9. April 1968 ihre Bereitschaft, auch einem internationalen Vertrag über die Nicht-Verbreitung von Kernwaffen beizutreten, nachdrücklich bekräftigt.
Trotzdem versuchten die Sowjets die Bundesregierung in Noten und Erklärungen in polemischer Weise zur Unterschrift zu drängen, indem sie die Bundesregierung – wie übrigens auch die Regierungen der Vereinigten Staaten und Englands – der »Verstärkung der Kriegsvorbereitungen, der Wühltätigkeit gegen die sozialistischen Länder, der Erweiterung der internationalen Spannungsherde und des Anheizens der Atmosphäre des kalten Krieges« bezichtigte. Schon deshalb schien es mir richtig, sich bei der Prüfung des Vertragstextes betont gemächlich zu verhalten. Wir durften uns von niemandem daran hindern lassen, und schon gar nicht von der Sowjetunion, einen

Vertragstext so gründlich zu studieren, wie seine nicht immer eindeutigen Formulierungen (zum Beispiel über Nuklear-Forschung bzw. die friedliche Nutzung der Kernenergie) es verdienten. Abgesehen davon, waren im Vertrag die Rechte und Pflichten zwischen »haves« und »have nots« recht ungleichmäßig verteilt, und seinem eigentlichen vernünftigen Zweck, die Zahl der Atommächte ein für allemal zu fixieren, konnte er schon deshalb nicht nachkommen, weil eine ganze Anzahl effektiver Atommächte (wie etwa Frankreich und China) oder potentieller (wie Indien oder Brasilien) den Beitritt ablehnte.

Andererseits waren sich alle Sieger des Zweiten Weltkrieges einig in ihrer Entschlossenheit, die Deutschen keinesfalls an Atomwaffen heranzulassen. Ihnen verschaffte es mehr Sicherheit und für die Bundesrepublik bedeutete es keinen Gesichtsverlust, den gegenüber dem Westen bereits ausgesprochenen Verzicht nun in einem Vertrag zu wiederholen, dessen Partner auch die Staaten des Ostblocks waren.

Die Verhandlungen darüber wurden in Bonn geführt, das Abkommen wurde im November 1969 von mir in Moskau unterzeichnet. Als ich dem dabei assistierenden stellvertretenden sowjetischen Außenminister Winogradow die übliche formlose Erklärung der Bundesregierung übergab, nach der die Unterschrift unter dem Vertrag nicht als Änderung unserer Haltung gegenüber einem anderen Mitunterzeichner, der DDR, interpretiert werden dürfe, stieß er sich daran, daß dieses Papier den Stempel der Botschaft Moskau trage. Der Stempel mache dieses ihm als »formlos« angekündigte Papier zu einem offiziellen Dokument und verleihe ihm damit eine weit größere Bedeutung, als ihm zukomme. Beratungen auf sowjetischer Seite, Beratungen auf deutscher Seite . . . Schließlich schnitt ich kurzerhand den Stempel unten ab, und Winogradow konnte die

Erklärung der Bundesregierung ohne weitere Skrupel zu den Akten nehmen.

Ich erwähne den Vorfall, weil die Presse, die bei dem feierlichen Akt der Unterzeichnung zugegen und Zeuge der übrigens recht kordial geführten juristischen Auseinandersetzung zwischen Winogradow und mir geworden war, darüber berichtet hatte. Während einige Zeitungen meinten, ich hätte mit dem Abschneiden des Stempels geistesgegenwärtig das einzig Richtige getan, warfen mir andere vor, ich hätte meine Befugnisse weit überschritten, ein bedeutsames Staatsdokument eigenmächtig entwertet, und meine Abberufung stehe deshalb unmittelbar bevor. Ich selbst war der Überzeugung, daß unsere Beziehungen zur DDR von ganz anderen Imponderabilien abhingen als von der Frage, ob besagte Erklärung der Bundesregierung mit einem Stempel oder mit keinem Stempel versehen war.

Auch hier – bei der Behandlung besagten Atomsperrvertrages durch die neue Bundesregierung – trat übrigens eine Eigenart des Verhältnisses zwischen Auslandsvertretung und Zentrale zutage, die ich stets als beklagenswerten Mangel empfunden habe: das geringe Interesse, die Vertretung »vor Ort« präzise und detailliert über ihre politischen Absichten und deren Beweggründe zu unterrichten. Wie bereits erwähnt, habe ich seit Herbst 1969 – dem »Machtwechsel« zur Kleinen Koalition – bis zum Ende meiner Moskauer Mission in keinem Fall eine Stellungnahme des Auswärtigen Amts zu den von meinen Mitarbeitern und mir erarbeiteten mündlich oder schriftlich vorgetragenen Analysen, Vorschlägen usw. aus Bonn erhalten.

Die Schlußfolgerung, die sich daraus ergab, war einfach: Entweder schienen die Betrachtungen der Botschaft zur Lage so unlogisch und so wenig überzeugend, daß es sich nicht lohnte, sich näher mit ihnen zu befassen. Oder die künftige Politik der Bundesregierung gegenüber der Sowjetunion war bereits so

eindeutig vorprogrammiert, daß kritische Anmerkungen auch von der dazu berufenen Stelle nicht mehr erwünscht waren.
In beiden Fällen wäre es dann allerdings erforderlich gewesen, den Botschafter abzuberufen und ihn schon im Interesse des Steuerzahlers durch einen weniger nutzlosen, der Regierungspolitik konstruktiver gegenüberstehenden Beamten abzulösen.
Aber man dachte diese Frage doch nicht bis zu Ende, sondern beschränkte sich darauf, die Botschaft Moskau auch darüber im unklaren zu lassen, welche Politik die Bundesregierung gegenüber der Sowjetunion verfolgt und ob sie sich in der Substanz von der Großen Koalition (deren konkrete Überlegungen und interne Meinungsverschiedenheiten mir notabene auch nur in großen Zügen bekannt waren) unterscheidet.
Ich hätte diese Lücke im Routine-Verkehr zwischen Zentrale und Botschaft gar nicht erwähnt, wenn ich sie als einen aus den besonderen Umständen erklärbaren Einzelfall ansehen würde. Aber eben davon konnte keine Rede sein. Sie entsprach gewissen traditionellen Gepflogenheiten des Auswärtigen Amtes seinen Botschaftern gegenüber. Schon Wilhelm Joost, in seinen Betrachtungen »Botschafter bei den roten Zaren«, stellt fest: »Fast alle in Rußland eingesetzten deutschen Diplomaten sind ... früher oder später von der Zentrale im Stich gelassen ... oder düpiert worden.«
Die mutmaßliche Erklärung dafür: Viele dieser Botschafter sahen sich – am Bestimmungsort angekommen – bald genötigt, das ihnen von zu Hause suggerierte Bild der schwer durchschaubaren, aus Taktik, Strategie, Partei-, Staats- und Komintern-Interessen facettierten sowjetischen Außenpolitik zu revidieren.
Botschafter werden schließlich nicht dafür bezahlt, vom Gastlande lediglich zu bestätigen, was die Zentrale aus der Distanz

dort zu sehen wünscht. So gerieten sie als logische Folge ihres veränderten Blickwinkels mit ihren Auffassungen und den daraus resultierenden Vorschlägen häufig in Gegensatz zur Zentrale. Daraus ergab sich die Alternative, entweder die politische Konzeption an Hand der Erkenntnisse »unseres Mannes in Moskau« neu zu überdenken und sich mit ihm abzustimmen oder ihn wie gesagt durch einen genehmeren Mann zu ersetzen. Die erste Möglichkeit setzt die Bereitschaft voraus, Kritik entgegenzunehmen und zu diskutieren. Von dieser Bereitschaft konnte, verfolgt man die Beziehungen zwischen der »Wilhelmstraße« bzw. dem Palais Schaumburg und der Botschaft Moskau über die letzten 50 Jahre, höchst selten, bei der Kleinen Koalition des Jahres 1969 schon gar nicht die Rede sein. So erwies es sich meistens als das bequemste, den Botschafter »einzufrieren«, die Fäden über den Kollegen des Gastlandes in Berlin bzw. in Bonn zu spinnen und den eigenen Missionschef über die politischen Konzeptionen der Zentrale soweit im unklaren zu lassen, daß er auch keine Kritik mehr üben konnte.
Häufig genug ist es auch leider nur eine Frage mangelnder Zeit der Minister oder Staatssekretäre, sich einen Vortrag des Missionschefs in Ruhe anzuhören oder konzentriert einen Bericht von ihm zu lesen, gedanklich zu verarbeiten und ihn gegebenenfalls unter Experten zur Diskussion zu stellen. Wenn eine Staatsführung dies darüber hinaus nicht will, weil sie sich in ihre eigenen Pläne nicht hereinreden lassen möchte, dann sollte sie, meine ich, ihre Botschaften schließen und eine renommierte Werbeagentur mit der gelegentlichen Vertretung ihrer Interessen im Ausland beauftragen.
Das Ganze ist ein Verwaltungsproblem, das insbesondere diejenigen angeht, die von Amts wegen dazu verpflichtet sind, Fachkräfte der Beamtenschaft dort einzusetzen, wo sie ihre Fähigkeiten und Kenntnisse zum jeweils größten Nutzen des

Staates unter Beweis stellen können. Ein übrigens keineswegs nur auf den deutschen Auswärtigen Dienst beschränktes Problem, wie sich in den Biographien oder Memoiren ausländischer Diplomaten nachlesen läßt, oder wie ich es bei befreundeten Kollegen erlebt habe.
Der bekannte amerikanische Wirtschaftsexperte, John Kenneth Galbraith, Mitte der sechziger Jahre Botschafter seines Landes in Indien, zitiert in seinem »Tagebuch eines Botschafters« ein Telegramm, das er – gelegentlich offenbar in ähnlichen Lagen wie ich – vom State Department erhielt: »In dem Maße, wie Ihre Auffassungen überhaupt erwägenswert sind, sind sie geprüft und verworfen worden.«
Eine nicht eben sehr höfliche, aber jedenfalls eine sehr deutliche Antwort. Hätte ich einmal eine solche Stellungnahme erhalten, wäre es für mich ein Zeichen gewesen, daß meine Telegramme wenigstens gelesen wurden.
Ein Spannungsverhältnis zwischen »drinnen und draußen« ist an sich natürlich und von Vorteil, sofern es das beiderseitige Nachdenken über die jeweils beste Politik gegenüber dem Gastland fördert. Nutzen läßt sich aber nur dann daraus ziehen, wenn diese Spannung in einen ständigen Dialog mündet. Aber eben davon konnte leider so gut wie nie die Rede sein.
Diese generelle Neigung der Zentrale, sich nicht in die Karten sehen zu lassen und sich gegenüber ihren eigenen Auslandsvertretern den Mantel der Unfehlbarkeit umzuhängen, geriet in die Dimension des Makabren, als Hitler die Macht übernahm, die letzte demokratische Kontrolle beseitigte und sich in seiner Außenpolitik von niemandem mehr hineinreden ließ.
Anstatt den von ihm erhobenen Anspruch, unfehlbar zu sein, der allgemeinen Lächerlichkeit preiszugeben, solange es noch Zeit war, beruhigten die meisten, die es unmittelbar anging, ihr Gewissen mit dem Slogan: »Führer befiehl, wir folgen!«

Der letzte deutsche Vorkriegsbotschafter in Moskau, Friedrich Werner Graf von der Schulenburg, hielt Ende April 1940 in Berlin bei Hitler Vortrag und versuchte unter anderem, ihn – durch vertrauliche Informationen über mutmaßliche Absichten Hitlers gegenüber der Sowjetunion unterrichtet – vor den unkalkulierbaren großen Risiken eines Krieges zu warnen. Hitler hörte sich den Vortrag wortlos an und beendete ihn mit der Bemerkung: »Danke! Sie können gehen.«
Angewidert vom Stil dieser Vortragsstunde beim »Führer«, kehrte der Botschafter tief enttäuscht und voller böser Ahnungen nach Moskau zurück. Als ich ihn am 1. März 1944 zuletzt sah, hat er mir davon erzählt. Der stets gut aufgelegte Mann – hochbefähigter, passionierter Diplomat und ein Lebenskünstler von der besten Sorte – war damals nur noch ein Schatten seiner selbst. Der Krieg und die Tatsache, daß er als Botschafter Hitlers dem Überfall auf die Sowjetunion ohnmächtig zusehen mußte, hatten ihn zerbrochen. Wenige Monate nach diesem Treffen wurde er wegen Beteiligung am Attentat des 20. Juli 1944 – er hatte sich zur Verfügung gestellt, um gegebenenfalls eine rasche Verbindung zur Sowjetunion aufzunehmen – zum Tode durch den Strang verurteilt. Trotz der Bemühungen, das Urteil in Tod durch Erschießen umzuwandeln, wurde er auf Befehl Hitlers gehenkt.
Breschnew läßt seine Politik von den zuständigen und entsprechend mit Sachverständigen ausgerüsteten Gremien des Zentralkomitees analysieren und vorplanen. Er diskutiert sie mit dem Politbüro und versucht dann, sie in dem Rahmen zu realisieren, dem die Mehrheit dieser seiner engsten Mitarbeiter ihre Zustimmung gegeben hat.
Wer die Ostpolitik der ersten Regierung Brandt geplant, entworfen, am »Sandkasten« durchgespielt und schließlich realisiert hat, dies zu erforschen bleibt der Geschichte vorbehalten.

Die zuständigen Gremien und Beamten, die dafür da sind, mit ihren Detailkenntnissen zu Rate gezogen zu werden, waren jedenfalls auf ausdrückliche Anweisung systematisch solange ausgeschaltet, bis ihre Prüfungsergebnisse kaum noch verwertbar waren.

18.
Botschaftsinterna

Am 18. September 1969 traf in Moskau der für die Leitung des Kultur-Referats der Botschaft vorgesehene Botschaftsrat Rudolf Stelzer ein. Zwei Tage später beging er Selbstmord, indem er mitten aus einer freundschaftlichen Unterredung mit mehreren Botschaftskollegen sich aus einem Fenster des 10. Stockwerks des Moskauer »Deutschen Hauses« stürzte. Er war sofort tot. Ich war zu dieser Zeit auf Urlaub und gerade in Paris, um mich bei dieser Gelegenheit auf unserer Botschaft, bei der Stelzer bisher gearbeitet hatte, näher über den neuen Mann, den ich nicht kannte, zu erkundigen. Mir schien dies um so notwendiger, als ich vernommen hatte, er sei mit seinen Nerven nicht in Ordnung, ein schwieriger Eigenbrötler und von seiner Entsendung nach Moskau keineswegs sehr angetan.

Ich hatte die Personalabteilung gebeten, sich genauestens über seine Eignung zu orientieren, bevor sie ihn auf einen psychologisch so prekären Posten wie Moskau entsendet, aber der bürokratische Ablauf der Versetzung war nicht mehr zu stoppen. In Paris hatte man nichts gegen seinen Fortgang – im Gegenteil. In Bonn stand er routinemäßig zur Beförderung an, die nach dem Stellenplan des Auswärtigen Amts nur gerade in Moskau möglich war. Russisch hatte er früher einmal notdürftig gelernt, und so waren – jedenfalls nach Auffassung der Zentrale – alle Voraussetzungen für eine Versetzung an die deutsche Botschaft Moskau gegeben! Er reiste nach Bonn und von dort – augenscheinlich ungern – nach Moskau weiter. Aus Gründen, die rational um so unverständlicher sind, als er eine intakte Familie hinterließ, machte er dort, kaum angekommen und von hilfsbereiten Kollegen freundschaftlich empfangen, seinem Leben ein Ende.

Die – an sich selbstverständliche – Überlegung, ältere erfahrene Beamte möglichst nur dort einzusetzen, wo sie nach Fähigkeiten, Können, Sprachkenntnissen am besten hinpassen, vertrug sich nicht immer ganz mit dem Ehrgeiz der Personalabteilung und ihrem Auftrag, »Universalgenies« zu züchten. Allround-Beamte also, die möglichst nicht nur jedem Klima, sondern auch jeder Aufgabe in jedem Klima perfekt gewachsen sind! Daß auf klimatisch oder psychologisch schwierigen Posten (zu denen unter anderem auch Moskau gehört) nur wirklich in sich stabile Persönlichkeiten zu gebrauchen sind, diese Erkenntnis paßte manchmal nicht in die Rotationsroutine des Auswärtigen Amtes und geriet daher in Gefahr, zu geringgeachtet zu werden. Äußerten die Betroffenen Bedenken gegen ihre Versetzung (wie Stelzer es zum Beispiel getan hatte), ließen sie diese Bedenken natürlich fallen, wenn man ihnen sagte, nur dort und nirgendwo sonst könnten sie auf baldige Beförderung rechnen. Menschen mit einem labilen seelischen Gleichgewicht können auf das vielseitigste verwendbar sein – vorausgesetzt, daß man ein ihrer Veranlagung angemessenes Tätigkeitsfeld auswählt. Im Fall Stelzer wäre die Tragödie vielleicht vermeidbar gewesen, hätte man in voller Kenntnis seiner Besonderheiten berücksichtigt, daß Moskau nicht London, Paris oder Luxemburg, sondern eben Moskau, ein casus sui generis, ist.

Ein Jahr später nahm sich in Deutschland ein Kollege das Leben, bevor er – als Gesandter nach Moskau versetzt – seine Reise dorthin antrat. Hier waren es nun keine gesundheitlichen, sondern höchst persönliche unvorhersehbare Gründe, die mit seiner Versetzung nichts zu tun hatten. Ich habe die menschliche Tragik dieses Falles besonders empfunden, weil dieser Kollege mit all seinen menschlichen Eigenschaften, wie auch seiner großen juristischen und politischen Begabung mir schon aus kurzer Zusammenarbeit in Djakarta bekannt und vertraut war.

Die für die tägliche Arbeit und die Brauchbarkeit ihrer Resultate so eminent wichtige Atmosphäre auf einer Auslandsmission – die je nach den geographischen, politischen und anderen Besonderheiten des Postens mal mehr, mal weniger den Charakter einer Insel besitzt – wird naturgemäß weitgehend von dem menschlichen Verhältnis der »Insel-Bewohner« zueinander bestimmt. Es war daher immer ein guter Brauch des Auswärtigen Amts, den Missionschef an der Auswahl seiner engeren Mitarbeiter zu beteiligen. So sollte möglichst vermieden werden, daß Leute miteinander leben müssen, die nicht zueinander passen und daher mutmaßlich auch zusammen keine brauchbare Arbeit leisten werden.

Nun liegt es auf der Hand, daß diese Mitwirkung des Missionschefs an der Auswahl sich um so schwieriger handhaben ließ, je größer das Auswärtige Amt in der Nachkriegszeit wurde. Eine Personalabteilung muß schließlich eine ganze Reihe von Imponderabilien berücksichtigen und kann nicht in jedem Einzelfall der Harmonie menschlichen Zusammenlebens, geschweige denn persönlichen Wünschen oder Bedenken, Priorität einräumen. Aber man sollte es sich zur Regel machen, schwierige Auslandsposten, von denen angesichts ihrer politischen und wirtschaftlichen Bedeutung zudem ein Höchstmaß an efficiency erwartet werden muß, mit doppelter Sorgfalt zu besetzen.

Man sollte die Zahl der Mitarbeiter so niedrig halten wie nur möglich, Quantität durch Qualität ersetzen und die Gemeinschaft von Angestellten und Beamten der mittleren, gehobenen und höheren Laufbahn möglichst so aufeinander ab- und einstimmen, daß jeder einzelne sich wohl fühlt und ein gewisses Höchstmaß an individueller und kollektiver Leistung erhofft werden kann. Mitglied einer Partei zu sein, war freilich noch niemals ein Kriterium für qualifizierte Leistung!

Leider lassen sich auch hier, wie gesagt, theoretische Idealvorstellungen nicht immer in die Praxis umsetzen. Was mich anbelangt, so hatte ich kaum Veranlassung, mich in diesen vier Moskauer Jahren über meine Mitarbeiter zu beklagen. Wir haben freundschaftlich und loyal zusammengearbeitet. – Mitunter mußte ich sehr viel mehr verlangen als die tägliche Routine, doch habe ich nie einen Fall erlebt, daß jemand unter Hinweis auf die Dienststunden seine Mitwirkung an dringlicher Arbeit versagt oder auch nur seine Unzufriedenheit an den Anforderungen des täglichen – häufig genug auch sonntäglichen – Dienstes geäußert hätte. Daneben haben wir aber auch ohne Unterschied von Rang und Person vergnügliche Stunden miteinander verbracht.

Ich habe nie begriffen, weshalb man in die Hierarchie einer kleinen Gemeinschaft von Beamten und Angestellten, wie sie eine Auslandsvertretung nun einmal darstellt, so diskriminierende – den Minderwertigkeits- so gut wie den Überheblichkeitskomplex fördernde – Begriffe wie »mittlere«, »gehobene« und »höhere« Laufbahn einführen mußte; ich habe mir ihre Verwendung in der täglichen wie auch gesellschaftlichen Routine stets verbeten. Worauf es ankommt, ist der Mensch, seine Qualitäten, seine Interessen, seine Beschwernisse und seine Bereitschaft, in der Gemeinschaft, in die er gestellt ist, seinen Part zu spielen.

Diese Bereitschaft wird aber gewiß nicht dadurch gefördert, daß man ihn ständig daran erinnert, wie hoch oder wie niedrig der Platz ist, den er in der Hierarchie der Gemeinschaft einnimmt. Arroganz wie Servilität sind Eigenschaften, die keine Gemeinschaft, vor allem kein Arbeitsteam auf die Dauer vertragen – und das um so weniger, je kleiner oder isolierter sie sind.

Die praktische Nutzanwendung dieser Erfahrungen schien mir besonders auch an einem Platz wie Moskau geboten, wo die

Wohn- und Lebensverhältnisse der Mitarbeiter dem als einzigen von allen großzügig untergebrachten Missionschef besonders nahelegen, sich um sie und ihre Familien auch außerhalb der Bürozeit zu kümmern.

Gelegentlich kam es zu Angriffen der Parteizeitung »Iswestija« gegen Mitarbeiter der Botschaft. Sie wurden der Trunkenheit bezichtigt, als gemeingefährliche Autofahrer beschimpft, und weder sie noch ich konnten sich dagegen wehren. Diese Attakken waren selten. Sie wurden im allgemeinen nur dann geführt, wenn vorher ähnliches über Mitglieder der sowjetischen Botschaft in Bonn in der deutschen Presse behauptet oder wenn ein sowjetischer Diplomat in flagranti erwischt worden war. Das letztere konnte noch so erwiesen sein – die »Iswestija« oder ihre Informanten im Außenministerium erfanden eine halbwegs adäquate Geschichte, die in der deutschen Botschaft in Moskau angeblich geschehen sei, stellten sie – zugegebenermaßen – als »Retorsions«-Maßnahme für Angriffe oder Verdächtigungen gegenüber sowjetischen Botschaftsangestellten in der Bundesrepublik hin oder wiesen einen unserer Beamten aus, wenn einer der ihren die Bundesrepublik hatte verlassen müssen.

Einmal allerdings kam es zu einem mehr als ärgerlichen Vorfall: Angehörige des uns vom Bundesministerium des Inneren zugeteilten Hausordnungsdienstes, die in den jeweils neun Monaten ihres ebenso langweiligen wie aufreibenden Dienstes an der Botschaft nicht eben viel Abwechslung haben, kamen in einer offenbar recht feuchten Nacht auf den seltsamen Gedanken, die von ihren Vorgängern hübsch eingerichtete Kellerbar weiter zu verschönern, die mit zahllosen Autogrammen oder Pinups verzierten Wände neu zu »gestalten« und sie zunächst mit Brettern zu verschalen. Gesagt, getan! Mit zwei Volkswagen und viel Alkohol im Kopf machten sie sich im nächtlich-leeren Moskau auf die Suche. An einer Baustelle waren sie gerade dabei, Bretter zu laden, als sie von einer Polizeistreife gestellt wurden. Anstatt klare Auskunft zu geben, besaßen sie auch noch die Torheit, zu flüchten und versuchten, sich auf der Fahrt der Bretter zu entledigen. Die Polizei stoppte einen der beiden Wagen, notierte die Namen der Insassen und ließ sie wieder laufen. Ich erfuhr davon, als ich gerade dienstlich in Bonn war. Die Schuldigen wurden schleunigst nach Hause geschickt. Die deutsche Presse nahm an diesem »dolce vita« der Botschaft – nicht ganz zu unrecht – mehr Anstoß, als die Moskauer Presse, die in generöser Weise – auch ein Zeichen beginnender Auflokkerung der Beziehungen – sich über diesen schwerwiegenden Vorfall eher mokierte als beschwerte.

19.
Signale

Im April 1969 entsandte die Sowjetregierung ihren Außenhandelsminister, den ebenso sympathischen wie gerissenen Nikolai Patolitschew, zur Industriemesse nach Hannover. Er war von der Bundesregierung wiederholt zu dieser größten Industriemesse der Welt eingeladen worden, hatte aber bislang stets abgesagt.

Allein sein Erscheinen und die Gespräche, die er nun mit seinem Gastgeber, Bundeswirtschaftsminister Karl Schiller, und mit deutschen Unternehmern führte, machten deutlich, daß der Kreml die Kontakte mit uns weiter auszubauen wünschte.

Bald darauf traf in Moskau der Staatssekretär Schillers, Klaus von Dohnanyi, ein. Auch bei seinem Aufenthalt kam es ebensowenig wie bei dem sowjetischen Besuch in Hannover zu bedeutsamen Vereinbarungen. Wichtiger war, daß Dohnanyi seit dem Moskauer »goodwill«-Besuch von Staatssekretär Professor Karl Carstens 1965 wieder der erste Bonner Staatssekretär war, der in offizieller Eigenschaft die Sowjetunion besuchte. Schon daraus ließ sich ablesen, daß das sowjetische Interesse am Gespräch von Bonn voll erwidert wurde. Dohnanyi mit dem ihm eigenen Temperament, Esprit und seinen vielseitigen Interessen tat ein übriges, um bei seinen Gesprächen am Auftauen des Eises wirksam mitzuhelfen.

Aber es gab noch mehr Anzeichen für den beiderseitigen Wunsch, die winzigen Pflänzchen deutsch-sowjetischer Entspannung nicht verdorren zu lassen.

In der zweiten Maihälfte 1969 hatte die Sowjetregierung zu einer internationalen Werkzeug-Maschinen-Ausstellung auf dem Gelände des Sokolniki-Parks eingeladen. Die bundesdeutsche Industrie war auch diesmal wieder stark vertreten. Wie üblich flatterte unter den Fahnen der teilnehmenden Nationen neben beiden deutschen auch die Berliner Bären-Flagge, um die sowjetische These von West-Berlin als einer

»besonderen politischen Einheit« zu demonstrieren. Wie üblich hatte die deutsche Botschaft bei der sowjetischen Messeleitung dagegen protestiert, und wie üblich war der Protest als »unbegründet« zurückgewiesen worden.
Alles lief also ab, wie wir es gewohnt waren. Bis auf eine allerdings wesentliche Ausnahme: An einem der letzten Tage vor Ausstellungsschluß besuchten Breschnew und Kossygin die Messe, machten aber diesmal nicht wie sonst einen Bogen um die Stände der Bundesrepublik, sondern nahmen sich Zeit zu einem ausgiebigen Besuch. Geführt von den Vertretern der Kölner Ausstellungsfirma »Nowea« und dem Wirtschaftsreferenten unserer Botschaft, Dr. Wolfgang Eggers, ließen sie sich Maschinen in Gang setzen und erklären und führten Gespräche mit den Firmenrepräsentanten. Breschnew war bester Laune, ging Arm in Arm mit der attraktiven Frau Eggers durch die Stände und ließ seinen ganzen Charme spielen.
Im Grunde ein Vorkommnis – kaum wert, noch nach Jahren erwähnt zu werden. Und doch – dieses überraschende Erscheinen des Duos, Erster Parteisekretär und Ministerpräsident – das war nicht plötzliche Eingebung, sondern die sowjetische Gepflogenheit, dosiert politische Zeichen zu setzen, die zu nichts verpflichten, von der anderen Seite aber entsprechend verstanden werden.
Am Jahrestag der Invasion der ČSSR kam es im August 1969 vor der sowjetischen Botschaft in Rolandseck bei Bonn zu Demonstrationen. Fensterscheiben wurden eingeworfen, die Fassade der Häuser mit Farbtöpfen beschmiert, Schmährufe ausgestoßen, ohne daß die Polizei wirksam eingreifen konnte. Die in Bonn und Bad Godesberg zum Schutz der Hauptstadt, der Ministerien und der Botschaften stationierten Einheiten reichten nicht aus, um die Demonstranten von der sowjetischen Botschaft fernzuhalten. Als ich über Radio davon erfuhr, erinnerte

ich mich an ähnliche Demonstrationen, die am 20. Juni 1958 aus Anlaß der Hinrichtung des früheren ungarischen Ministerpräsidenten Imre Nagy durch die Sowjets ebenfalls vor der sowjetischen Botschaft stattgefunden hatten. In Moskau war daraufhin seitens der zuständigen Behörden eine »spontane« Volksempörung organisiert worden, bei der – wie von dem damaligen Chefdolmetscher unserer Botschaft, Nikolaus Ehlert, in seinen Erinnerungen »Große Grusinische Nr. 17« sehr anschaulich beschrieben – die deutsche Botschaft an der Uliza Bolschaja Grusinskaja 17 außen wie innen empfindlich beschädigt worden war. Da sie, wie international üblich, damals auf Kosten des Gastlandes, also der Sowjetunion, alsbald wieder hergestellt und rundherum mit einem neuen Farbanstrich versehen worden war, meinten nun einige meiner Mitarbeiter, eine neue Demonstration gegen die Botschaft sei schon deshalb wünschenswert, weil diese dringend eines neuen Anstrichs bedürfe. Ich befürchtete leider ähnliches wie vor elf Jahren, traf die nötigen Sicherheitsmaßnahmen und instruierte meine Mitarbeiter, was zu geschehen habe, wenn es wieder Pflastersteine, Tintenflaschen und sonstige schwere Wurfgeschosse gegen die Botschaft und in die Büros hagele.

Anstatt eines Demonstrationszuges wurde mir aber eines Morgens die Bitte von Wassili Kusnezow, des ersten Stellvertreters Andrej Gromykos, übermittelt, ihn am Nachmittag aufzusuchen.

Kurz vor der Abfahrt ins Ministerium unterrichtete mich ein Telegramm des Auswärtigen Amts in Bonn davon, daß die Handwerker bereits dabei seien, die Schäden an der sowjetischen Botschaft in Rolandseck zu beseitigen.

Ich erwartete ein sehr hartes Gespräch und war mir klar, daß die Bundesregierung ihre Verpflichtung, die bei ihr akkreditierten Diplomaten und die exterritorialen Gebäude vor allen

Zugriffen und Belästigungen zu schützen, in diesem Fall nicht in ausreichendem Maße erfüllt hatte. Schlimm war auch, daß der sowjetische Botschafter Zarapkin beschimpft und sein Wagen bespuckt worden war, als er sich ins Auswärtige Amt begeben wollte.

Kusnezow aber empfing mich wie einen alten Freund und entledigte sich seiner Mission, im Namen der Sowjetregierung gegen die Attacken auf ihre Bonner Kanzleigebäude zu protestieren, zwar recht nachdrücklich, aber doch in einer eleganten Weise, die erkennen ließ, daß dem Kreml nicht daran lag, durch verbale oder reale Pflastersteine den Bonner Zwischenfall hochzuspielen.

20.
Kultur und Diplomatie

Wenige Wochen vor diesem Ereignis war ein deutsches Gastspiel zu Ende gegangen, das Moskauer und Leningrader Musikfreunde zu großer Begeisterung hingerissen hatte: Die Berliner Philharmoniker unter Herbert von Karajan. Die Politik trat in den Hintergrund. Beethoven, Schostakowitsch, Bartók und ihre Berliner Interpreten regierten für einige wenige Tage die Szene.

Die Begeisterung der russischen Musikfans – und wer ist in Rußland kein Musikfan? – kannte keine Grenzen. Nichts blieb unversucht, um auf allerlei Schleichwegen noch wenigstens einen Stehplatz zu ergattern. Vor dem Tschaikowski-Saal in Moskau versuchten junge Leute, einen Rammbock aus Menschenleibern zu formieren, um mit Brachialgewalt den Polizeikordon zu durchbrechen. Beim Konzert in Leningrad war das Dach des Konservatoriums von Polizei besetzt, da sich beim ersten Abend etliche Beherzte vom Dach des Nebenhauses ins Konzert geschmuggelt hatten.

Eines Vormittags versammelten sich auf Einladung Karajans junge Musiker, die bereits Dirigenten waren oder es werden wollten, im großen Saal des Konservatoriums – dem früheren Adelsklub von St. Petersburg – zu einer Unterrichtsstunde. Die sowjetischen Veranstalter hatten dazu vielversprechende Kräfte aus Sibirien, Georgien und anderen Staaten der Sowjetunion herangeholt.

Hier war Karajan er selbst, hier verzichtete er auf jede majestuose Gebärde, hier war er Kamerad unter Kameraden, nur eben ein bißchen älter und dementsprechend ein bißchen erfahrener. Wie selbstverständlich saß er im Pullover, die Beine übereinandergeschlagen, auf einem Tischchen, beobachtete, unterbrach, gab Ratschläge und hielt mitunter freundschaftlich einen Arm fest, wenn ihm der junge Dirigent zu viele Bewegungen machte. »Keine Ekstase bitte«, sagte er gelegentlich,

»mit Ekstase und geschlossenen Augen kann man als Zuhörer genießen. Als Dirigent muß man die Noten im Kopf, die Musiker im Blickfeld haben, sich so wenig wie möglich bewegen, den Taktstock so behutsam wie möglich handhaben und darf sich durch nichts ablenken lassen, schon gar nicht durch die Musik.«

In Moskau war dann Karajan Mittagsgast bei uns, zusammen mit den Botschaftern von Amerika, Australien, Belgien, Frankreich, England und Rumänien und ihren Damen. Der unvergessene Weimarer Reichskanzler und Außenminister Gustav Stresemann hätte eine solche Party für gänzlich protokollwidrig gehalten: Da Botschaftern als den unmittelbaren Vertretern ihrer Staatschefs nur die höchsten Plätze zustehen, lud er stets nur zwei davon zu einem Essen und plazierte – je nach der Anciennität – den einen rechts und den anderen links von der Hausfrau. Aber so genau nimmt man es glücklicherweise heute nicht mehr.

Leider ging auch dieser faszinierende Besuch nicht ganz ohne Politik ab: Ich hatte das gesamte Orchester am einzigen konzertfreien Abend zu einem Empfang gebeten und im Restaurant »Praga«, der einzigen Stadtküche Moskaus, die nötige Verpflegung bestellt. Während wir uns auf 350 Gäste vorbereiteten, erreichte mich am Nachmittag des Vortages, einem Freitag, die Mitteilung, die Sondermaschine des Orchesters müsse wegen mutmaßlichen Nebels am Samstag-Nachmittag nach Leningrad fliegen, und nicht, wie geplant, erst am Sonntag. Aber unser Empfang sollte doch stattfinden! Die Musiker waren um so weniger bereit, darauf zu verzichten, als sie argwöhnten, daß es sich wohl weniger um einen wettermäßig bedingten – im Juni äußerst seltenen – als um politischen Nebel handeln könnte.

Das Orchester war ja in Berlin beheimatet und hatte, da nach der Moskauer Theorie Berlin-West nicht in die Zuständigkeit der Bundesregierung, also auch nicht in die ihrer Botschaft in Moskau fällt, sozusagen keinen Anspruch darauf, vom deutschen Botschafter durch einen Empfang geehrt zu werden. So war der Verdacht, man wolle mich hindern, meine Berliner Landsleute zu bewirten, nicht so ganz unberechtigt. Zwei Details verstärkten ihn: Das Orchester war in den öffentlichen Bekanntmachungen und Programmen so angekündigt worden, daß man eher annehmen konnte, es habe seine Residenz in Ost-Berlin.

Vor jedem Auftritt mußte daher eine Ansagerin auf Karajans Wunsch darauf hinweisen, daß es sich bei dem Orchester um die bekannten »Berliner Philharmoniker« aus West-Berlin handele. Und noch etwas, was mir auffiel: Als ich dem stets hilfreichen Restaurant »Praga« mitteilte, ich benötige das bestellte kalte Buffet und die 600 Piroschki bereits am gleichen Abend anstatt erst am Tage darauf, erhielt ich zur Antwort, das Restaurant sei überlastet und könne weder am Freitag noch am Samstag etwas liefern.

Uns blieben nur noch wenige Stunden Zeit, um die Dispositionen zu ändern, 200 Gäste aus dem Diplomatischen Corps und den sowjetischen Ministerien sowie die 125 Musiker von Samstag um 18 Uhr auf Freitag um 23 Uhr nach dem Konzert umzuladen, Getränke bereitzustellen und vor allem etwas zum Essen zu organisieren. Schließlich hatten die Musiker seit Mittag nichts mehr zu sich genommen und ließen wissen, daß sie nicht nur mit Vergnügen, sondern auch mit Hunger und Durst kommen würden.

So mußten denn alle Damen der Botschaft mithelfen, so viel Brot, Butter, Wurst, Käse aufzukaufen, wie in den Geschäften oder zu Hause aufzutreiben war, um wenigstens »Stullen« anbieten zu können. Leider – und das bedauere ich heute noch – reichte das alles nicht. Das Eßbare war in den ersten Minuten verzehrt. Mehr war bei allem guten Willen nicht zu beschaffen, obwohl auch die hilfsbereiten Küchen des britischen, französischen und schweizerischen Botschafters bereits ihre Vorräte beigesteuert hatten. Wenigstens aber war an Alkohol kein Mangel, und so konnte ich mich mit dem Glase in der Hand von der Treppe unserer Halle bei meinen Gästen entschuldigen und noch dazu begeisterten Applaus einheimsen, als ich bemerkte, irgendwelche widrigen Umstände hätten uns um ein Haar daran gehindert, unsere Zusammengehörigkeit zu dokumentieren, die auch in Zukunft von nichts und von niemandem in Frage gestellt werden könne.

Es wurde eine überaus vergnügte Nacht. Man trennte sich erst, als es draußen längst taghell geworden war. Trotz der späten Stunde waren noch der französische, der britische Botschafter und weitere Kollegen aus dem Diplomatischen Corps gekommen, die meisten von ihnen nicht trotz, sondern wegen der politischen Umstände, die die Verlegung nötig gemacht hatten. Von den geladenen sowjetischen Gästen hingegen war niemand erschienen.

1973 kam es erneut zu deutsch-sowjetischen Verhandlungen über ein weiteres Gastspiel der Berliner Philharmoniker in Moskau. Der Versuch der sowjetischen Unterhändler, die mit diesen Verhandlungen beauftragte Botschaft der Bundesrepublik in Moskau als »für Berlin unzuständig« auszuschalten, bestätigte im Nachhinein den Verdacht, daß es sich auch im Sommer 1969 um politische Umstände und nicht um das Wetter gehandelt hatte.

Dabei waren inzwischen 1970, 1971 und 1972 drei Verträge geschlossen worden, der Moskauer Vertrag, das Viermächte-Abkommen über Berlin und der Grundvertrag zwischen den beiden deutschen Staaten. Von allen dreien hatte die Bundesregierung erhofft und erwartet, daß die Sowjetregierung und

die DDR den Anspruch der Bundesregierung, West-Berlin zu vertreten, anerkennen würden.
Das spektakuläre Gastspiel der Berliner Philharmoniker war nicht die einzige kulturelle Manifestation der Bundesrepublik Deutschland im Jahr 1969. Die kulturellen Sendboten sorgten als Botschafter der Kunst hinüber und herüber erfreulicherweise dafür, daß die mehr als bedauerliche »Sterilität der Großen Koalition auf dem Gebiet der Ostpolitik« (Herbert Wehner) etwas kompensiert wurde.
Im Juli 1969 fand in Moskau ein Internationales Film-Festival statt, bei dem auf deutscher Seite die Filme »7 Tage Frist« und »Mathias Kneissl« gezeigt wurden und Beifall fanden. Aus der Bundesrepublik kamen auch einige Schauspieler, Regisseure und Produzenten nach Moskau, mit denen wir etliche unbeschwerte Stunden verbringen und auch amüsantere Themen diskutieren konnten als die leidige Politik.
Eines Abends gingen wir alle gemeinsam in ein großes Tanzlokal, das »Arbat« am Kalininprospekt. Da es in Rußland üblich ist, auch unbekannte Damen zum Tanzen aufzufordern, bildeten sich am Platz Petra Schürmanns aus München und anderer hübscher Frauen unseres Kreises gelegentlich kleine Schlangen tanzlustiger Russen. Bei unseren Damen löste sich die Spannung erst, als sich Joachim Fuchsberger kurz entschlossen von einem anderen Tisch eine charmante Russin zum Tanzen holte, und bald war ein fröhlich russisch-deutsch-englisches Kauderwelsch im Gange.
Anläßlich dieses Festivals gab ich einen Empfang, bei dem viele – wenn auch den Umständen nach flüchtige – Freundschaften zwischen deutschen und russischen Künstlern geschlossen wurden. Als zwei Jahre später das nächste Film-Festival stattfand und die deutschen Teilnehmer, unter ihnen Erika Pluhar, Maximilian Schell, Horst Buchholz und zahlreiche andere be-

kannte Schauspielerinnen und Schauspieler, Produzenten, Regisseure und Journalisten wiederum unsere Gäste waren, erschienen dank des inzwischen eingetretenen Tauwetters die Film-Delegationen sämtlicher Länder des Ostblocks, mit Ausnahme der DDR-Abordnung. Über Horst Buchholz mit meinem Einverständnis ebenfalls eingeladen, mußte sie dann doch offenbar auf höhere Weisung hin wieder absagen.

Schließlich darf in dieser Aufzählung von kulturellen Ereignissen die Aufführung der Schillerschen »Räuber« in der Münchener Inszenierung von Franz Lietzau nicht vergessen werden.

Da überall in der Sowjetunion, besonders in den großen Städten, hervorragend Theater gespielt wird und die Aufführungen stets konservativer inszeniert sind als in den westlichen Theatermetropolen, bedeutet es ein Risiko, dem sowjetischen Publikum klassische Dramen in moderner Inszenierung anzubieten. So gab es bei den »Räubern« zwei Barrieren, die zu überwinden waren: vor allem die Sprache, die für den Ausländer ja durch die Schillerschen Verse nicht verständlicher wird, und dann das abstrakte Bühnenbild, das – gleichviel ob die Szene ein Feldlager, ein Walddickicht oder Schloßräume verlangte – nur aus quer über die Bühne gehängten Netzen bestand, die optisch eine große Tiefe vortäuschten. Für die sowjetischen Zuschauer, die in ihren Theaterstücken und historischen Opern daran gewöhnt sind, daß das Bühnenbild jeweils mit Fortgang der Handlung wechselt und mit letzter historischer Genauigkeit an Kostümen, Möblierung und Architektur diejenige Szenerie wiedergibt, die die Handlung verlangt und die dem Zuschauer die Illusion liefert, Augenzeuge tatsächlichen Geschehens zu sein, mußte dieses surrealistische Bühnenbild eine Enttäuschung, ja eine Herausforderung sein. So warteten wir mit großer Spannung auf die Reaktion der kritischen Mos-

kauer und der – im allgemeinen – als weltoffen bekannten Leningrader und stellten fest, daß schließlich die Anziehungskraft des Experiments, des Neuen, Fremden, Ungewohnten siegte.
Das brillante Zusammenspiel des Ensembles – neben den beiden hinreißend spielenden Hauptdarstellern Helmut Griem als »Karl« und Martin Benrath als »Franz« seien vor allem Christine Ostermayer als »Amalie« und Nikolaus Paryla als »Spielmann« besonders hervorgehoben – faszinierte auch diejenigen, die der Sprache nicht ganz folgen konnten. Übrigens gab es erstaunlich viele Zuschauer, die Schillers »Räuber« kannten, teils aus der Schule, teils aus privater Lektüre.
Neben den »Räubern« gaben einige Darsteller aus dem gleichen Münchener Ensemble Ibsens »Nora« in der Inszenierung von Helmut Henrichs, dem Intendanten des Münchener Residenz-Theaters. Auch hier sei in erster Linie wieder Christine Ostermayer genannt, die die »Nora« spielte. Obwohl weder Stoff noch Sprache, noch Autor dem russischen Publikum sonderlich vertraut sein mochten, fand auch diese Aufführung ein überaus gespanntes und wie stets kritisches Publikum. Kopfhörer an jedem Platz und Simultanübersetzer sorgten übrigens dafür, daß man der Handlung auch in der Landessprache folgen konnte. Der skandierte Beifall – in der Sowjetunion ein untrügliches Zeichen dafür, daß er nicht als Höflichkeit, sondern als spontane Zustimmung verstanden sein will – zeigte, daß auch »Nora« gut angekommen war.
Nikolai Klujew, bekannter Moskauer Theaterkritiker mit profundem Wissen in der deutschen Literatur und guter Kenntnis aller geglückten oder gescheiterten Experimente, die auf deutschsprachigen Bühnen nach dem Kriege unternommen worden sind, begleitete beide Aufführungen mit wohl abgewogenen positiven Kommentaren. Andere gute Kritiken erschienen in der renommierten »Literaturnaja Gaseta« von der Hand

des stellvertretenden Chefredakteurs Vitalij Syrokomskij und seiner literarisch ebenso versierten Gattin Irina Mletschina.
Da Gastspiele russischer Künstler in der Bundesrepublik und deutscher Künstler in der Sowjetunion auf der bereits erwähnten Basis des »do ut des« – also Gastspiel gegen Gastspiel – vertraglich abgewickelt wurden, kamen viele international berühmte Sowjet-Künstler in die Bundesrepublik. Neben dem Bolschoj-Ballett, dem berühmten Staatszirkus und dem Moskauer Puppentheater seien hier vor allem die Pianisten Swjatoslaw Richter, Emil Gilels, die Geiger David und Igor Oistrach und Leonid Kogan, die Cellistin Natalie Gutmann und der Cellist Mstislaw Rostropowitsch mit seiner attraktiven Frau, der Sopranistin Galina Wischnewskaja, erwähnt. Wegen ihrer Verpflichtungen rund um den Globus sah und hörte man sie nur selten in Moskau, aber der sowjetische Bürger weiß um den Löwenanteil, den allein die wenigen hier namentlich Genannten an der heutigen Weltgeltung russischer Kunst besitzen. Viele von ihnen waren auch bei uns in der Botschaft zu Gast, wenn wir deutsche Künstler zu Besuch hatten. Lina Prokofiewa, die spanisch gebürtige Witwe des großen Komponisten Sergej Prokofieff sei dabei ebensowenig vergessen wie die Maler Dmitri Nalbandjan, Ilja Glasunow und andere jüngere, unbekanntere Künstler, die auf dem Wege zum Ruhm bei uns gelegentlich einkehrten und denen wir so manche politisch ganz unbeschwerte, aber menschlich anrührende Diskussion über Malerei, Musik, Theater, Geschichte verdanken.
Und natürlich auch freundliche oder freundlich-boshafte Stories über Kollegen! Eine davon sei hier wiedergegeben: Sowjetische Künstler müssen gewöhnlich – allein schon wegen Devisenersparnis – ohne ihre Ehefrauen ins Ausland reisen. In »Härte«-Fällen werden Ausnahmen bewilligt, meistens dann, wenn der Betreffende irgendein Leiden besitzt und von seiner

Frau gepflegt werden muß. Von einem Künstler, der nicht nur Weltruf, sondern zudem noch eine sehr hübsche junge Frau besitzt, wird berichtet, er habe bei einem neuerlichen Reiseantrag nachgegrübelt, welche ernsthafte Krankheit den Behörden die Notwendigkeit glaubhaft machen könnte, ihm die Begleitung seiner Frau zu erlauben. Da ihm nichts Passendes eingefallen sei, habe er schließlich den Antrag folgendermaßen begründet: »Ich kann leider auf die Begleitung meiner Ehefrau nicht verzichten; ich bin nämlich kerngesund.« Der Antrag wurde genehmigt.

Was uns besonders zu den Moskauer Bühnen zog, war die verblüffende Natürlichkeit der Schauspieler. Sie spielten eben nicht, sie hatten sich so völlig mit ihrer Rolle identifiziert, daß man gern vergaß, im Theater zu sein. Die noch immer gültigen Gesellschaftsdramen von Anton Tschechow, die Phantasie über das berühmte Buch von John Reed, »10 Tage, die die Welt erschütterten«, in der die Oktoberrevolution auf mitunter beklemmend hautnahe Weise in eine Art großer Kirmes umfunktioniert wird, lohnten den Besuch ebenso wie Majakowskis – leider nur selten gespielte – Satire »Die Wanze«. Genial entworfen und mit so vielen politischen Doppeldeutigkeiten gespickt, daß sie die Zuschauer immer etwas fassungslos entließ: Sie hätten offensichtlich gern begeistert applaudiert, aber durfte man, sollte man . . .? Oder war das Ganze etwa nur eine Falle, um festzustellen, wer da zu applaudieren wagt?

Natürlich müssen in dieser Aufzählung auch die stets wieder fesselnde Oper von Modest Mussorgski »Boris Godunow« – noch heute und mit gutem Grund in der gleichen Inszenierung gegeben wie bei meinem eingangs erwähnten Moskauer Besuch dreißig Jahre zuvor – ebenso genannt werden wie das ewig junge gerade neuinszenierte Ballett »Schwanensee« von Peter Tschaikowski oder das moderne Revolutions-Ballett »Sparta-

kus« von dem bedeutenden armenischen Komponisten Aram Chatschaturjan.
Das Moskauer Puppentheater ist inzwischen glücklicherweise auch in der Bundesrepublik heimisch geworden. Unter der Leitung seines Schöpfers Sergej Obraschow hat sich diese berühmte Einrichtung zu einer verblüffenden technischen Vollkommenheit entwickelt und ist nicht zuletzt dank seiner liebenswerten Menschlichkeit zu einem russischen Kulturträger ersten Ranges geworden.
Eines Tages sah ich in einer Theaterpause – es wurde »Tschaika« (die Möwe) von Tschechow gegeben –, wie die vor mir stehende Gattin eines uns befreundeten Kollegen sich schockartig im Arm ihres Mannes festkrallte und alles Blut aus ihrem Gesicht wich. In der Befürchtung, sie werde ohnmächtig, trat ich näher: Vor uns stand freundlich grinsend und pfeiferauchend John Philby, ehemals britischer Diplomat und in dieser Eigenschaft gut bezahlter Meisterspion der Sowjets, nach Entdeckung in die Sowjetunion geflohen.
Die gänzlich unerwartete Begegnung unserer beiden Freunde mit diesem Mann, der einmal ihr Freund und Kollege gewesen war, hatte auf sie gewirkt wie das Auftauchen eines giftigen Reptils.
Die ungetrübte Freude am sowjetischen Kulturleben täuschte nicht über die einschneidenden Beschränkungen hinweg, die ihm auferlegt waren. Die Sowjets hatten zwar die Konvention der UNO über die Menschenrechte unterschrieben, aber nicht ratifiziert. Sie geben sich zwar als Vorkämpfer für die Freiheit aller Unterdrückten aus, aber diese Freiheit hört überall dort auf, wo ihr eigener Herrschaftsbereich beginnt. Das gilt nicht nur für die Politik, sondern für alle Bereiche der Kultur, Malerei, Literatur und selbst Musik.
Alles was 230 Millionen sowjetische Bürger sagen, schreiben,

dichten, malen und komponieren, unterliegt praktisch der Zensur, und es gibt keinerlei Anzeichen dafür, daß die sowjetische Führung dies zu ändern beabsichtigt.
Wenn aber die Führung einer Supermacht um das Fundament von Partei und Staat fürchten muß, sobald sie auf die Kontrolle der Werke ihrer Schriftsteller, Maler, Poeten und Komponisten verzichtet, drängt sich dem Außenstehenden der Verdacht auf, daß das innere Gefüge empfindliche Schwächen besitzt. Ein Staat, dessen Justiz zwischen der Aufgabe, den Bürger zu schützen, und der Pflicht steht, das Regime zu konservieren, unterliegt immer wieder der Versuchung, den Bürger zum Schweigen zu zwingen – allerdings unter Mißachtung des auch in der Verfassung der Sowjetunion verankerten Grundrechts der Meinungs- und Gedankenfreiheit!
Aber attestieren sich Partei und Staat der großen selbstbewußten Sowjetunion damit nicht nur ihr Unvermögen, mit den Prinzipien ihrer eigenen Ideologie, nach der nur der Marxismus-Leninismus dem Menschen die wahre Freiheit verheißt, fertig zu werden?
Welche Vielfalt des Lebens war seit jeher in der russischen Literatur spürbar! Alexander Puschkin, Fjodor M. Dostojewski, Leo Tolstoi, Anton Tschechow, Iwan Turgenjew, Alexej Tolstoi, Alexander Solschenizyn, Boris Pasternak, Michail Bulgakow, Maxim Gorki – das alles sind Namen, die längst der ganzen Welt gehören.
Welche Fülle geistiger Anregung könnte von der Sowjetunion wieder ausstrahlen, wenn Partei und Staat sich die schöpferischen Kräfte des russischen Menschen zunutze machen, sie befreien würden, anstatt sie kleinlich und furchtsam zu reglementieren.
Was nach wie vor an geistiger Regsamkeit im russischen Menschen steckt, zeigen übrigens nicht zuletzt der Umfang der lite-

rarischen Produktion des Rußlands von heute, sondern auch die vor ca. 2 Jahren publizierte Statistik der UNESCO, nach der die Bevölkerung der Sowjetunion von allen Nationen der Erde am meisten liest. Nun hat das sicherlich verschiedene Gründe. Einer davon ist ein gewisser Mangel an Abwechslung im täglichen Leben und der Zwang, im täglichen Kampf ums Dasein Schlange stehen zu müssen: Jeder Sowjetbürger hat, sobald er seine Wohnung verläßt, mindestens zwei Dinge bei sich: eine Trage- oder Aktentasche und ein Buch. Die Tasche ist unerläßlich, weil er mit einiger Sicherheit auf eine Schlange potentieller Konsumenten stoßen wird, die vor einem Laden nach etwas anstehen. Dann reiht er sich ein; und dann wird das Buch aus der Tasche gezogen! Diese und andere Organisationslücken wie etwa das mit orientalischer Geduld ertragene tage- und nächtelange Warten auf das Flugzeug oder den richtigen Zug, zählen zu den Schwächen des sozialistischen Systems, von denen eine ungemein bildungsfördernde Wirkung ausgeht. Im übrigen darf man nicht vergessen, daß es in den vergangenen Jahrzehnten gelungen ist, das weitverbreitete Analphabetentum so gut wie ganz zu beseitigen, und daß der Mensch mit seinem in der Schule erworbenen Wissen nun auch etwas anfangen will.

So kommt es, daß allein die Parteizeitung »Prawda« heute eine Auflage von über 10 Millionen hat – und damit vermutlich die größte, gewiß aber die langweiligste aller Tageszeitungen dieser Welt ist – und daß dank des großen Hungers nach Lektüre ein riesiger illegaler Markt für legal erschienene Bücher existiert. Die Auflagen sind relativ klein, vergleichsweise sehr billig und in kürzester Zeit meist vergriffen.

Nach gewisser Zeit tauchen die Bücher wieder im Handel auf, werden dann aber als Mangelware häufig unter dem Ladentisch ausgegeben. So fällt es auch sprachkundigen Ausländern schwer, der rasch vergriffenen Neuerscheinungen habhaft zu

werden, und der ausländische Verleger erliegt mitunter dem Irrtum, nur die wenige zeitgenössische Literatur sei qualitativ lesenswert, die als »Samisdat« geheim hergestellt und über die Grenze geschmuggelt werde.
Folgt man übrigens der »Sowjetskaja Kultura«, dem offiziellen Blatt des sowjetischen Kultusministeriums, gibt es in der Sowjetunion weder die Notwendigkeit von Samisdat-Publikationen noch überhaupt Beschränkungen der Freiheit. Die gibt es nur in der Bundesrepublik Deutschland!
W. W. Lednjew, der politisch recht einflußreiche, außenpolitische Redakteur des Blattes und, dank des überaus seltenen Privilegs eines deutschen Dauer-Einreise-Visums, ein häufiger Gast in der Bundesrepublik, hat in Hamburg einen deutschen Schriftsteller namens Peter Schütt entdeckt. Dieser hat im Januar 1973 dem Genossen Lednjew alsbald in einem in der »Sowjetskaja Kultura« abgedruckten Artikel attestiert, in der Bundesrepublik seien nur diejenigen Künstler »frei«, die entsprechend den Befehlen der politisch-kulturellen Monopole wie Springer-Konzern, »Die Zeit«, »Der Spiegel« schrieben. Gegenüber der dort gepflegten »Antikultur« gebe es allerdings auch Ansätze zu wirklicher Kultur. Da der Kulturreferent des Deutschen Gewerkschaftsbundes der CDU angehöre, sei von dort kaum Unterstützung zu erwarten. Um so höher sei die Kulturarbeit der DKP zu bewerten.
Als ob die Dinge so einfach wären! Aber weshalb druckt ein so intelligenter und gebildeter Mann wie Lednjew, der es so leicht hätte, sich im Bundeskanzleramt über die Wirklichkeit zu informieren, so viel Unsinn auf einmal in der offiziellen Zeitung seines Ministeriums ab? Artikel dieser Art machen mißtrauisch – vor allem diejenigen, die an ehrlicher Entspannung interessiert sind.

21.
Kontakte in Wirtschaft und Wissenschaft

Neben dem – leider! – nur geringen Einfluß des Kulturaustausches auf die politischen Beziehungen zweier so heterogener Staaten wie der Bundesrepublik Deutschland und der Sowjetunion gab es aber – der Politik eng benachbart – die wirtschaftlichen und die wissenschaftlichen Beziehungen.
Die Sowjetunion war inzwischen bemerkenswert kongreßfreudig geworden. In den Jahren 1968–1972 gab es unter anderem einen Fischereikongreß in Leningrad, einen Historiker-Kongreß in Moskau, einen Kongreß der Entomologen, der Chirurgen, verschiedene Symposien einer begrenzten Zahl von Fachgelehrten auf dem Gebiet der Medizin und der pharmazeutischen Industrie sowie zahlreiche Messen und Ausstellungen verschiedener Industrie-Bereiche. Die Bundesrepublik war meistens vertreten und häufig auch der zahlenmäßig größte Aussteller des westlichen Auslands. Alle diese Veranstaltungen waren von der Sache und dem Geschäft her für die westlichen Teilnehmer nützlich. Sie bekamen einen gewissen Überblick über das einschlägige Angebot und den Bedarf des Ostblocks, sie lernten ihre sowjetischen Partner kennen, bauten Vorurteile ab, erforschten die komplizierte Technik, wie der private Unternehmer des Westens Geschäfte mit Staatshandelsländern einleitet, und studierten die Finanzierungsvorstellungen der anderen Seite.
In diesen Jahren kamen Hunderte von Industrievertretern aller Schattierungen zum ersten Mal in die Sowjetunion, um den Markt zu erforschen. Manche von ihnen stießen mit ihren Produkten unversehens in eine Versorgungslücke und spürten auf Anhieb Kaufinteresse der zuständigen sowjetischen Organisationen.
Andere dagegen, die bereits viel Geld in die recht kostspielige Beteiligung an Maschinen- und Geräte-Ausstellungen investiert hatten, mußten bitter enttäuscht wieder abreisen. Wenn

man Neuland entdecken, auf unbekanntem Markt Fuß fassen will, sind Anlaufschwierigkeiten unvermeidlich. In der Sowjetunion gehören noch dazu: ein gründliches, sehr kompliziertes Marktstudium und ein Studium der Verhandlungstechnik, die Kontaktpflege, viel orientalische Geduld und genügend Mittel, um die »Durststrecke« der ersten Monate oder Jahre zu überstehen.

Für mich war diese Art von Veranstaltungen zumeist ein willkommener Anlaß, Empfänge zu geben, die Residenz des Botschafters zu einer Stätte der Begegnungen zu machen und sie damit demjenigen Zweck zuzuführen, für den sie bestimmt war. Im Westen lädt man zu solchen Anlässen ein, wer »dazu gehört«, wer einem gefällt, wer zusammenpaßt und wer wem vermutlich gern begegnen möchte. Im sozialistischen Lager ist das alles etwas anders; von sozialistischer Seite kommen nicht die, die kommen wollen, sondern die, die kommen dürfen.

Nach welchen Maßstäben dem einen erlaubt, was dem anderen verboten wird, ist für den Außenstehenden schwer zu beurteilen. Die Angehörigen derjenigen Abteilungen des Außenministeriums, die für den betreffenden Gastgeber »zuständig« sind, sagen im allgemeinen gern zu.

Kontaktpflege zu einer der Botschaften ihres Arbeitsbereiches ist ein nicht unwesentlicher Teil dieser Arbeit, und Empfänge oder die vielgeschmähten Cocktails sind ein wichtiger Teil der Kontaktpflege. Selbstverständlich nahm auch ich alle mir wichtig erscheinenden Einladungen an und besuchte sie meist mit einem bestimmten Programm, das heißt der Absicht, möglichst viel über akute Probleme zu erfahren und dem Wunsch der Kollegen nachzukommen, ihrerseits etwas zu hören. Auch bei den Kollegen vom sowjetischen Außenamt waren solche Motive für den Besuch gesellschaftlicher Veranstaltungen maßgeblich, doch sorgte ihre Behörde offensichtlich dafür, daß sich die Anzahl sowjetischer Funktionäre bei einem Botschaftsempfang in angemessenem Verhältnis zum Anlaß des Festes und zum jeweiligen Stand der offiziellen Beziehungen verhielt.

Amtliche Gäste aus dem Ausland pflegen im allgemeinen nur dann die Reise nach Moskau anzutreten, wenn sie offiziell eingeladen sind. Wer sich selber einlädt, dem passiert es meistens, daß er nicht die Gesprächspartner findet, die er gern sehen möchte. Der offiziell eingeladene Gast aber kann sicher sein, daß er so korrekt aufgenommen und behandelt wird, wie er es sich nur wünschen kann. Er findet die Gesprächspartner, die seinem »level« entsprechen und andere, die die zuständige sowjetische Behörde mit ihm zusammenzubringen wünscht, bei allen Anlässen, derentwegen er die Reise unternommen hat.

Sobald sich also ein »Anlaß« ergab, etwa die Anwesenheit deutscher Wirtschaftler, hoher Beamter, deutscher Ärzte, Insektenforscher, Künstler, Historiker, Physiker, konnten jeweils ihre sowjetischen Fachkollegen an von mir organisierten Einladungen teilnehmen. Häufig genug kannten sich unsere Gäste bereits per Renommee, hatten Geschäfte miteinander abgewickelt, durch Vorträge, Thesen, Publikationen, Erfindungen voneinander gehört oder auch darüber miteinander korrespondiert, ohne sich bislang getroffen zu haben. Um so herzlicher und unbefangener waren die Begrüßung und der sich anschließende Meinungsaustausch.

22.
Begegnungen mit Kossygin

Am 22. Juli 1969 rief mich Egon Bahr – damals noch Ministerialdirektor und Chef der Planungsabteilung im Auswärtigen Amt – aus Bonn an, um mir mitzuteilen, daß die Fraktionsspitze der FDP, Walter Scheel, Hans-Dietrich Genscher und Wolfgang Mischnick, um 18 Uhr in Moskau eintreffen werde. »Sie werden sich vermutlich wundern«, sagte er, »erst jetzt davon zu erfahren. Aber die FDP hat ihre Einladung nach Moskau mit der sowjetischen Botschaft so geheim vorbereitet, daß auch Bundeskanzler und Kabinett erst heute früh davon unterrichtet wurden.«

Während die FDP in den Jahren zuvor für eine harte Linie gegenüber Moskau – insbesondere bezüglich der Anerkennung der sogenannten »Realitäten« – eingetreten war, hatte sich in der Opposition ihre Haltung inzwischen beträchtlich geändert. Scheel, Genscher und Mischnick, die auf Einladung des Obersten Sowjet und dessen Präsidenten Iwan Spiridonow nach Moskau gekommen waren, äußerten mir gegenüber die Meinung, das Beharren auf Positionen, die erkennbar verloren seien, führe uns nur tiefer in den kalten Krieg und werde die Gegensätze zwischen BRD und DDR verschärfen. Auch was die Hallstein-Doktrin anbelange, so möge sie zeitweise einigen Nutzen gestiftet haben, sei aber nunmehr überholt. Eine Politik, die sich als wirkungslos erwiesen habe, stur fortzuführen, sei gefährlich. In diesem Sinne sollten auch kommende Gespräche mit der Sowjetunion geführt werden.

In vielen Punkten, wie übrigens auch ein Interview zeigte, das ich dem Chefredakteur Dr. Joachim Besser vom »Kölner Stadt-Anzeiger« gegeben hatte, stimmte ich mit der neuen Linie der FDP überein. Bezüglich der diplomatischen Strategie gingen unsere Auffassungen allerdings auseinander.

Kossygin ließ bereits am nächsten Morgen mitteilen, daß er die drei Herren am gleichen Nachmittag erwarte. Unmittelbar dar-

auf kam ein weiterer Anruf mit der Bitte, ich möge Kossygin um die Mittagszeit meinen Antrittsbesuch machen.
14 Monate hatte er diese Audienz hinausgeschoben, und vermutlich wären noch weitere 14 Monate verstrichen, wenn nicht wie Ziethen aus dem Busch die FDP-Abordnung aufgetaucht wäre, und gewisse internationale Protokoll-Gepflogenheiten es erzwungen hätten, den neuen Botschafter vor den Parteiführern zu empfangen. Wohlgemerkt – ein Zwang für den Ministerpräsidenten, jeden neuen Botschafter zu empfangen, besteht nach dem sowjetischen Protokoll keineswegs. Angesichts der Botschafter-Inflation, die diese species humanum auch in Moskau in wenigen Jahren von 25 auf fast 90 anschwellen ließ, muß man dem Ministerpräsidenten eines Weltreiches auch zubilligen, daß er mit seiner knapp bemessenen Zeit haushält und nicht mit jedem Vertreter eines Staates ein Einleitungsgespräch führen kann – nur um dem Protokoll Genüge zu tun.
Kommt es dann aber zu einer Begegnung, pflegen sich sowjetische Politiker nicht lange bei der Einleitung und überflüssigen Gesprächsfloskeln aufzuhalten.
Der schlanke, noch von einer überstandenen Krankheit gezeichnete Alexej Kossygin, 1904 in Petersburg geboren, von Beruf Textilingenieur, machte es nicht anders. Ich habe ihn in der Folgezeit häufig gesehen – zumeist wenn ich Bundesminister oder Industriedelegationen zu begleiten hatte –, und der erste Eindruck bestätigte sich stets aufs neue: Kossygin wußte so gut wie sein Außenminister, wovon er sprach. Ebenso verstand er glänzend, das Thema zu wechseln, sobald ein Besucher Fragen anschnitt, die er nicht zu diskutieren wünschte, oder dem Besucher Respekt einzuflößen, indem er ihm mit einem Unterton von leichter Befremdung nahelegte, auf seine, Kossygins, Stellungnahme zu verzichten . . .

Je mehr Breschnew die Leitung der Außenpolitik in den letzten Jahren an sich zog, um so intensiver wandte sich Kossygin der Wirtschaftspolitik zu. Da war er in seinem Element und zeigte sich von einer fachlichen Beschlagenheit, die ausländische Industrielle immer wieder beeindruckte. Natürlich bereitete er sich auf Gespräche dieser Art vor und unterrichtete sich vermutlich auch eingehend über die Geschäftsinteressen und Absichten der Unternehmer, deren Besuch er erwartete. Aber es kamen doch auch häufig Fachgebiete zur Sprache, mit denen nicht ohne weiteres zu rechnen war. Auch dann verblüffte er die Gesprächspartner mit seinem Wissen und seiner Schlagfertigkeit immer wieder. So konziliant, liebenswürdig und umgänglich er auftreten konnte, so kalt und kompromißlos gab er sich, kam die Rede auf die Politik und die sogenannten »Realitäten«. Dann wurde aus dem konzilianten Gastgeber der oberste Repräsentant eines Weltreiches, das den Krieg gewonnen, die Geographie verändert hatte und keine Veranlassung sah, die für gut befundenen politischen Strukturveränderungen in Europa mit den davon Betroffenen auch noch zu diskutieren.

Es mag durchaus sein, daß es bei ihm nicht nur Taktik, sondern auch die Härte des Erlebten war, die seine Sprache bestimmten. Während des Krieges war Kossygin unter Andrej Schdanow, damals Parteisekretär von Leningrad (und rücksichtsloser Verfechter der heute immer noch weitgehend gültigen stalinistischen These, daß die russische Kultur keinen Wert an sich darstelle, sondern ausschließlich der Partei und ihren Zielen untertan sei), für die Versorgung Leningrads verantwortlich. Was das während der deutschen Belagerung bedeutete, zeigt ergreifend ein Besuch des Heldenfriedhofs Piskarjowskoje bei Leningrad, in dessen riesigen Massengräbern mehr als eine halbe Million Menschen ruhen, die in jenen Tagen verhungerten.

Später wurde Kossygin zum Ministerpräsidenten der RSFSR (Russische Sozialistische Föderative Sowjetrepublik) ernannt. Nach dem Tode Schdanows und der darauf von Stalin angeordneten »Säuberung« in Partei und Staat durch den (kurz darauf selbst liquidierten) Sicherheitsminister Dmitri Abakumow entging Kossygin zwar dem Tode, wurde aber politisch kaltgestellt, bis er nach der Entmachtung Chruschtschows im Oktober 1964 an die Spitze der Sowjetregierung berufen wurde.
Kossygins Bedeutung liegt ebensowenig wie die seines Außenministers Andrej Gromyko in irgendeinem geheimnisvollen »Charisma«, das ihnen etwa Macht über Menschen verliehen und sie auch deshalb in die Führung der Weltmacht getragen hätte. Beide sind, und das im besten Sinne des Wortes, Technokraten ihres Fachs. Der Arbeitersohn Kossygin hat sich in Jahrzehnten diejenige Summe ökonomischer Kenntnisse, organisatorischer Erfahrungen und wohl auch technologischer Zusammenhänge erarbeitet, die ihn als den industriellen »Top-Manager« der Sowjetführung ausweisen.
Gleich zu Beginn unserer Unterhaltung am 23. Juli 1969 versicherte mir Kossygin, daß seine Bitte an mich, ihn aufzusuchen, »selbstverständlich« in keinerlei Zusammenhang mit der Anwesenheit der FDP-Delegation stehe. Lediglich seine Arbeitslast hätte ihn bisher daran gehindert, mich früher zu sich zu bitten. Bald brachte er das Gespräch auf den üblichen Sündenkatalog aller Bundesregierungen seit Adenauer und schloß mit der Aufforderung an die Bundesrepublik, den europäischen Realitäten Rechnung zu tragen.
Von den Türmen des Kreml aus betrachtet, war es nicht nur taktisch, sondern auch psychologisch begreiflich, wenn das Thema wieder und wieder hochgespielt wurde. Schließlich waren inzwischen sechs Monate vergangen, seitdem ich mit seinem Außenminister im Dezember 1968 die umgehende Aufnahme

von Sondierungsgesprächen vereinbart hatte. Nichts hatte sich seitdem in Bonn gerührt. Mußte er nicht daraus schließen, daß die Bundesregierung eher bereit sei, ihren Botschafter zu desavouieren und den sowjetischen Außenminister zu brüskieren, als die Verabredung für eine »tour d'horizon« einzuhalten?
Nach der Abreise der FDP-Führung war an sich Urlaubszeit. Das politische Klima erlaubte zwar nicht, von »Sauregurkenzeit« zu sprechen, aber der August schien von allen zwölf unruhigen Monaten des Jahres auch in Moskau der am wenigsten durch unerwartete Zwischenfälle bedrohte zu sein. Welch ein Irrtum!
Im August 1968 erfolgte der sowjetische Einmarsch in die ČSSR, im August 1969 fand der Besuch der SPD-Fraktionsführung statt. Im August 1970 waren die Abschlußverhandlungen angesetzt, die mit der Unterzeichnung des Vertrages endeten, und schließlich stand im August 1971 die Vorbereitung der Krim-Reise des Bundeskanzlers auf dem Kalender.
Im August 1969 also kündigte – diesmal rechtzeitig – ein Kabel des Bundesaußenministers den Besuch des SPD-Fraktionschefs Helmut Schmidt in Moskau an. Er wurde, ebenso wie Scheel, von seinen beiden Stellvertretern, Egon Franke und Alex Möller, begleitet. Für sie waren das gleiche Protokoll und die gleichen Besuchstouren vorgesehen wie bei den FDP-Politikern. Sie wurden zwar nicht von Kossygin empfangen, der auf Urlaub war, sondern von dessen Stellvertreter Dmitri Poljanski, aber auch sie bekamen von Spiridonow im Spiegelsaal des »Praga« ein mit freundlichen Tischreden gewürztes Diner und auch sie revanchierten sich durch ein in meinem Hause gegebenes Essen, bei dem Helmut Schmidt die bereits zitierte Rede hielt. Sein Hinweis, die Invasion der ČSSR hätte sich als Rauhreif auf alle Pläne einer Verbesserung der deutsch-sowjetischen Beziehungen gelegt, war zwar unseren

sowjetischen Gästen bereits vertraut, denn es war nicht das erste Mal, daß er dies erklärte; aber ihre Reaktion mußte sich natürlich der von oben ausgegebenen Sprachregelung anpassen. So zeigten sie befremdete Überraschung, daß ein ausländischer Besucher – noch dazu ein Deutscher – es sich einfallen ließ, sich in eine höchst interne sozialistische Familienaffäre einzumischen. Wie wenn jemand bei seinem Antrittsbesuch in einem Privathause alsbald nach der Begrüßung auf zufällig ihm zu Ohren gekommene Eheprobleme seiner Gastgeber zu sprechen käme . . .

Schmidt nahm diese voraussehbare Schockwirkung in Kauf – so ungerührt, wie man sein muß, wenn man Sowjets gegenüber kontroverse Themen anschneidet. Von allen meinen Bonner Besuchern in vier Jahren war er übrigens der einzige, der dies intuitiv begriffen hatte und sich vom Genius loci nicht eingeschüchtert zeigte. Trotzdem – oder auch gerade deshalb – verlief sein und seiner Begleiter Besuch so harmonisch, daß ich noch Jahre danach von sowjetischen Gästen auf diesen »so besonders netten Abend« angesprochen wurde.

Damals gab es noch keinen westlichen Staat, der den sowjetischen Hegemonialanspruch in Osteuropa anerkannt hatte. Deswegen blieb die Sowjetführung interessiert zu erfahren, wie und wie lange Regierungen und Politiker des Westens auf diesen in der Tschechoslowakei von ihr geltend gemachten Anspruch wohl reagieren würden. Wenige Monate darauf war die Bundesregierung, wie schon erwähnt, bereit, im Moskauer Vertrag vom 12. August 1970 mit der Sowjetunion auch Probleme zu regeln, die nur zwischen der Bundesrepublik und dritten Staaten des Ostblocks existierten.

»Man kann davon ausgehen, daß die Position der Sowjetunion« (gesehen im Zusammenhang mit dem Gewalt-Verzichtsvertrag) »in Verbindung mit den Interessen der anderen sozialistischen Ländern komplex ist. Es wäre deshalb unmöglich, daß man eine Frage, die man mit der Sowjetunion nicht geklärt hat, etwa mit den anderen sozialistischen Ländern klären könnte. Eben das ist die Folge unserer gemeinsamen Außenpolitik«.

Diese gelegentlich von autoritativer sowjetischer Seite gegebene Definition präzisierte denn auch unmißverständlich einen Zustand, von dessen Vorhandensein wir uns während der Gespräche jederzeit überzeugen konnten.

23.
Bei den Sowjets zu Gast

Zu den Erlebnissen des Jahres 1969 gehört auch ein Empfang, dessen Anlaß zwar makaber war, für mich aber eine wichtige Begegnung brachte:
Etwa ein Jahr nach der Invasion in die ČSSR veranstaltete der Kreml zu Ehren der neuen tschechoslowakischen Regierung unter Gustav Husák einen Empfang und lud entgegen sonstigen Gebräuchen alle in Moskau akkreditierten Missionschefs ein. Der Chef des Protokolls hatte die anwesenden Botschafter – an die dreißig – im Rondell vor dem St.-Georgs-Saal des Kreml aufgereiht, als sich, umringt von der sowjetischen Troika Breschnew, Kossygin und Podgorny, die ČSSR-Führung – der schlohweiße Staatspräsident Ludvik Svoboda, der elegante, bald darauf entlassene Ministerpräsident Oldřich Černik und der hinter starker Brille unsicher wirkende Parteisekretär Husák – näherte und schweigend gemessenen Schrittes – wie der Chor in einer Tragödie von Sophokles – in das Rund des kleinen Saales herabstieg, um den anwesenden Botschaftern vorgestellt zu werden. Es war ein recht sinistres Schaustück, mit dem die Weltmacht Sowjetunion ihren totalen Sieg über den machtlosen kleinen Nachbarn vor den Repräsentanten dieser Welt manifestierte. Die Augen Svobodas schauten ausdruckslos, müde und leer an denen vorbei, denen er gerade die Hand drücken mußte, und verrieten – mehr als die ganze schweigsam betretene Atmosphäre – das Bewußtsein erneuter tiefer Demütigung.
Mitunter fanden die von der Sowjetführung veranstalteten Empfänge im obersten Stockwerk des Kongreßpalastes statt, von dem aus die goldenen Türme der Blagowestschenski Sobor, der Verkündigungskathedrale, zum Greifen nahe sind, gelegentlich aber auch – wie bei diesem Anlaß – im prachtvollen langgestreckten St.-Georgs-Saal des Kreml, der seinen Namen vom höchsten zur Zarenzeit verliehenen Orden trägt.

Nun darf man sich einen Empfang durch die Sowjetregierung nicht etwa so vorstellen, daß die Gäste beim Betreten des Festsaals durch die Mitglieder des Politbüros oder auch nur durch einige von ihnen begrüßt würden. Gastgeber und Gäste bleiben vielmehr durch einen langen Quertisch voneinander getrennt. Davor bewegen sich zwischen parallelen Längstischen, die an Eß- und Trinkbarem alles tragen, was die beispielhafte russische Gastfreundschaft aufbieten kann, zwanglos die Gäste. Hinter dem gleichzeitig als Büfett wie als Barriere dienenden Quertisch dagegen finden die 15 Mitglieder des Politbüros ihre Sessel und bleiben mit ihren Ehrengästen – bequem sitzend und mit der Kehrseite ihren stehenden Gästen zugewandt – unter sich.
Diese säuberliche Distanz ist für westliche Verhältnisse recht ungewohnt. Chruschtschow liebte es, sich vor Ausländern als jovialer Landesvater zu geben, sich bei Empfängen unter die Missionschefs zu mischen, Witze zu erzählen und anzuhören, gelegentlich aber auch in kleinem Kreise oder allein mit einem Botschafter gezielt Indiskretionen auszuplaudern, die der übrigen Führung des Sowjetstaates dann gelegentlich nur auf dem Umweg über ausländische Reaktionen bekannt wurden. Dieses Bewußtsein, in wichtigen Staatsgeschäften übergangen zu werden, trug gewiß nicht wenig zu dem Vorwurf des Zentralkomitees bei, der »Natschalnik« sei undiszipliniert.
Die Reaktion nach seinem Sturz war die Rückkehr zur Distanz.
Dafür kümmern sich Außenminister Andrej Gromyko und seine Gattin, seine Stellvertreter und die Abteilungschefs mit ihren Damen sowie die Beamten des Protokolls um die diplomatischen Gäste, setzen ihre freundlichste Miene auf und stehen – was, wie erwähnt, nicht immer der Fall ist – für politische so gut wie für andere Gespräche geduldig zur Verfügung.

Erst wenn es dem Ende zugeht, trinken Gastgeber und Gäste über die Barriere hinweg einander zu, schütteln sich die Hände, und gelegentlich passiert es dann wohl auch, daß auf ein Zeichen des Ersten Parteisekretärs Leonid Breschnew das steife Zeremoniell etwas gelockert wird und für einige Minuten – wahrscheinlich zum Schrecken der anwesenden Sicherheitsbeamten – zu einem unkonventionellen freundlich-zwanglosen Gespräch aller mit allen »ausartet«.
Dann wird die Absperrfunktion des Quertischs aufgehoben. Gastgeber wie Gäste schlendern – das Wodkaglas in der Hand – durchs »Niemandsland« ins andere Lager.
So war es auch beim Empfang der hohen Gäste aus Prag. Ich unterhielt mich mit dem stellvertretenden Außenminister Andrej Smirnow, der die Sowjetunion von 1956 bis 1966 in Bonn vertreten und gute, fast freundschaftliche Beziehungen zu Konrad Adenauer besessen hatte. Zusammen mit seiner charmanten Frau hat er sich damals und später besonders nachdrücklich um eine Entschärfung der Beziehungen zwischen beiden Ländern bemüht. Es war gewiß nicht seine Schuld, wenn seinen Bemühungen um eine Normalisierung noch kein Erfolg beschieden war.
Wir sprachen gerade über das »Burgfrieden«-Angebot Adenauers an die Sowjetunion, als Kossygin sich überraschend einen Weg durch die Diplomaten bahnte und mich betont herzlich begrüßte. Von Smirnow übersetzt, sagte er:
»Herr Botschafter, was sagen Sie zu dem schönen Telegramm, das ich (anläßlich des Wahlausgangs) an Brandt geschickt habe? Ich meine, so etwas hat es seit Kriegsende – ach was, seit Weimarer Zeiten – zwischen uns nicht mehr gegeben.«
Ich entgegnete, der Dank des Bundeskanzlers habe ihm gezeigt, wie aufmerksam sein Glückwunsch registriert worden sei. »Ja«, sagte Kossygin, »wenn nur die Bundesregierung sich ent-

schließen könnte, den Rubikon zu überschreiten.« Daran schloß sich meine Frage, was der Ministerpräsident in diesem Zusammenhang wohl darunter verstehe. Als ich bemerkte, wir könnten heute mit dem gemeinsamen Vorhaben, »etwas Vernünftiges zustande zu bringen«, viel weiter sein, wenn wir schon früher den Austausch von Memoranden beendet und mit dem »Gespräch« begonnen hätten, warf Smirnow ein:
»Ich glaube, da hat der Botschafter sehr recht.« Kossygin nickte nachdrücklich mit dem Kopf und bat mich, dem Bundeskanzler seine Grüße zu übermitteln. Wenn es bezüglich des weiteren Verfahrens – »auf welchem Gebiet auch immer« – Fragen oder Überlegungen geben sollte, »ich stehe jederzeit zur Verfügung, und zwar über Sie, Herr Botschafter, gleichgültig, worum es sich handelt«.
Er verabschiedete sich freundschaftlich und ging wieder zum Kreise seiner Kollegen zurück. Die Szene war darauf angelegt, beobachtet zu werden. Wenn Kossygin einen der westlichen Botschafter eines vertraulichen Gespräches würdigt, dann ist das ein politisches Signal für alle, zumal dann, wenn es sich dabei um den Botschafter der Bundesrepublik handelt. Ich gab das Ereignis nach Bonn weiter und interpretierte Kossygins Bemerkung als Einladung an den Bundeskanzler, durch seinen Botschafter in unmittelbaren Kontakt mit ihm zu treten. Dieser Weg über mich ist niemals beschritten worden, doch wird durch die Gespräche, die Bahr allein mit Gromyko bzw. Kossygin oder deren »Sonder-Emissären« in Moskau oder Bonn geführt hat, bestätigt, daß das Angebot Kossygins zwar aufgenommen, aber auf anderen Wegen als dem über die Botschaft praktiziert wurde.

24.
Gewerkschaftsverbindungen

Am 4. 12. 1969 besuchte mich zum Abendessen mit elf seiner engsten Mitarbeiter ein besonders seltener Gast: Alexander Scheljepin, mit 51 Jahren eines der jüngsten Mitglieder des Politbüros, Chef des Zentralverbandes der sowjetischen Gewerkschaften und einstiger Chef des Staatssicherheitsdienstes und der Parteikontrolle. Er akzeptierte meine Einladung zum Abendessen, weil sein deutscher Kollege, der neu gewählte Chef des DGB, Heinz Oskar Vetter, auf der Reise von Tokio nach Düsseldorf einen – wohlvorbereiteten – Halt in Moskau machte, um zu sehen, ob sich die vorhandenen losen Kontakte mit den sowjetischen Gewerkschaften etwas enger knüpfen ließen. Der Gedanke war es sicherlich wert, im Rahmen der sich langsam verändernden Atmosphäre neu überdacht zu werden – immer unter der Voraussetzung, daß man den grundlegenden Unterschied zwischen den Gewerkschaften der westlichen und denen der kommunistischen Welt nicht aus dem Auge verlor. Hier die einen als unabhängige Interessenverbände der Arbeitnehmer, dort die anderen, die lediglich als »Transmissionsriemen« die Direktiven der sowjetischen Partei- und Staatsführung an die Arbeiterschaft weiterleiten! Letztere haben als Organe der Staatsgewalt mit unseren Gewerkschaften nicht sehr viel mehr als den Namen gemeinsam. Ihre Zuständigkeit entschied sich beim Parteikongreß 1921, als u.a. Alexandra Kollontai – viel später als langjährige Botschafterin der Sowjetunion in Stockholm bekannt und berühmt geworden – im Namen der Arbeiteropposition verlangte, daß die Neuordnung der Wirtschaft der autonomen Organisation der Gewerkschaft unterstellt werde, um die Arbeiter vor Ausbeutung zu schützen. Lenin aber, der die Diktatur der Partei um jeden Preis erhalten wollte, setzte sich mit seiner These durch, die Arbeiter brauchten zwar ihre eigene Organisation, aber sie sei nicht dazu da, die Diktatur der Partei durch Sondervollmachten einzuschränken. »Die Gewerkschaft«, sagte er, »ist eine Schule, eine Schule der Verwaltung, eine Schule der Wirtschaftsführung, eine Schule des Kommunismus . . . Sie steht zwischen der Partei und der Staatsmacht.« Und: »Wenn wir sagen, daß nicht die Partei . . . die Leitung innehat, sondern die Gewerkschaft selbst, so klingt das zwar sehr demokratisch, man kann damit vielleicht Stimmen fangen, aber nicht auf lange. Damit richtet man die Diktatur des Proletariats zugrunde.«

So wurde der Zentralverband der Gewerkschaften zu einer der zahlreichen Grundorganisationen der Partei. Durch die Zugehörigkeit des Gewerkschaftschefs zum Politbüro wurde gleichzeitig sichergestellt, daß ihre Interessen – im Rahmen der Parteidiktatur – wahrgenommen werden.

Wenn der Gewerkschaftsboß Scheljepin – d. h. also die Sowjetführung – heute Verbindung zu den freien Gewerkschaften des Westens sucht, dann wohl auch in der Hoffnung, im Zeichen friedlicher Koexistenz bei ihnen Unterstützung für den Kampf des Kommunismus gegen das Gesellschaftssystem des Westens zu finden. Schon beim II. Kongreß der Komintern 1920, die bekanntlich die Weltrevolution vorbereiten sollte, wurde allen zur III. Internationale gehörenden kommunistischen Parteien befohlen: »strengste Unterordnung, eiserne Disziplin, scharfer Kampf gegen die Sozialdemokratie, aktive Propaganda in den (westlichen) Gewerkschaften und Armeen«.

An diesen Zielen hat sich seitdem nichts geändert, auch wenn die Komintern inzwischen aufgelöst ist. Im sowjetischen Gewerkschaftsblatt »Trud« (Auflage 5 Millionen) vom 7. Februar 1973 wird Breschnew zitiert, der erklärt habe, »das gemeinsame Kampfinteresse der Gewerkschaften wachse immer mehr hinüber in ein Vorgehen gegen das ganze System staatsmonopolistischer Herrschaft«.

Der Vorsitzende des DGB kennt aus langen Jahren harter

Kriegsgefangenschaft den Kommunismus und dürfte deshalb weder die hintergründigen Absichten seiner sowjetischen Kollegen unterschätzen noch der Illusion verfallen, der Graben zwischen den beiden Systemen lasse sich zuschütten oder wüchse gar im Verlauf sich bessernder staatlicher und persönlicher Beziehungen der leitenden Funktionäre von allein zu. Vetter schien mir in der Tat legitimiert, alles in seinen Kräften Stehende zu unternehmen, um auch im Bereich des Gewerkschaftswesens die Spannung latenter mißtrauischer Feindseligkeit zu korrigieren, gleichzeitig aber dem Mißverständnis des Genossen Scheljepin entgegenzuwirken, es gäbe zwischen den Gewerkschaften von Ost und West so etwas wie »gemeinsame Kampfinteressen«.
Ich fand jedenfalls das Treffen Vetter–Scheljepin eine vernünftige Sache und war vor allem befriedigt, daß es sich in unserer Botschaft arrangieren ließ.
Mit einer Einschränkung: Alle diese Kontakte, die der DGB mit den »Kollegen« von der kommunistischen Seite zu knüpfen bemüht ist – neuerdings nun auch mit der Zentralgewerkschaft der DDR – entsprechen zwar dem guten treffenden Wort Willy Brandts, nur wenn man miteinander rede, lerne man sich verstehen. Dieses Wort wird aber von seinen Adepten und Parteigängern recht einseitig ausgelegt: Sozialdemokraten und deutsche Gewerkschaften strecken zwar ihre Fühler bereitwilligst nach dem Osten aus, fahren aber gleichzeitig darin fort, ihre Feindschaft zu gewissen westlichen Gewerkschaften um so sorgfältiger zu pflegen. Sicherlich sind die Arbeiterorganisationen in Spanien und Griechenland auch weitgehend totalitär ausgerichtet, vom Staat an die Leine genommen und entsprechen so wenig wie ihre Regierungen unseren Vorstellungen von Demokratie.
Aber ist das mit den Gewerkschaften des sozialistischen Lagers

etwa anders? Weshalb also die Schizophrenie, das Wohlwollen der Kommunisten zu suchen, gleichzeitig aber den demokratischen Pharisäer zu spielen, wenn es um griechische oder spanische Arbeiter und ihre Organisationen geht. Glaubt man ernsthaft, damit das Regime dieser Staaten ändern zu können oder im Kreml einen guten Eindruck zu machen? Hält man diese Taktik für opportun, weil die Sowjetunion über mehr Divisionen verfügt als Griechenland oder Spanien, oder sind deren Gewerkschaften aktiver und unserer Demokratie gefährlicher als der Neo-Imperialismus der Sowjetunion? Oder steht der Sozialdemokratie unserer Tage die von Moskau vertretene und mit allen verfügbaren Mitteln der Massenbeeinflussung global propagierte Ideologie des Marxismus-Leninismus so sehr viel näher als die nationalbezogene Machtpolitik Francos und Papadopoulos'?

Und weiter: Ist es wirklich die Aufgabe der Deutschen, nach bewährter Regel – »am deutschen Wesen wird die Welt genesen« – Zensuren für propres politisches Verhalten zu verteilen und unseren zwischenstaatlichen Umgang nach deutschen – frisch etablierten – demokratischen Maßstäben zu regulieren?

Wir sollten, meine ich, uns auf die Konzeption einer Außenpolitik beschränken, die unseren wohlabgewogenen nationalen und zwischenstaatlichen Interessen entspricht. Mit erhobenem Zeigefinger die »faschistische« Unmoral kleinerer und daher vergleichsweise ungefährlicher westlicher Freunde anzuprangern und die weit gravierendere marxistisch-leninistische Ideologie und Praxis opportunistisch zu übersehen – dazu sind wir angesichts unserer eigenen jüngsten Vergangenheit wohl kaum qualifiziert. Der bedeutende – nicht nur bei seiner Partei unvergessene – Sozialdemokrat Fritz Erler hatte 1966 die Courage, auch gegen den Willen der meisten seiner Partei- und Fraktionsfreunde eine offizielle Einladung des Franco-Regimes nach Madrid anzunehmen. Er wollte sehen, hören, reden und lernen, ob man sich dann besser verstehen werde. In dem vom spanischen Informationsminister, Fraga Iribarne, betreuten politischen Club »Athenaeum« hielt er einen Vortrag über das Godesberger Programm der SPD und unterschlug dabei nichts von dem, was ihm an ideologischen Differenzen zwischen dem Regime Francos und der deutschen Sozialdemokratie wesentlich erschien. Danach gab es eine ausgiebige Diskussion, bei der Erler mit mitunter kniffligen Fragen wie etwa der folgenden konfrontiert wurde: »Wenn Sie Sozialdemokrat sind, wie Sie behaupten, wie können Sie dann eine Einladung dieses faschistischen Regimes akzeptieren?«

Als er und ich anschließend gemeinsam in die deutsche Botschaft fuhren, war seine erste Reaktion: »Die spanische Diktatur scheint ja doch weit liberaler, als ich es vermutet habe. Stellen Sie sich eine solche Diskussion mit so couragierten Regimegegnern bei den Nazis oder wohl auch in Moskau vor . . . Erstens wäre es nie dazu gekommen. Wenn aber doch einer den Mund aufgemacht hätte, wäre er zusammen mit dem Vortragsredner sofort verhaftet worden.« Er wurde in seiner Meinung bestärkt, als er am folgenden Tag völlig ungehindert Aussprachen mit Exponenten der spanischen Opposition vereinbaren und durchführen konnte. Seitdem ist kein führender deutscher Sozialdemokrat mehr nach Spanien gekommen.

Bundeskanzler Willy Brandt reist zwar in die Sowjetunion und in Ostblockstaaten, hat es aber als Außenminister vermieden, die von seinem Vorgänger Gerhard Schröder vereinbarten halbjährlichen Konsultationstreffen mit dem spanischen Außenminister zu einem Besuch in Madrid auszunutzen. Erst sein Nachfolger Walter Scheel nahm die regelmäßigen Kontakte mit seinem spanischen Kollegen wieder auf und reiste nach Madrid – allerdings unter der für eine Diktatur nicht ganz

einfach zu akzeptierenden Bedingung, auch Besprechungen mit Exponenten der Opposition führen zu können. Sie wurde ihm ebenso gewährt wie Fritz Erler, ein Beweis demokratischen Verhaltens einer totalitären Führung, das man nicht geringachten sollte.
Weshalb unterbreitet man nicht der Sowjetregierung den Vorschlag, deutschen Ministern, die Moskau aufsuchen, auch Gelegenheit zu Gesprächen mit Oppositionellen zu geben? Daß Opposition in der Sowjetunion vorhanden ist, bleibt unbestritten. Wenn Arvid Pelsche, ehemals verdientes Mitglied der »Tscheka« und heute des sowjetischen Politbüros, 1971 die Bundesrepublik besuchen durfte, und zwar ausschließlich um der DKP Mut zuzusprechen und ihr Rezepte für ihren Kampf gegen die Gesellschaftsordnung in der Bundesrepublik zu geben, wäre ein solcher Vorschlag gar nicht so unbillig. Aber da sich vermuten läßt, wie Breschnew wohl darauf reagieren würde, unterläßt man ihn lieber.
Jetzt erwartet man – nachdem sein deutscher Amtskollege Vetter wiederholt in Moskau gewesen war – den Besuch Scheljepins in der Bundesrepublik.
Sollte man nicht diese erfreuliche Auflockerung der deutsch-sowjetischen Gewerkschaftsbeziehungen zum Anlaß nehmen, die durch nichts zu rechtfertigende unterschiedliche Behandlung totalitärer Regime, je nachdem ob sie im Osten oder im Westen beheimatet sind, zu korrigieren? Auch die beiden christdemokratischen Parteien, die in Schwarzweißmalerei der SPD und den Gewerkschaften nicht eben viel nachstehen, würden sich verdient machen, wenn sie nicht stets in die entgegengesetzte Richtung wie die SPD blicken würden.
Scheljepin hatte in der Bundesrepublik übrigens Jahre zuvor dadurch Schlagzeilen gemacht, daß der Mörder zweier in München lebender Exil-Ukrainer Rebett und Banders, ein gewisser

Staschinsky, ihn vor Gericht als seinen Auftraggeber bezeichnet hatte. Der Bundesgerichtshof hatte daraufhin Staschinsky, dem für diese Tat von Scheljepin offenbar auch noch ein Orden verliehen worden war, nur wegen Beihilfe verurteilt und Scheljepin ausdrücklich als Täter bezeichnet.
Derselbe Scheljepin also war der Einladung des Botschafters der Bundesrepublik Deutschland zum Abendessen gefolgt und gab sich umgänglich, gut gelaunt und vielseitig interessiert – ein lebendiger Beweis für die sich anbahnenden Klimaveränderungen und das wachsende Interesse der sowjetischen Führung an Kontakten mit der Bundesregierung.
Inzwischen hatte diese aufgrund des Wahlausgangs vom 28. September gewechselt. Der Vorsitzende der SPD Willy Brandt hatte als neuer Bundeskanzler die Regierung übernommen und war mit der FDP eine Koalition eingegangen; neuer Außenminister wurde der FDP-Chef Walter Scheel.
In entspannter, aufgeräumter Atmosphäre wurde an diesem Abend keineswegs nur über Gewerkschaftsprobleme, sondern auch über große Politik (wie etwa die – so Scheljepin – »unerläßliche völkerrechtliche Anerkennung der DDR«) diskutiert. Zu welcher Bedeutung dieser natürlich nicht unbemerkt gebliebene Abend von der Presse hinaufstilisiert wurde, erfuhr ich aber erst, als ich zwei Wochen später die große französische Illustrierte »Paris-Match« aufschlug. »Paris-Match« war zwar bei dem Empfang ebensowenig vertreten wie andere Blätter. So blieb der Redaktion nichts anderes übrig, als sich auszudenken, wie so ein spektakuläres Ereignis wohl in etwa verlaufen sein könnte . . . Da war also von dem »olympisch« wirkenden deutschen Botschafter in seiner »ganz in Preußisch-Blau mit Gold eingerichteten Residenz« die Rede. Nach »alter germanischer Sitte« hatte er die zwanzig Champagnerkelche der Tafelrunde so geschickt übereinandertürmen lassen, daß der in das

oberste Glas der Pyramide perlende Champagner auch alle anderen Gläser füllte, ohne daß ein Tropfen verlorenging. Jedermann bekam sein Glas, und dann erhob sich der Botschafter und knallte die Hacken zusammen. Ein Wink von ihm, und seine gebannt an seinen Lippen hängenden Mitarbeiter sprangen auf. Ein Zuruf von ihm, und alle leerten ihre Gläser auf Scheljepin, auf dessen Begleitung und auf die deutsch-sowjetische Freundschaft. Eine ähnliche Beschreibung fand das nun folgende Essen, das aus einem »ganzen, gebratenen Hirsch in Gelee« bestanden haben soll, über den sich – immer nach »Paris-Match« – Scheljepin und meine übrigen Gäste hermachten, indem sie sich Fleischstücke abschnitten oder herausrissen . . . Die ganze Szene ähnelte – wußte sich »Paris-Match« zu erinnern – dem berühmten »Tabaks-Kollegium« des Preußenkönigs Friedrich Wilhelms I., dem Vater des »Alten Fritz«.
Dieser Hirsch diente wie die ganze Story offensichtlich nicht nur einem kulinarischen Zweck: Ihr überraschendes Erscheinen auf der literarischen Bühne erlaubte es der Redaktion von »Paris-Match«, den sympathischen Abend in ein konspirativ-diffuses Dämmerlicht zu tauchen und ihn in ein nach altüberlieferten Riten ablaufendes germanisch-russisches Versöhnungsbankett (auf Kosten Dritter, versteht sich) umzustilisieren. Vielleicht hatte die wachsame Illustrierte sich nicht nur an Rapallo, sondern auch daran erinnert, daß bereits 1812 der preußische General Ludwig Graf Yorck von Wartenburg und der russische General Iwan Diebitsch-Sabalkanskij sich – und dies nächtlicherweise in Tauroggen – heimlich gegen Napoleon-Frankreich verschworen hatten . . .

Dieser Artikel des »Paris-Match«, in dem das meiste frei erfunden war, bereitete dem Diplomatischen Corps im humorarmen Moskau viel Vergnügen – nicht zuletzt wohl auch deshalb, weil ein – in Moskau höchst seltener – Hirschbraten darin vorkam. So passierte es, daß ein mir freundschaftlich verbundener Kollege, dem ich den Inhalt des Artikels von »Paris-Match« wiedergab, zunächst nur »Hirsch« verstanden hatte. Er nahm mich beiseite und fragte mich unter vier Augen: »Nun mal unter uns: Wo hast du ihn hergehabt? Könntest du eventuell auch einen für mich organisieren?«

Ich habe Scheljepin übrigens später nur noch gelegentlich bei Empfängen getroffen und bedauert, daß das Protokoll in Moskau – wie erwähnt, seit eh und je ein Politikum erster Ordnung – es diesem interessanten Mann aus der jüngeren Generation des obersten Führungsgremiums nur dann ermöglichte, mit Botschaftern im allgemeinen und dem deutschen Botschafter im besonderen Verbindung aufzunehmen, wenn durch die Anwesenheit eines Gewerkschaftskollegen seine administrative Zuständigkeit gegeben war.

Ob es ihm im übrigen gelingen wird, seine Machtposition im Politbüro zu halten, nachdem Breschnew die seine eindrucksvoll ausgebaut hat, wird sich noch zeigen.

Nachdem die neue aus den September-Wahlen 1969 hervorgegangene Bundesregierung sich konstituiert hatte, begann sie ihre Tätigkeit mit einem Paukenschlag: Die Regierungserklärung vom 28. Oktober 1969 enthielt einen Passus über die Existenz zweier Staaten in Deutschland. Die Bundesregierung, so hieß es, die die im Dezember 1966 durch Bundeskanzler Kiesinger und seine Regierung eingeleitete Politik fortsetzen werde, biete dem »Ministerrat der DDR erneut Verhandlungen beiderseits ohne Diskriminierung auf der Ebene der Regierungen« an, die zu vertraglich vereinbarter Zusammenarbeit führen sollen. »Auch wenn zwei Staaten in Deutschland existieren, sind sie doch füreinander nicht Ausland; ihre Beziehungen zueinander können nur von besonderer Art sein.«

Die Feststellung von der Existenz zweier Staaten in Deutschland (wenn auch ausdrücklich abgeschwächt durch den Hinweis, daß »eine völkerrechtliche Anerkennung der DDR . . nicht in Betracht« komme) war die Konzession, die der Kreml seit Jahrzehnten von uns gefordert hatte.

25.
Politik der Stärke

Der Meinung, die Kremlgründung DDR sei mittlerweile ein Staat geworden, war beizupflichten. Ein Staat zwar mit einem Regime von Moskaus Gnaden, aber mit allen Elementen versehen, die nach klassischer Völkerrechtslehre ein Staat aufweisen muß. Die Äußerung Bundeskanzler Adenauers, die Regierung werde »über vieles mit sich reden lassen«, sobald das Regime der DDR mehr Menschlichkeit praktiziere, die Briefe Bundeskanzler Kiesingers an »den Vorsitzenden des Ministerrats der DDR, Willi Stoph« und sein Angebot, zwecks Aufnahme von Kontakten seinen Staatssekretär, Professor Dr. Karl Carstens, nach Ost-Berlin zu entsenden, gingen ja bereits von der derzeitigen Unüberwindbarkeit der Spaltung Deutschlands aus, auch wenn die DDR noch als »Gebilde« bezeichnet wurde. Ebenso basierte die Vereinbarung über sondierende Gespräche zwischen Bonn und Moskau auf der deutschen Erkenntnis, daß man trotz der Teilung in Kontakt kommen müsse.

Bundesaußenminister Scheel betonte deshalb auch in einer Rede im März 1972: »Es nahm uns im Jahr 1967 niemand mehr ab, daß der damalige Bundeskanzler von einem Gebilde sprach, während er dem Ministerpräsidenten dieses Gebildes unter Nennung seines Titels Briefe schrieb. Für unsere Auslandsmissionen wurde es in dieser Zeit zunehmend schwerer, die Haltung der Bundesregierung glaubhaft zu vertreten.«

Später wurde es unter Scheel für die Auslandsmissionen allerdings noch weit schwieriger – als es nämlich darum ging, den überraschten Repräsentanten ihrer Gastländer zu erläutern, daß die vollzogene Anerkennung der DDR eigentlich keine richtige Anerkennung sei und kein dritter Staat dieser Anerkennung durch die Bundesrepublik nun etwa die eigene folgen lassen sollte, und wenn doch, dann bitte nicht so schnell.

Worauf Moskau und Ost-Berlin also seit vielen Jahren warteten, war eine Erklärung der Bundesregierung, die DDR als Staat anzuerkennen. Ihr immer aggressiver werdendes Drängen zeigte die immense Bedeutung an, die sie einer solchen Erklärung beimaßen. Die Bundesregierung hingegen konnte – so meinte ich – sich Zeit lassen. Sie konnte warten, bis in den bevorstehenden Verhandlungen mit Moskau der taktische Moment gekommen war, diese Trumpfkarte auf den Tisch zu legen. Mit der sogenannten Hallstein-Doktrin, der Barriere gegen die Anerkennung der DDR durch dritte Staaten, war allerdings kein Staat mehr zu machen. Sie hatte ihren Zweck erfüllt, der Politik der Wiedervereinigung aber nicht genützt. Zudem war sie brüchig geworden. Es war also politisch angemessen, ihr Dogma abzubauen und zu versuchen, die Welle allgemeiner Anerkennung der DDR im Rahmen des noch Möglichen zu steuern, anstatt sich von ihr ins Schlepptau nehmen zu lassen.

Daß aber das neue Kabinett seine erste Regierungserklärung dazu benutzte, die Anerkennung der DDR als Staat auszusprechen und ohne jegliche Gegenleistung des Kreml und der DDR die Zweistaatentheorie als Geschenk zu präsentieren, war eine Maßnahme, die nicht nur von mir als übereilt empfunden wurde.

Sie schien mir in mehr als einer Hinsicht bedenklich. Die Zweistaatentheorie war die bedeutendste Konzession, die wir in Verhandlungen mit den Sowjets überhaupt anzubieten hatten. Sie zu verschenken – dazu bestand angesichts der Bedeutung, die ihr die andere Seite beimaß, kein erkennbarer Anlaß. Wenn schon die Gewichte so ungleich verteilt sind, wie es bei Verhandlungen zwischen einer Weltmacht und einem Kontinentalstaat, zwischen dem Sieger des Zweiten Weltkrieges und dem Verlierer der Fall ist, muß der Schwächere um so minuziöser die eigene Stärke definieren und muß vor allem vermeiden, sie zu zersplittern. Andernfalls besteht die Gefahr, daß es anstatt zu Verhandlungen zu einem Monolog des Stärkeren kommt und das Resultat nicht wie ein ausbalancierter Vertrag, sondern wie ein Diktat wirkt.

War unsere Ausgangslage wirklich so schwach, daß sich der Versuch nicht mehr lohnte, die »kleinen« Konzessionen, die wir noch zu machen hatten, gegen Konzessionen der Gegenseite teuer zu verkaufen? Ich meine eher, wir haben versäumt, uns rechtzeitig auf unsere eigene wirkliche Stärke zu besinnen, und sie viel zu lange mit unserer vermeintlichen Stärke verwechselt.

Die häufig wiederholte Behauptung, Adenauers »Politik der Stärke« habe zum »kalten Krieg« geführt, hat einiges für sich. Nur vergißt man, hinzuzufügen, daß mit der Sowjetunion, wenn überhaupt, nur aus einer Position der Stärke heraus verhandelt werden kann. Sonst bleibt nichts anderes übrig, als zu »kapitulieren«. Laut Breschnew läßt sich nur mit der »Macht«, niemals mit der »Ohnmacht« verhandeln. In Verhandlungen mit kommunistischen Staaten kann der westliche Partner also nur dann auf vertretbare Kompromisse rechnen, wenn auch er seine gesamte Stärke mobilisiert. Fragt sich nur, was jeweils unter »Stärke« zu verstehen ist: Adenauers Stärke war nicht die der Bundesrepublik eigene, sondern eine vom großen Bruder jenseits des Atlantik abgeleitete, eine entliehene Stärke – einerseits unerläßlich für unsere Sicherheit, andererseits doch nicht ausreichend, um ausgewogene Beziehungen zum Osten herbeizuführen.

Unsere in die Waagschale von Verhandlungen gelegte Stärke konnte nur aus unserem eigenen spezifischen Gewicht bestehen, dem wirtschaftspolitischen wie dem politischen. Daß dieses Gewicht auf der östlichen Seite hoch veranschlagt wurde, ergab sich neben anderem auch aus der einfachen Tatsache, daß sie für die Befriedigung ihres Sicherheitskomplexes gewisse Konzessionen von uns dringend benötigte, nämlich: die Anerkennung der Demarkationslinie zwischen der Bundesrepublik und der DDR als Staatsgrenze (und damit auch die Anerkennung der Zweistaatentheorie) sowie die Anerkennung der polnischen Westgrenze.

Es ist zweifellos richtig – wir konnten die Grenzen nicht verändern, aber das stand ohnehin nicht zur Debatte. Die Rechtsposition, die wir gegenüber den »Realitäten« einnahmen, unsere beharrliche Weigerung, Raub und Landnahme, einseitig dekretierte geopolitische Veränderungen deswegen als »rechtens« anzuerkennen, weil es sich um »Realitäten« handelte, die geschaffen worden waren – diese Rechtsposition war der anderen Seite besonders unbequem, da uns aus ihr niemand gegen unseren Willen vertreiben konnte.

Sie war offensichtlich eine ganze Menge wert, sonst hätten Sowjet- und DDR-Propaganda nicht 20 Jahre lang mit allen Mitteln versucht, uns zur Aufgabe zu bewegen.

Solange Realitäten rechtlich nicht abgesichert sind, sind sie eben nicht »rechtens«, d.h., die Beteiligten können sie beliebig verändern – soweit sie die Macht dazu besitzen. Aber auch wenn ihnen die Macht fehlt, ändert das nichts an der Tatsache, daß etwas höchst Unsicheres geschaffen wurde, etwas, das nur solange lebensfähig bleibt, als es sich auf den Spitzen der Bajonette balancieren läßt.

Die Sowjets wußten und wissen, daß brutale Gewalt kein Recht schafft und daß Akte wie die Sowjetisierung Ostpreußens, die Entschädigung Polens mit von Deutschland abgetrennten Gebieten, die künstliche Gründung eines zweiten deutschen Staates mit Hilfe der russischen Armee und deutscher Vasallen wenig Zukunftswert besitzen und schon gar nicht die eigene Sicherheit erhöhen, solange sie nicht von allen, die ein Interesse

an der Änderung dieser Zustände haben könnten, vertraglich anerkannt und verbrieft sind.
Die Sowjets waren seit Jahren bemüht, den jeweiligen Bundesregierungen auf allen denkbaren Wegen durch die Massenmedien, durch Notenwechsel und andere diplomatische Kanäle und schließlich bei den Verhandlungen deutlich zu machen, daß die uns abverlangten Zugeständnisse nur noch eine Formalität seien – etwa vergleichbar dem Antrag eines Grundstückkäufers, den bereits vollzogenen Eigentumswechsel der Ordnung halber auch im Grundbuch einzutragen. »Wer die Realitäten anerkennt, macht kein Zugeständnis.« »Wenn man aufgibt, was man nicht hat, ist das kein Zugeständnis.« »Die Anerkennung der Grenzen ist die Frage aller Fragen, aber die Grenzen selbst sind bereits in Potsdam definitiv entschieden worden. Sogar ein Friedensvertrag könnte die damaligen Beschlüsse nur noch bestätigen. Wer anders denkt, lebt in den Wolken.«
Dieser Ausschnitt aus zwar nicht überzeugenden, aber eindrucksvoll formulierten Slogans aus berufenem sowjetischem Munde zeigt eine Suggestiv-Methode, wie sie zum Repertoire sowjetischer Verhandlungstaktik seit jeher gehört. Sie wird seit zwanzig Jahren auch zur Durchsetzung der KSZE angewandt.
Diese Methode erwies sich bisher als erfolgreich. Die Sicherheits-Konferenz wird einberufen, und zur Anerkennung gilt das Wort Bundeskanzler Brandts: »Wir haben nichts hergegeben, was nicht bereits vorher verspielt worden wäre.« Diese Bemerkung hat sich natürlich nur auf die Desperadopolitik Hitlers bezogen. Wenn überhaupt etwas von Deutschland geblieben ist, dann ist es jedenfalls nicht ihm zu verdanken. Bezöge man den Ausspruch allerdings auf die Zweistaatentheorie, die durch den Vertrag von Moskau legalisiert wurde, wäre er einfach falsch.

Es kann keine Rede davon sein, daß die zeitweilige Hinnahme unabänderlicher Fakten deren rechtliche Legitimierung bedingt. Sie ist nicht etwa eine zwangsläufige Folge Hitlerscher Politik und des verlorenen Krieges, sondern ein Wert für sich, ein freiwilliger Entschluß der Bundesrepublik. Er mag politisch opportun gewesen sein, aber er entsprang keiner Verpflichtung. Er war eine einseitige Konzession, deren Bedeutung nicht nur an der tiefen Befriedigung abgelesen werden kann, die er in Moskau und Ost-Berlin auslöste, sondern auch an der Vehemenz, mit der sich seit Unterzeichnung des Moskauer Vertrages die politische Großwetterlage zugunsten der Sowjets verändert hat.

Erst wenn man sich diese Verflechtung klarmacht, läßt sich die Größe des Pfandes ermessen, das die Bundesrepublik mit ihrer bisherigen Weigerung, die Realitäten als rechtens anzuerkennen, gegenüber dem Kreml, der DDR und Polen in der Hand hielt.

Würde man also die oben zitierte Äußerung Willy Brandts so extensiv auslegen, wie sie gewiß nicht gemeint war, liegt der Schluß nahe, daß die Bundesregierung weder vor noch bei den »Gesprächen« der Bahr-Mission diese Zusammenhänge und die sich daraus ergebenden faktischen Möglichkeiten erkannt hat.

Beide Seiten, die deutsche wie die sowjetische, ließen seit Jahren keinen Zweifel daran, daß die Beseitigung eines Zustandes spannungsgeladener Unsicherheit die Voraussetzung für die Normalisierung der Beziehungen sei. Beide Seiten waren also aufgerufen, das Ihre dazu beizutragen. Die vom Osten aufgemachte Rechnung war von unserer Seite noch keineswegs beglichen. Andererseits waren die am Deutschen Reich von der Sowjetunion vorgenommenen Amputationen von der Bundesrepublik noch nicht anerkannt. Rechnung und Gegenrechnung waren also auszuhandeln, wobei es – wie bei jedem Vertrag – darauf ankam, eine möglichst perfekte Ausgewogenheit zu erzielen.

Bevor aber die Bundesregierung damit begann, legte sie bei ihrem Amtsantritt die einzige Konzession von wirklicher Bedeutung, die sie anzubieten hatte, mit großer Geste auf den Tisch, verzichtete damit auf jeglichen Gegenwert und präjudizierte künftige Gespräche und Verhandlungen mit der Sowjetunion.

Walter Ulbricht fiel es daher leicht, anläßlich der 14. Tagung des Zentralkomitees der SED im Dezember 1970 zu erklären: »Natürlich zahlt in internationalen Beziehungen niemand dafür, wenn ein Staat eine schon immer unreale und unrechtmäßige Position ganz oder teilweise aufgibt.«

Vor der Frage, was die Bundesregierung bewogen haben mag, so zu taktieren, wird man verschiedene Überlegungen anzustellen haben:

Entweder: der Bundesregierung lag daran, die Sowjets an den Verhandlungstisch zu bringen. Tatsächlich saßen die Sowjets aber bereits seit Januar 1969 am Verhandlungstisch. Sie warteten ihrerseits ungeduldig auf die Bundesregierung.

Oder: die Bundesregierung glaubte, durch eine Vorleistung ihren good-will eindrucksvoll unterstreichen zu müssen, um bei späteren Verhandlungen einen besonders gutwilligen Partner vorzufinden. War dies der Anlaß für die frühzeitige Konzession, dann beruhte er auf einer verhängnisvoll falschen Einschätzung sowjetischer Mentalität, die Vorleistungen als Zeichen der Schwäche des Partners begreift und sie entsprechend für sich ausnutzt.

26.
Taktik der Schwäche

Vielleicht meinte die Bundesregierung auch, sich von allen Kontaktbemühungen vorhergegangener Kabinette deutlich distanzieren zu müssen. Die Sowjets sollten offenbar begreifen, daß die Sozialdemokratie nicht etwa den suspekten linken Flügel der verhaßten Bourgeoisie repräsentiert, sondern einem Kabinett der Reformen vorsteht. Einem Kabinett, das aus der Geschichte gelernt habe und dementsprechend auch entschlossen sei, eine »Neue Ostpolitik« einzuleiten, die sich von der »Neuen Ostpolitik« der Großen Koalition – in der sowjetischen Note vom 8. 12. 1967 noch heftig attackiert – grundsätzlich unterscheidet!

Fortan sollte keine »Neue«, sondern die »Neueste« Ostpolitik betrieben werden.

Die Sozialdemokraten wußten natürlich, daß für einen Kommunisten »Sozialdemokraten« vor allem »Arbeiterverräter« sind – eine Klassifizierung, die noch auf die Jahrhundertwende zurückgeht, als sich die russische Sozialdemokratische Partei in Bolschewisten und Menschewisten spaltete. Noch im Manifest des VI. Weltkongresses der Komintern 1928 wurde die Sozialdemokratie zusammen mit den Faschisten beschuldigt, »auf der Seite der Ausbeuter, der Imperialisten, der imperialistischen Raubstaaten und ihrer Agenten« zu stehen.

Wenn also etwa die CDU/CSU/FDP in marxistischen Augen die parlamentarische Heimat der »Monopolkapitalisten« darstellen, repräsentiert nach der gleichen Lehre die Sozialdemokratie eine Gruppierung, die zwar behauptet, das Interesse der Arbeitnehmer auf ihre Fahne geschrieben zu haben, in Wirklichkeit aber in verdeckter oder offener Kollaboration die Interessen der Bourgeoisie besorgt. Professor Wsewolod Jeschow, u. a. außenpolitischer Kommentator der »Literaturnaja Gaseta«, machte sich in einem Leitartikel vom 11. Dezember 1968 über die SPD sogar lustig. Der SPD zugehörige Gesprächspartner pflegten, so schrieb er, ins Flüstern zu verfallen, sobald die Rede auf die sogenannte »Neue Ostpolitik« komme, und halblaut zu erklären, es sei höchste Zeit, die DDR anzuerkennen. Die Grenzen in Europa seien sowieso nicht zu ändern u. a. m. Höre man aber die gleichen Leute in der Öffentlichkeit, verträten sie den entgegengesetzten Standpunkt und kollaborierten ohne alle Hemmung mit den Parteien des Monopolkapitalismus.

Was Jeschow meinte, wurde der Opposition im Bundestag erst deutlich, als fünf Jahre später – Ende Januar 1973 – der zum Bundesminister avancierte Egon Bahr in seiner Bundestags-Jungfernrede den Kausalzusammenhang zwischen der parlamentarischen Mehrheit und der Wahrheit erläuterte: Wisse man die erstere auf seiner Seite, lasse sich über die letztere viel offener reden ...

Manches spricht übrigens dafür, daß das Profilierungsstreben der SPD zum glaubwürdigen Verhandlungspartner der Sowjetunion lange vor dem Bonner »Machtwechsel« eingesetzt hat, und zwar bei Gelegenheit der vieldiskutierten und durch die italienische KP-Presse bekanntgewordenen Geheimbesprechungen, die Ende 1967 und Anfang 1968 in Rom beziehungsweise München zwischen Vertretern der italienischen KP unter Luigi Longo auf der einen und den SPD-Vertretern Franke, Bauer und Bahr auf der anderen Seite stattgefunden hatten. Alle drei waren schließlich nicht nur die engsten Berater des Vorsitzenden der SPD, sondern gleichzeitig auch des amtierenden Außenministers Willy Brandt. Auf Grund einer Anfrage der Opposition sagte der Bundesminister für Besondere Aufgaben, Professor Ehmke (im November 1971 bei der 148. Plenarsitzung des Bundestages), die obengenannten drei Herren hätten nur als Parteimitglieder mit der italienischen KP sprechen wollen, um »die beiderseitigen Auffassungen über

Fragen der Sicherheit und Zusammenarbeit in Europa kennenzulernen«.

Die Opposition gab sich mit dieser Antwort zufrieden. Auch Bundeskanzler Kiesinger hatte, als er über diese hinter seinem Rücken organisierten geheimen Treffen zunächst von dritter Seite unterrichtet worden war, geschwiegen und darauf verzichtet, die Koalitionsfrage zu stellen.

Hier gibt es noch Informationslücken, deren baldige Ausfüllung im Interesse einer vorurteilslosen, objektiven Bewertung der Moskauer Verhandlungen und auch im Interesse aller Beteiligten wünschenswert wäre. Fakten, die jedermann angehen, wie etwa der Verlauf der Moskauer Bahr-Mission, sollten ebenso offengelegt werden wie die Gründe, die zu diesen Fakten geführt haben.

Nachdem durch koalitionsinterne Querelen ein Jahr vertan worden war, ist es zwar müßig, heute Betrachtungen darüber anzustellen, welche Entwicklung die Dinge genommen hätten, wenn das Jahr 1969 besser genutzt worden wäre. Sicher ist nur, daß in der Großen Koalition kein Weg nach Moskau an der CDU/CSU vorbeigeführt hätte und die beiden großen Parteien – d.h. also die überwiegende Mehrheit der Volksvertreter – eingeschaltet gewesen wären. Nunmehr und entgegen ihren Erwartungen in die Opposition verwiesen, mußten sich CDU/CSU mit den höchst lückenhaften Informationen abfinden, die die SPD/FDP-Koalition ihnen freiwillig lieferte, ohne noch Einfluß auf den Gang der Dinge nehmen zu können. »Ich brauche die Opposition nicht«, sagte Herbert Wehner zum »Spiegel« und: »Ich finde, daß eine Regierung machen können darf, was ihres Amtes ist, und daß da nicht jeder mitreizt.«

Im Bundestag wiederholte er, »wir brauchen die Opposition nicht«, und: »Es bleibt dabei, daß die Regierung zu regieren hat«, der Regierungssprecher Conrad Ahlers.

Wäre es gelungen, eine Übereinstimmung zwischen den Parteien herbeizuführen, dann wäre es möglich gewesen, die Zeit zwischen Unterzeichnung und – gesicherter – Ratifizierung nützlich auszufüllen; Absprachen mit der Sowjetunion über die Folgewirkungen des Vertrages hätten getroffen werden können. Interne wie externe Differenzen wären klugerweise vermieden worden, wenn die wachsenden Zweifel in die Mehrheit der Regierungsparteien sowohl in Bonn wie begreiflicherweise auch in Moskau nicht Anlaß zu steigender Nervosität gegeben hätten. Wäre dieser Versuch eines Zusammenraufens der Parteien gelungen . . . Aber ist er je – auf der Basis der Staatssekretär Bahr erteilten Instruktionen – ernsthaft unternommen worden? Die Bundestagsdebatte über die Ostpolitik im Januar 1970 wurde nicht wie erwartet mit einer All-Parteienresolution abgeschlossen. Obwohl es sich in parlamentarischen Demokratien für die Regierung mitunter als wünschenswert erweist, sich für bestimmte Verhandlungen, bei denen um hohen Einsatz »gepokert« wird, vom Parlament sichtbar die Manövrierfähigkeit zunächst beschränken zu lassen, wurde von dieser Möglichkeit bewußt kein Gebrauch gemacht. Von den höchst interessiert zuschauenden Beobachtern des Kreml wurde diese Taktik des Kabinetts als weiterer Beweis dafür interpretiert, daß die Koalition entschlossen sei, sich in Ostfragen eben keine Zügel anlegen zu lassen, was bis zum Beweis des Gegenteils nur bedeuten konnte: Vertragsabschluß um jeden auch nur halbwegs akzeptablen Preis. Um nur keinen Zweifel darüber aufkommen zu lassen, ließ sich Herbert Wehner vom »Spiegel« interviewen und sagte auf die Frage, was passieren wird, wenn Verhandlungen mit Polen oder der DDR an der Frage der »Anerkennung« scheitern sollten: »Wird ja nicht scheitern« und »es gibt kein Scheitern«. Wenn das einer der mächtigsten Männer der Regierungspartei schon sagte, bevor Verhandlun-

gen überhaupt eingeleitet worden waren – weshalb sollte dann die andere Seite noch Konzessionen machen?
Und lag nicht der SPD gerade daran, sich nach rechts »abzugrenzen« und das Werk – wenn irgend möglich – allein zu vollbringen? Hier mögen manche Überlegungen der SPD-Führung zusammengetroffen sein, die, wie bereits erwähnt, zu dem Schluß führten, eine sozialdemokratisch orientierte Bundesregierung werde in Moskau eher mehr als weniger Mißtrauen hervorrufen. Sie sollte daher eine Sonderleistung erbringen, um sich vor den Partnern von morgen glaubwürdig zu profilieren. Darüber, daß die Verhandlungsposition der Bundesregierung in Moskau weit stärker und überzeugender gewesen wäre, wenn sie nicht nur eine Hälfte, sondern mindestens zwei Drittel des Bundestags hinter sich gehabt hätte, kann es keinerlei Zweifel geben. Vor allem wäre der Bundesrepublik und der gespannt zusehenden Umwelt das keineswegs sehr würdige, Regierung wie Opposition recht schlecht bekommene Spektakel erspart geblieben, die erforderliche Mehrheit für – oder gegen – die Ratifizierung buchstäblich zusammenzubetteln. Eben dieses die parlamentarische Demokratie kompromittierende Schauspiel aber war präzise vorauszusehen, als die Bundesregierung die Verhandlungen aufnahm. Es hätte spätestens ins Kalkül einbezogen werden müssen, bevor der Bundeskanzler sich im August anschickte, zur Unterzeichnung nach Moskau zu reisen.
»Der Ausgleich mit dem Osten«, sagte Willy Brandt, »ist nicht die Sache einer Partei oder zweier Parteien, einer Koalition oder der Regierung allein; dies geht unser Volk in seiner Gesamtheit an.«
Wie wahr! Allerdings sagte er das wohlbedacht erst am 14. August 1970 in Bonn, als er den Vertrag bereits unterzeichnet hatte.

So ist es nur zu bedauern, daß sich die Mini-Mehrheit der Kleinen Koalition der von der britischen Demokratie oft vorexerzierten Chance begab, sich in außenpolitischen Fragen, die die Nation als Ganzes betreffen, um Gemeinsamkeit mit der Opposition zu bemühen. Nicht nur die erwiesene Bereitschaft des Kreml, mit der Großen Koalition, d.h. also auch mit einem Bundeskanzler der CDU/CSU, zu verhandeln, auch dessen Annäherungsversuche an die DDR und der spätere Verlauf der Ratifizierungsdebatte (einschließlich des differenzierten Votierens der Opposition) haben gezeigt, daß die Kluft zwischen beiden Hälften des Bundestages in der Ostfrage gar nicht so groß war. Schließlich ging es um nichts weniger als um das Schicksal Deutschlands.
Gerade deshalb hatte ich in den letzten Tagen des Jahres 1969 gegenüber Außenminister Scheel in Bonn erwähnt, ich nähme an, Vertragsverhandlungen mit der Sowjetunion würden doch wohl – sollte es nach den Sondierungsgesprächen dazu kommen – zusammen mit der Opposition und unter ihrer Beteiligung vereinbart und geführt werden. Riskiert werde dabei gar nichts. Entweder zögen CDU/CSU die Konfrontation vor und stellten unrealistische Forderungen, dann sei dies nicht nur innenpolitisch, sondern auch verhandlungstaktisch ein Gewinn für die Bundesregierung, oder die Verhandlungen würden in vollem Einvernehmen geführt, dann vermeide die Koalition den Verdacht, nur um der eigenen »Profilierung« willen auf ein Abkommen mit dem Kreml zu drängen. Sie könne sich – gegenüber gewieften Taktikern wie den Sowjets – Zeit lassen, und das Resultat werde, zumal wenn es zu einem Vertrag komme, ein ganz anderes Gewicht haben. Der Minister stimmte zu und sagte, anders sei es »überhaupt gar nicht denkbar« und von der Bundesregierung »natürlich« auch nicht beabsichtigt.
So »natürlich« war das übrigens nicht. Auch Adenauer hat

seine Westpolitik – vor allem 1952 anläßlich des Notenwechsels der Sowjetregierung mit den drei Westmächten über die Wiederherstellung Gesamtdeutschlands – ohne Rücksicht auf die Argumente der Opposition durchgeführt, Konzessionen gemacht, die vielleicht hätten vermieden werden können, und sich nicht sonderlich um eine Einheitsfront im Bundestag bemüht. Die SPD, die damals gegen die ihrer Ansicht nach verfrühte Integrierung Westdeutschlands in den Westen ähnlich argumentierte, wie die CDU/CSU heute gegen die ihrer Auffassung nach überstürzte und fragwürdige Ostpolitik der SPD, hat das damalige Verhalten Adenauers der Opposition in der Ratifizierungsdebatte über den Moskauer Vertrag auch mehrfach vorgehalten.

Ich war daher beruhigt, zu erfahren, daß die neue Bundesregierung Ost-Verhandlungen »natürlich im Einvernehmen mit der Opposition« führen werde. Allerdings war ich mir auch darüber im klaren, daß es nach den während der Großen Koalition aufgestauten Ressentiments nicht einfach sein würde, zwischen dem Siegesbewußtsein der neuen Bundesregierung und der spürbaren Fassungslosigkeit der in die Opposition gedrängten CDU/CSU wieder Gemeinsamkeit herzustellen, noch dazu in einer so vitalen Frage wie den Verhandlungen mit Moskau.

Wie der ehemalige schwedische Botschafter in Wien, Sven Allard, in seinem Buche »Diplomat in Wien« schreibt, habe sich Molotow einmal bei den Verhandlungen um den österreichischen Staatsvertrag sehr befriedigt darüber geäußert, daß die Vertreter Österreichs »die überwältigende Mehrheit des österreichischen Volkes« repräsentierten. Molotow wollte, so fügt Allard hinzu, unterstreichen, daß damit eine um so größere Garantie für die Dauerhaftigkeit der zu treffenden Vereinbarungen gegeben sei.

In Moskau hatte ich den Eindruck, daß die Sowjets auch im Fall eines deutsch-sowjetischen Vertrages diese Gemeinsamkeit nicht ungern gesehen hätten.
Unter den gegebenen parlamentarischen Umständen in Bonn waren sie natürlich auch bereit, anstatt mit der Großen nur mit der Kleinen Koalition, also zahlenmäßig mit der Hälfte des Bundestages, zu verhandeln. Für sie hatte das den Vorteil, die Opposition in Reserve zu behalten und immer dann als eine Rotte kalter Krieger und Revanchisten verteufeln zu können, wenn es ins politische Konzept paßte.
Das Vorgehen der Bundesregierung hatte zur Folge, daß die Sowjets das innenpolitisch bedingte Interesse der Koalition an einem möglichst raschen Erfolg ebenso durchschauten wie den Umstand, daß sie sich selbst zum Erfolg verurteilt hatte. Dementsprechend konnte sich der Kreml hinsichtlich seiner eigenen Konzessionsbereitschaft jede Reserve auferlegen.
In diesen ersten Monaten nach Amtsantritt der neuen Regierung gab es Pressegerüchte über bevorstehende Veränderungen an der Leitung der Botschaft Moskau, und es gab den Besuch dreier prominenter deutscher Journalisten, denen von offenbar unautorisierter Seite ein Interview mit Kossygin zugesichert worden war. Sie warteten acht Tage, teils im Hotel, teils in der Botschaft, und reisten unverrichteter Dinge wieder ab, nachdem sie unter dem Siegel der Verschwiegenheit die »direkt aus dem Bundeskanzleramt« stammende Nachricht verbreitet hatten, meine Abberufung stände unmittelbar bevor. Ohnehin sei nicht beabsichtigt, mich mit der Führung der bevorstehenden Gespräche mit Gromyko zu betrauen.
Es erschienen in der Presse auch Meldungen, die bereits den Namen meines Nachfolgers zu wissen glaubten; Georg Schröder von der »Welt« schließlich wollte erfahren haben, daß meine Abberufung zwar feststehe, aber erst durchgeführt

werde, wenn ich die »einleitenden« Gespräche mit Gromyko geführt hätte.
Der Staatssekretär des Auswärtigen Amts wußte von nichts. Bundesminister Scheel erklärte auf eine Journalistenfrage, es bestünde keinerlei Veranlassung, die Führung der Verhandlungen dem amtlichen Vertreter der Bundesrepublik in Moskau aus der Hand zu nehmen. Dies schließe freilich nicht aus, daß »zum Abschluß der Verhandlungen eine politische Persönlichkeit, etwa sogar der Bundesminister des Äußeren selbst«, nach Moskau kommen würde.
»Die Erklärung des Bundesministers ist also«, wie mir der Personalchef des Auswärtigen Amts, Ministerialdirektor Dr. Federer, dazu schrieb, »nicht etwa eine Desavouierung Ihrer Person gewesen, sondern die ausdrückliche Feststellung, daß Anbahnung und Führung der Verhandlungen Ihnen übertragen werden sollen.«
Nun, im politischen Geschäft sind Gerüchte dieser Art an der Tagesordnung. Schon wenige Wochen nach meinem Amtsantritt im Mai 1968 erhielt ich übrigens Gelegenheit, mich daran zu erinnern, als mich aus Bonn vier Vertreter des »Rings Politischer Jugend« in Moskau besuchten. Ein Angehöriger der CDU führte zwar die Gruppe an, doch ein sozialdemokratischer »Stellvertretender Bundesvorsitzender« bestimmte den Ton. Er führte sich mit dem Hinweis ein, daß er den Parteivorsitzenden und Außenminister Willy Brandt auf dessen Reisen begleite. Daß er außerdem noch Mitglied der »Stern«-Redaktion war, verschwieg er.
Die Herren hatten sich per Brief selbst nach Moskau eingeladen, was immer eine riskante Sache war. Ein diesbezüglicher Hinweis im Antwortschreiben Kalyushnys, des Stellvertretenden Vorsitzenden des »Jugendkomitees der UdSSR«, lautete denn auch kühl:

»Aus Ihrem Brief ist nicht zu entnehmen, auf Einladung welcher Touristengesellschaft Sie unser Land besuchen wollen.« Diese unpassende Frage hielt die vier aber von ihrem verdienstlichen Eifer, die Beziehungen zwischen der Bundesrepublik und der UdSSR zu verbessern, nicht ab. So erschienen sie Ende Mai und hatten »Kontaktgespräche«, bei denen Herr Kalyushny verlangte, zunächst einmal müßte der »Ring Politischer Jugend« alle »Realitäten« anerkennen; alsdann könne man eventuell über Beziehungen zwischen beiden Organisationen sprechen. Nach dieser im Effekt ergebnislosen »Plenarsitzung« mit den vieren empfing Kalyushny die beiden Jusovertreter noch zu einer Besprechung, von der die Vertreter von CDU und FDP bemerkenswerterweise ausgeschlossen waren.
Die vier Herren wurden von der Botschaft betreut, eingeladen und statteten mir noch einen Abschiedsbesuch ab. Wie das so geht, wußten die beiden Vertreter der SPD natürlich längst, wie Ostpolitik zu betreiben sei. Sie beschimpften die »unfähige« Bundesregierung (deren Außenminister ihr eigener Parteivorsitzender war) und fanden es »unbegreiflich«, daß die »längst fällige völkerrechtliche Anerkennung der DDR« noch immer nicht ausgesprochen sei. Sie vertraten ihre Ansichten auch gegenüber ihren FDP- und CDU-Kollegen mit deprimierender Intoleranz. Selbst auf meinen bescheidenen Einwurf, es sei schließlich gar nicht so leicht, auf große Teile seines Vaterlandes mit einem Federstrich zu verzichten, reagierte der Sprecher mit der Replik: »Vaterland? Vaterland? Was ist das denn? Habe ich noch nie gehört . . .«
Bald darauf erschien im »Stern« ein Artikel »die Hosen runter«, in dem dem »altersgeschwächten« Botschafter von besagtem Bundesvorsitzenden attestiert wurde, er verstehe nichts von seinem Geschäft und hinke weit hinter der Zeit einher. In der Tat – von seinem Standpunkt aus hatte er völlig recht, zu-

mal er über die von der SPD vorprogrammierte künftige Ostpolitik sicherlich weit besser Bescheid wußte als ich.

Übrigens war die deutsche Presse, soweit sie politisch orientiert war, gegenüber der Botschaft Moskau stets loyal. Daß sie bei allen Gelegenheiten die Ohren spitzt, um zu erfahren, ob der Regierungswechsel auch Botschafterwechsel nach sich zieht, war ihre Pflicht und ihr gutes Recht. Personalveränderungen im Auswärtigen Amt können stets eines gewissen öffentlichen Interesses sicher sein und werden daher dort mit der gebotenen Diskretion behandelt. Aber irgendwann verlassen die Vorschläge die Panzerschränke der Personalabteilung und wandern weiter: Zum Bundeskanzleramt, zum Kabinett, zum Auswärtigen Ausschuß des Parlaments, zum Innenministerium usw. Und obwohl alle Journalisten vor diesen Behörden gleich sind, so gibt es – wie Willy Brandt einmal in ganz anderem Zusammenhang zu Kossygin sagte – doch »Menschen, die gleicher sind als die anderen«.

Es war also ganz natürlich, daß die Presse den deutschen Botschafter in Moskau besonders unter die Lupe zu nehmen pflegte und auch darüber wachte, ob er sich beim Kreml oder in Bonn unbeliebt gemacht hatte. Wenn die Berichterstattung trotz häufiger kritischer Anmerkungen fast immer sachlich und im Grunde wohlwollend blieb, hatten wir das inbesondere den 13, manchmal auch 14 deutschen Pressevertretern zu verdanken, die in Moskau akkreditiert waren. Wir saßen schließlich in einem Boot, wir waren gleichermaßen daran interessiert, eng zusammenzuarbeiten und hatten alle miteinander das gleiche Ziel vor Augen: eine dauerhafte Verbesserung der deutsch-sowjetischen Beziehungen. Abgesehen von vielen gesellschaftlichen Anlässen kamen wir dienstlich alle zwei Wochen zusammen.

An einem Ort wie Moskau stehen der Presse nicht viel andere

Nachrichtenquellen zur Verfügung wie den Diplomaten, und die vorhandenen fließen bekanntlich spärlich. Um so größere Betriebsamkeit entfaltet naturgemäß die seit jeher berüchtigte »Kreml-Astrologie«, die Kunst also, mangels verläßlicher Informationen den Ablauf interner Kreml-Vorgänge oder künftige Wünsche und Pläne der Sowjetregierung aus den Sternen zu lesen. Die Resultate solcher Analysen sind denn auch häufig danach. Aber sie flattern dem Berichterstatter so gut wie dem Botschaftsbeamten zunächst einmal als »Nachrichten« ohne Quellenangabe auf den Tisch und müssen auf ihren Gehalt untersucht werden. Für den Journalisten und für den Botschafter ist es ebenso mißlich, Nachrichten, die sich schließlich als zutreffend entpuppen, nicht gemeldet zu haben, wie Informationen auf den Leim zu gehen, die sich als falsch erweisen. In einem wie in dem anderen Fall kann man sich in der Zentrale schnell den Ruf einhandeln, eine Schlafmütze zu sein, die nicht genügend aufpaßt, oder ein Dummkopf, der Gerüchte von Tatsachen nicht zu unterscheiden weiß.

So ergibt es sich ganz von selbst, daß ein möglichst lückenloser Nachrichten- und Analysenaustausch von beiden Seiten, der amtlichen wie der journalistischen, gewünscht und gesucht wird.

Auch wenn wir dabei manchmal zu verschiedenen Resultaten kamen, war es für mich besonders hilfreich, daß sich unter den Journalisten eine Reihe wahrhaft »alter Hasen« befand, deren Potential an Osterfahrung das meinige und das meiner Mitarbeiter weit überstieg. Da waren z. B. Hermann Pörzgen von der FAZ, Emil Bölte (Westdeutsche Allgemeine), Joseph Riedmiller (Süddeutsche Zeitung), Heinz Lathe (Münchener Merkur und Ruhr-Nachrichten), Ulrich Fromm (Die Welt), Ulrich Schiller und Lothar Loewe (ARD) u. a.

Vor allem Dr. Pörzgen, mit seiner Frau uns freundschaftlich

verbunden, war 1935 als Berichterstatter in die Sowjetunion gekommen, also schon 33 Jahre im Lande – einige lange Kriegs- und Nachkriegsjahre davon allerdings in einer sowjetischen Gefängniszelle –, bevor ich 1968 nach Moskau kam.
Sie alle hatten »die Nase im Wind«, sie erhielten manche Informationen, deren tieferer Sinn sich erst erschloß, wenn man sie mit Nachrichten verglich, die mir oder meinen Mitarbeitern zugespielt worden waren. Umgekehrt war es genauso. Wie die Angehörigen der Botschaft sammelten sie unermüdlich Teilchen des Puzzles, das erst ein Bild ergibt, wenn es geduldig zusammengesetzt ist.
Welchen Schaden Presseartikel stiften können, ist im Kapitel über die Besetzung der ČSSR angedeutet worden, aber auch manche späteren Ereignisse sind ein Beweis dafür: Wenn z. B. in heiklen und komplizierten Verhandlungen zwischen Ostblockstaaten und der Bundesrepublik die kommunistische Seite Konzessionen macht, liegt es meist nicht im Interesse des Verhandlungspartners, solche Konzessionen der Öffentlichkeit als sensationell zu servieren bzw. sie als großen Sieg der eigenen oder als Niederlage der Gegenseite aufzumachen. So etwas hört keine Regierung gern, schon gar nicht eine kommunistische, die sich fast immer »im Recht« fühlt und kaum zugeben kann, Konzessionen gemacht zu haben. Schon daraus ergibt sich die Notwendigkeit guten Einvernehmens zwischen Botschaft und Presse. Schließlich muß der Botschafter auch daran interessiert sein, daß die mit ihm zusammenarbeitenden Journalisten nicht nur die aktuellen Tatsachen erfahren, sondern auch über Hintergründe unterrichtet werden, vor allem solche, die zu diesen Tatsachen geführt haben, auch wenn sie sich nicht zur Veröffentlichung eignen.
Diese Kooperation setzt ein besonderes Vertrauensverhältnis voraus. Es kann nicht vom ersten Tage an vorhanden sein, son-

dern muß sich – ebenfalls auf der Basis »do ut des« – langsam entwickeln und von beiden Seiten sorgfältig gepflegt werden. In Moskau haben wir uns, wie ich glaube, auf beiden Seiten redlich Mühe gegeben, uns zusammenzuraufen, und der Erfolg hat sich nicht nur in der sachlichen Kooperation, sondern auch im menschlichen Bereich niedergeschlagen. Ihnen allen bin ich Dank schuldig – nicht nur für manche unbeschwerte Stunde bei Krimwein und Wodka, sondern auch für viele nachdenkliche, die nicht wenig dazu beitrugen, mit sich selbst und der Problematik der täglichen Arbeit besser ins Reine zu kommen.
Im Sommer 1969 erschien übrigens im Moskauer Verlag »Swanje« ein von einem Autorenkollektiv unter Leitung von Anatolj A. Gromyko, Sohn des Außenministers und Legationsrat im sowjetischen Außenministerium, verfaßtes Buch »Die Diplomatie des modernen Imperialismus«, in dem ein Kapitel auch der Bundesrepublik gewidmet war. Allen einzeln genannten »westdeutschen« Botschaftern, die nach dem Zweiten Weltkrieg nach Moskau entsandt wurden, wird loyalerweise darin »große diplomatische Erfahrung« attestiert. Bei mir werden alle Posten, die ich ab 1952 innehatte, aufgezählt; der Absatz wird mit der Feststellung geschlossen: »Ihm fällt die nicht leichte Aufgabe zu, die Verwirklichung der sogenannten ›Neuen Ostpolitik‹ anzustreben.«

27.
Truppenparaden

Am 7. November fand zur Feier der Oktoberrevolution bei Schneefall die wie stets eindrucksvolle Truppenparade statt. Der Rote Platz war von unzähligen roten Fahnen eingehüllt und das der Diplomatentribüne gegenüberliegende »GUM« – zu Zarenzeiten das größte Warenhaus der Welt – mit überlebensgroßen kolorierten Fotos verstellt, die die 11 Mitglieder des Politbüros zeigten, alle in offenbar bester Laune und in ihren besten Jahren. Podgorny, Breschnew, Kossygin, Suslow – inzwischen alle über 60 Jahre alt – präsentierten sich im jugendlichen Alter von Mitte 30.
Drehte man sich aber um und warf einen Blick auf die Balustrade des Lenin-Mausoleums, konnte man sie alle in persona sehen. Dort standen sie mit Mantel, Hut oder tief über die Ohren gezogener Schapka (Pelzmütze) und mußten, wenn sie ihr Gegenüber, ihre eigenen Konterfeis betrachteten, sich eingestehen, daß der Zahn der Zeit auch an ihnen ein wenig genagt hatte. Unten hallten die Kommandos des Verteidigungsministers, Marschall Andrej Gretschko, und des Oberbefehlshabers der Armee, Marschall Iwan Jakubowski, weit über den Platz, und in endlosen Kolonnen marschierten ausgesuchte Einheiten aller Truppengattungen salutierend vorbei.
Da ich nie Soldat war, hatte ich zum Drill immer ein ambivalentes Verhältnis: Auf der einen Seite geht mir die Disziplin militärischer Einheiten vor allem dann, wenn die letzte Perfektion so erreicht ist, wie dies heute bei der sowjetischen Armee der Fall zu sein scheint, gegen den Strich, gegen das Recht auf Individualität und wider die Natur, die sicher nicht wollte, daß der Mensch, sobald er in Uniform bzw. im Plural auftritt, wie eine Maschine oder eine Marionette reagiert. Auf der anderen Seite bin ich sicher, daß ein wohldosierter Kursus in Disziplin jungen Männern noch niemals geschadet hat. Vor allem aber: Die einer Armee gestellten Aufgaben können sicherlich nur bewältigt

werden, wenn das Gebot eiserner Disziplin – wohl zu unterscheiden von Kadavergehorsam – erste Priorität besitzt.
Mit dieser Einschränkung versehen, habe ich Militärparaden stets gern besucht und entsinne mich besonders der pittoresken Frühjahrsparaden, die der Vater des jetzigen Schahs von Persien in den dreißiger Jahren vor den Toren Teherans abzuhalten pflegte.
Im Februar 1940 – also bereits im Kriege – fand die letzte statt, an der ich als deutscher Geschäftsträger auf der Diplomatentribüne teilnahm. Links von mir saß der eben eingetroffene neue deutsche Gesandte, Herr Ettel; er hatte sich offenbar als Landesgruppenleiter der NSDAP in Italien verdient gemacht und sich dadurch zum Gesandten im Iran qualifiziert. Da er sein Beglaubigungsschreiben noch nicht überreicht hatte, war er nur intern Chef der deutschen Gesandtschaft, hatte aber bereits in Berlin dafür gesorgt, daß ich als »Nichtparteimitglied« alsbald nach seinem Eintreffen abberufen wurde. Rechts von mir saß unser »Achsengenosse«, der gescheite italienische Gesandte Giuseppe Petrucci, und vor uns hatten Frankreichs Gesandter Jean Helleu und der britische Botschafter Sir Reader Bullard Platz genommen. Der Engländer war, wie ich erfuhr, über Nacht per Auto aus Bagdad gekommen und kämpfte ständig mit dem Schlaf. Kaum saß er, sank sein weißbeschopfter Kopf langsam vornüber, und Sekunden später schien er eingenickt. Leider aber hatte das Protokoll nicht die Möglichkeit vorgesehen, das Truppendefilee schlafend abzunehmen. Jedesmal, wenn eine neue Einheit vorbeimarschierte, hatte man sich also zu erheben, um die Fahne zu grüßen. So beobachteten Petrucci und ich eine ganze Weile, wie der Franzose Helleu seinen alliierten Kollegen Bullard im Auge behielt und ihm regelmäßig, bevor eine Fahne vorbeirauschte, einen leichten Stoß in die Rippen gab. Petrucci sah mich an und sagte: »Da können Sie

mal sehen, es gibt auch Achsen, die funktionieren.« Ich erwiderte: »Die Achsen, bei denen das eine Ende dem anderen Ende immer erst einen Stoß geben muß, wenn es darauf ankommt, taugen alle nichts.«
Petrucci: »Wieder so eine Ihrer hintergründig-defaitistischen Bemerkungen. Aber verlassen Sie sich darauf: Diese Achse da vorne funktioniert weit besser, als . . .«
Ich: »Als was?«
Petrucci: »Ja, als was eigentlich? Ich weiß auch nicht. Meinen Sie nicht, wir sollten eben jetzt das Thema wechseln?«
Diese kleine Geschichte fiel mir wieder ein, als die russischen Waffensysteme – von raubvogelgroßen Panzer-Raketen bis zu atomaren Interkontinental-Raketen – im Schneegestöber an uns vorbeidonnerten.
Die alljährlich auf der Krasnaja Ploschtschad, dem Roten Platz (der übrigens schon immer so hieß; »krasnij« bedeutete im Russischen früher sowohl »rot« wie »schön«) stattfindende Demonstration militärischer Kampfkraft der Sowjetunion war immer wieder ein Erlebnis – allerdings eines, dessen Ende man um so dringlicher herbeisehnte, je kälter die Füße beim Herumstehen auf der offenen Tribüne geworden waren.
Diplomaten im vorgerückten Alter wissen Disziplin am meisten zu würdigen, wenn sie anderen abverlangt wird oder mit Komfort versehen ist. Diese Parade am Vormittag war also ein Schauspiel fürs Volk und ein Lehrstück für die Militärattachés, die mit geübtem Blick herauszufinden hatten, ob sich unter den vorgeführten Waffen neu entwickelte befanden. Gab es nur die alten, sagten sie entweder: »Die Parade ist heuer auf Entspannung getrimmt. Sie zeigen ihre neuen Waffen gar nicht.« Oder aber: »Was, keine neuen Waffen? Ein beunruhigendes Zeichen! Wenn die Sowjets sie diesmal nicht vorzeigen, müssen sie ganz bestimmte Gründe haben . . .«

An diesen Diskussionen unter Fachleuten war die Botschaft der Bundesrepublik nicht beteiligt. Während Frankreich beispielsweise mit sechs, die Vereinigten Staaten mit elf Offizieren der drei Waffengattungen vertreten waren und die DDR-Botschaft über einen militärischen Stab von einem Generalmajor, einem Obersten und drei Oberstleutnants verfügte, war ein solcher Austausch von Militärattachés zwischen der Bundesrepublik und der Sowjetunion damals noch nicht vereinbart. Die sowjetische Armee unterhält nun allerdings bei den Oberbefehlshabern der in der Bundesrepublik stationierten amerikanischen, britischen und französischen Streitkräfte Militärmissionen. Ihnen entspricht eine Militärmission der drei Westmächte, die beim Oberbefehlshaber der in der DDR stationierten sowjetischen Streitkräfte in Potsdam akkreditiert ist. Dank dieser permanenten Präsenz hoher Sowjetoffiziere in der Bundesrepublik hatte und hat die sowjetische Armee naturgemäß ganz andere Informations- und Kontaktmöglichkeiten bezüglich militärischer Daten und Vorgänge bei uns, als etwa die bislang in Moskau nicht vertretene Bundeswehr über entsprechende Vorgänge in der Sowjetunion. Auch hier also konnte bisher – als Folge des verlorenen Kriegs und der Verantwortung der vier Siegermächte für »Deutschland als Ganzes« – von der im diplomatischen Geschäft üblichen »Reziprozität« keine Rede sein.

Eine erst in jüngster Zeit getroffene Vereinbarung sieht nunmehr auch den Austausch von Militärattachés bei den beiderseitigen Botschaften in Moskau und Bonn vor.

28.
Der Dialog beginnt

Im November 1969 erhielt ich die Weisung, Gromyko aufzusuchen und ihm unsere Bereitschaft mitzuteilen, mit den im Prinzip bereits vereinbarten Gesprächen zu beginnen. Wenige Tage nach diesem Besuch schlug Gromyko den 8. Dezember als ersten Gesprächstermin vor.

Ende November flog ich noch einmal nach Bonn, um mir die für die ersten Unterredungen mit Gromyko inzwischen fertiggestellten Direktiven anzusehen. Da sie von der Ostabteilung des Auswärtigen Amts zum Teil unter meiner Mitwirkung ausgearbeitet waren, kannte ich sie bereits in ihren Grundzügen.

Am 8., 11. und 23. 12. 1969 kamen Gromyko und ich (begleitet von meinen beiden Mitarbeitern Botschaftsrat Rudolf Wolf, Legationsrat Immo Stabreit und unserem tüchtigen Dolmetscher Andreas Weiss) im 8. Stock des Außenministeriums am Smolensker Platz im Konferenzzimmer des Außenministers erstmalig zusammen. Gemessen an der spartanischen Einrichtung russischer Büros hatte man diesen Raum – groß genug für fünf Teilnehmer auf jeder Seite des Tisches – einladend freundlich gestimmt. Das Fenster war mit Grünpflanzen und Kakteen geschmückt, mir gegenüber hing ein ebenso hübsches wie sinniges Ölgemälde – erste Tauwetter- und Frühlingsspuren im Winterwald. Mineralwasser, Tee, Kaffee, Plätzchen sorgten dafür, daß die Diskussionen nicht wegen Ernährungsproblemen unterbrochen werden mußten. Alle Teilnehmer kannten sich bereits recht gut. Gromykos Hauptberater, Valentin Falin, jetzt Botschafter in Bonn, war damals als Chef der Dritten Europäischen Abteilung und Mitglied des »Kollegiums«, eines kleinen Elitegremiums des sowjetischen Außenministeriums, mit seinem Stellvertreter Awreli Tokowinin, einer meiner häufigsten Gesprächspartner.

Wir hatten uns alle bereits soweit aneinander gewöhnt, daß

diese ersten Gesprächsrunden entspannt beginnen und sich ohne viele Vorreden den Sachproblemen zuwenden konnten.
Es kann nicht die Aufgabe dieser Aufzeichnungen sein, und läge übrigens auch außerhalb meiner Befugnisse, den materiellen Inhalt der nun anhebenden Erörterungen zu schildern. Sobald die Archive geöffnet werden, bleibt es den Historikern vorbehalten, aus der Dokumentation und dem geschichtlichen Zeitablauf auf den Einfluß zu schließen, der von den Verhandlungen und den dabei erarbeiteten Dokumenten ausgegangen ist.
Ein Vertrag, wie der deutsch-sowjetische vom 12. 8. 1970, ist in seinen Absprachen auf lange Zeiträume angelegt. Nicht zuletzt bestimmen die Präzision oder die Auslegungsmöglichkeiten seiner Formulierungen, zu welchem Zweck sich die Partner seiner bedienen wollen. Stellt sich heraus, daß Probleme, die der eine oder der andere Partner durch Vertragsartikel geregelt wähnte, dank verschiedener Interpretation in Wirklichkeit strittig geblieben sind, hängt es häufig von der Tagespolitik ab, ob es für opportun gehalten wird, von Differenzen in der Interpretation Gebrauch zu machen.
So liegt es in der Natur der Sache, daß Architekten langfristig angelegter Verträge häufig Gleichungen mit vielen Unbekannten lösen müssen, im undurchdringlichen Nebel der Zukunft arbeiten, und die wirklichen Früchte ihres Tuns erst ans Tageslicht kommen, wenn bereits die nächste Generation dabei ist, das auszulöffeln, was die vorhergehende ihr eingebrockt hat.
Die alten Römer wußten das bereits, als ihre Juristen feststellten, daß jeder Vertrag unter der »clausula rebus sic stantibus« stehe, d.h. nur solange seine Gültigkeit behalte, wie die Voraussetzungen, unter denen er abgeschlossen sei, weiterbestehen. Gromyko schien übrigens das gleiche zu meinen, als er gelegentlich betonte, jedem deutschen Politiker stehe es frei,

»Betrachtungen darüber anzustellen, wie Deutschland in 50 oder 100 Jahren aussehen werde. Denken Sie an Nkrumah, der die ›Vereinigten Staaten von Afrika‹ schaffen wollte.«
Von einem Vertrag war in diesem Anfangsstadium der Kontakte natürlich ebensowenig die Rede wie bei den voraufgegangenen Gesprächen. Worauf es ankam und woran mir lag, war, eine Antwort auf die Frage zu erhalten, ob die Zeit reif sei, um einen Vertrag zwischen beiden Staaten auszuhandeln, der das Mißtrauen und die aggressive Virulenz der Beziehungen beider Staaten einschließlich der Beziehungen zwischen Bundesrepublik und DDR entschärft bzw. neutralisiert. War die Zeit gekommen, Wege für eine Zusammenarbeit überall da zu öffnen, wo sie möglich sind, ohne die Lösung der deutschen Frage ad infinitum negativ zu präjudizieren?
Dieses Ziel mußte eigentlich erreichbar sein. Allerdings mußte auch Gromyko von allem Anfang an wissen, daß einige seiner Forderungen von uns nicht akzeptiert werden konnten. Bei Vertragsverhandlungen ist es im allgemeinen üblich, daß die Partner zunächst einmal ihre Maximalwünsche auf den Tisch legen, um die Reaktion der anderen Seite zu testen. Deswegen schien es mir richtig, der Gegenseite frühzeitig klarzumachen, daß keine Chance besteht, mit uns etwa nach der Devise zu pokern: »What's ours, is ours. What's yours, is negotiable.« Schließlich standen wir unter keinem außenpolitischen Zeitdruck! Was 25 Jahre in der Schwebe gehalten worden war, mußte und durfte keinesfalls in wenigen Wochen zur Entscheidung gebracht werden.
Am 25. Dezember flog ich nach Bonn. Meine telegrafische und mündliche Berichterstattung über die je zwei- bis dreistündigen Unterredungen mit dem sowjetischen Außenminister und meine Vorschläge wurden vom Bundesaußenminister und vom Bundeskanzler mit Interesse, von Minister Ehmke und Staats-

sekretär Bahr dagegen mit auffälligem Schweigen quittiert. Wann ich wieder nach Moskau führe? Anfang Januar möge ich dann doch an der Erarbeitung der weiteren für mich bestimmten Instruktionen mitwirken.

Nach Moskau zurückgekehrt, stellte ich bei der täglichen Durchsicht der Moskauer Presse fest, daß sich die Propagandamaschine ohne Zweifel weit behutsamer drehte, daß auch weniger bösartige Karikaturen deutscher Politiker erschienen. Trotzdem gab es nach wie vor heftige Attacken gegen die Bundesregierung.

Am 10. Januar 1970 protestierte die DDR gegen Fraktions- und Ausschußsitzungen des Bundestages in West-Berlin. DDR-Innenminister Dickel forderte den Regierenden West-Berliner Bürgermeister Klaus Schütz brieflich auf, den »völkerrechtswidrigen Bestrebungen zur Einbeziehung West-Berlins in den westdeutschen Staat« ein Ende zu setzen. Als die Sitzungen dann doch erfolgten, kam es zu erheblichen Behinderungen im Berlin-Verkehr.

Noch in der letzten Januarwoche schrieb die »Prawda«:

»Den Zielen der Verschärfung der Spannungen im Zentrum Europas dient offenbar auch die Serie von Sitzungen der Bonner Parlamentsfraktionen, die jetzt die Politiker der Bundesrepublik Deutschland, fern von ihrem Territorium, in West-Berlin begonnen haben. Diese Provokationen stehen im klaren Widerspruch zu den Versicherungen der Regierung der Bundesrepublik Deutschland über ihr Bestreben, eine angenehme Atmosphäre für Begegnungen und Gespräche zu schaffen. Hierin kann man unschwer das Bestreben erkennen, praktische Schritte zur Schaffung eines Systems kollektiver Sicherheit zu verhindern.«

Und die für außenpolitische Fragen wichtige Zeitung »Sa Rubeshom« (»Jenseits der Grenzen«) hob hervor:

»Die neue Regierung bekräftigt unmißverständlich ihre Zugehörigkeit zur NATO und zur Spaltung und zum Rüstungswettlauf. Diese Überfülle an Elementen des alten Kurses führt zu ernsten Überlegungen ... Besteht nicht zwischen der sozialdemokratischen Führungsspitze und der Opposition ein unausgesprochenes Abkommen: Soll die CDU nur laut schreien, dann können wir, die Regierung, uns auf eine starke Opposition berufen, und wir werden uns fortbewegen nach dem Prinzip vorwärts, rückwärts, auf der Stelle ...

Wie der Bericht Willy Brandts und die Debatten im Bundestag zeigen, ist die Führungsspitze der Bundesrepublik Deutschland noch weit entfernt von der Umkehr zu einem konstruktiven Kurs.«

Am 23. Januar erhielt ich vom Bundesaußenminister ein Telegramm, nach dem er – um die Bedeutung der Besprechungen hervorzuheben – zum nächsten Gespräch mit Gromyko Staatssekretär Bahr entsenden werde. »Nach dieser Zwischenphase ... würde die Delegationsleitung wieder von Ihnen übernommen werden. Selbstverständlich nehmen Sie auch an den Gesprächen von Staatssekretär Bahr teil.«

Wenige Tage danach schrieb »Der Spiegel«, »führende Sozialdemokraten« argwöhnten, die Bundesregierung habe diesen Wechsel vorgenommen, weil ich die Gespräche mit Gromyko »zwar redlich, aber nicht mit dem genügenden Engagement« betreibe.

Außenminister Scheel, Ende Januar im »Verein der Auslandspresse« auf seine angebliche Absicht, mich abzuberufen, angesprochen, bestritt nachdrücklich, dies vorzuhaben und betonte, daß ihn seit gemeinsamer Arbeit in der EWG ein »besonders gutes Verhältnis« mit mir verbinde.

»Nicht genügendes Engagement« – ein Vorwurf, der sicherlich in vollem Umfange berechtigt war, wenn man Engagement mit

Schnelligkeit übersetzte; denn daß es der amtierenden Bundesregierung eben darauf ankam, hat die weitere Entwicklung bewiesen. Es war nicht der Ehrgeiz, mit den Sowjets zu einem möglichst ausgewogenen Vertrag zu kommen – gleichviel, wie lange so etwas dauern würde –, es waren, wie »Der Spiegel« schrieb, »die Landtagswahlen an Rhein, Ruhr und Saar« am 14. Juni 1970, die die Bundesregierung in Moskau zur Eile trieben.

Wie auch immer, die Beauftragung Bahrs war die unzweideutige Mitteilung, daß die Zuständigkeit für Ostfragen dem Auswärtigen Amt entzogen und auf das Bundeskanzleramt übergegangen war. Ich hatte mit meiner Moskauer Mission zwar die Hoffnung verknüpft, vielleicht etwas zu einer Normalisierung beitragen zu können, hatte aber niemals Zweifel, daß es nicht Sache des Botschafters am Ort sein kann, neben allen Routinegeschäften eine so komplizierte und vermutlich lang dauernde Aufgabe zusätzlich zu übernehmen. So hatte ich stets damit gerechnet, daß zu gegebener Zeit ein hoher Beamter aus Bonn, der Staatssekretär oder der Leiter der Ostabteilung, nach Moskau kommen würde, sofern nicht der ersten Runde in Moskau eine zweite in Bonn folgen würde.

Was mich irritierte, war also nicht etwa die Beauftragung eines Staatssekretärs, die sich übrigens protokollarisch schon deshalb anbot, weil der Bundeskanzler inzwischen beschlossen hatte, Georg F. Duckwitz, den Staatssekretär im Auswärtigen Amt, zu Parallelverhandlungen nach Warschau zu entsenden, sondern der Zeitpunkt! Aus ihm ging hervor, daß Bonn die Sondierungsphase bereits als abgeschlossen betrachtete und nunmehr direkt aufs Ziel, einen Vertragsabschluß, zugehen wollte. Mir erschien diese Beauftragung verfrüht. Mit der Betrauung des amtlich wie persönlich dem Bundeskanzler als Berater am nächsten stehenden Staatssekretärs Bahr wurde deutlich ge-

macht, daß wir nicht mehr vorhatten zu sondieren, sondern daß wir möglichst rasch zu einem Vertrag kommen wollten.
Die Verkündigung der Zweistaatentheorie in der Regierungserklärung war für die Sowjets das erste, die Betrauung Staatssekretär Bahrs mit der Leitung der deutschen Delegation das zweite und die Verhandlungstaktik das dritte Signal, daß diese Bundesregierung nicht viel Zeit habe.
Sondierungen oder Gespräche kann man jederzeit ohne besonderes Aufsehen abbrechen, unterbrechen, wieder aufnehmen. Sobald man aber den Eindruck hervorruft, »Verhandlungen« zu wollen, setzt man sich selbst unter Druck. Werden sie abgebrochen oder auch nur für geraume Zeit unterbrochen, gelten sie als gescheitert, und damit kommt das »Prestige« der beiden Partner ins Spiel.
So war es trotzdem richtig, daß die Bundesregierung von Anfang an Bahrs Gespräche als »Gespräche« bezeichnete und dies auch dann noch tat, als – entgegen Versicherungen der Bundesregierung – längst daraus »Verhandlungen« geworden waren. Hermann Pörzgen hatte das bereits nach wenigen Tagen bemerkt und schrieb in der »Frankfurter Allgemeinen Zeitung« von den »Gesprächen, die man ruhig auch Verhandlungen nennen kann«.
Ende Januar traf Staatssekretär Egon Bahr in Moskau ein, und am 30. Januar 1970 wurden die Gespräche nunmehr unter seiner Delegationsleitung da fortgesetzt, wo sie am 23. Dezember beendet worden waren.
Auf meine wiederholte Bitte, mir seine Instruktionen zugänglich zu machen, entgegnete Bahr, schriftliche gäbe es nicht. Es sei alles mündlich vereinbart worden. Meine Bemerkung, jetzt sei mir sein und Ehmkes Schweigen begreiflich, als ich Anfang Januar mit ihnen über den Fortgang der Diskussion mit Gromyko hatte sprechen wollen, quittierte er mit dem Hinweis, er

und Ehmke seien zu dieser Zeit bereits entschlossen gewesen, den Delegationsführer zu wechseln. Er habe aber darüber noch nicht sprechen können, weil das Placet des Bundeskanzlers und das des Bundesaußenministers noch ausgestanden hätten. Seinen eigentlichen Auftrag formulierte er mir gegenüber etwa ebenso wie in einem Gespräch mit dem »Spiegel«: »Mein Ziel ist, den Meinungsaustausch so weit zu fördern, daß man klar ist, ob es Aussicht auf Erfolg hat, in die Verhandlungen zu gehen.«

So einfach war das also! Der frühere Staatssekretär im Auswärtigen Amt, Prof. Dr. Carstens, merkte in einer von der FAZ publizierten Stellungnahme zum Moskauer Vertrag zum Thema »Instruktionen« an: »Die diplomatische Erfahrung lehrt, daß je wichtiger ein Verhandlungskomplex ist, desto genauer die Instruktionen an den Unterhändler vorher schriftlich festgelegt werden müssen, und daß je höher der Unterhändler im Rang steht, er desto fester an die Instruktionen gebunden sein muß.«

Gromyko, immer von Valentin Falin und mitunter auch von Wladimir Semjonow begleitet, hatte es schon rein technisch leichter als der deutsche Delegationsleiter Bahr. Während ich auf der Basis schriftlicher Instruktionen verhandelt hatte, war Gromyko seinerseits, soweit er nicht ebenfalls schriftliche Unterlagen mitbrachte, ständig »an der Leine« der zuständigen Männer des Zentralkomitees und des Politbüros. Alles, was Gromyko sagte, forderte, konzedierte oder billigte, war bereits vorher mit den zuständigen Instanzen des Kreml abgestimmt. Wann immer es ihm nötig schien, unterbrach er die Sitzung und sprach von seinem in der Nähe gelegenen Büro mit den zuständigen Vorgesetzten, Kollegen oder Mitarbeitern. Die deutsche Delegation war währenddessen nicht unter sich und konnte daher auch keine vertraulichen Beratungen führen. Sie benutzte

die Abwesenheit Gromykos dazu, vom Fenster aus den Fortgang der Bauarbeiten am gegenüberliegenden Hotel »Smolensk« aufmerksam zu beobachten und trank dazu die ebenso wohlschmeckenden wie bekömmlichen Mineralwasser »Narsan« oder »Borschomij« aus den Tiefen des Kaukasus.
Während Gromyko sich also im ständigen Kontakt mit seiner Regierung halten konnte, mußte Bahr – wenn auch vom rückhaltlosen Vertrauen des Bundeskanzlers getragen – sozusagen »ohne Netz« arbeiten, vielleicht nicht in der großen Linie, so doch in allen Details, aus denen sich die große Linie zusammensetzt.
Die Russen gaben bald auf ihre Art zu erkennen, daß sie den Sinn der Mission verstanden hatten: Anfang Februar 1970 erhielt ich eine Einladung zur Gründung eines »Instituts für Beziehungen mit der Öffentlichkeit der Bundesrepublik Deutschland«. Es bezog seinen Sitz im Hause der Völkerfreundschaft, einem alten Patrizierpalais am Kalininprospekt, und wurde mit einer Feierstunde eröffnet. Ich wurde gebeten, eine Ansprache zu halten. Es war das erste Mal, daß ich vor einer – wenn auch gründlich gesiebten – »Öffentlichkeit« der Sowjetunion sprechen sollte. Da mein sowjetischer Kollege Semjon Zarapkin in Bonn Anfang Januar 1969 Gelegenheit erhalten hatte, vor dem Deutschen Fernsehen zu sprechen und um Überlassung von Fundstücken aus der Deutschlandzeit Lenins zu bitten, wollte man sich mit meiner Rede sozusagen revanchieren und gleichzeitig mit der Gründung des Instituts ein politisches Zeichen setzen!
Als Präsident des Instituts stellte sich Herr Chwostow vor, renommierter Professor der Germanistik an der Lomonossow-Universität und später bis zu seinem Tode häufiger Gast in meinem Hause. Seine Eröffnungsrede bestand, wie zu erwarten war, in einer recht polemischen Darstellung der Entwicklung im

Nachkriegs-Deutschland. Adenauer habe die Politik des kalten Krieges und der gegen die Sowjetunion gerichteten Spannung eingeleitet, die dann von seinen Nachfolgern Erhard und Kiesinger fortgesetzt worden sei. Mir blieb nichts anderes übrig, als meine eigene vorbereitete Rede, während er sprach, ständig umzuformulieren, um einiges von seinen Ausführungen zurechtrücken zu können. In einem Lande, in dem facts als facts erst anerkannt werden, wenn sie sich mühelos in das von oben verordnete und sich mitunter verändernde Geschichtsbild einpassen lassen, muß man – zum Reden verurteilt – stets darauf gefaßt sein, die eigenen Worte unerwarteten Gegebenheiten der Situation anzugleichen.
Als im November 1971 Bundesminister Scheel auf der Suche nach einem Gebäude für das neue deutsche Generalkonsulat nach Leningrad kam, begrüßte ihn bei einem exzellenten Mittagessen ein weibliches Mitglied des Obersten Sowjet der Stadt mit einer Rede, die ausschließlich von den Verbrechen der faschistischen Belagerer und den immensen ideellen und materiellen Schäden handelte, die der Stadt 1941 bis 1943 zugefügt worden seien. Oberst Tulpanow – den Berlinern als langjähriger »Re-Edukations«-Offizier der sowjetischen Besatzung wohl bekannt – rutschte immer unruhiger auf seinem Stuhl hin und her, und der Dolmetscher gab sich beträchtliche Mühe, die unfreundlichsten Passagen erst gar nicht zu übersetzen. Nachdem die Dame endlich geendet hatte, erhob sich Scheel, zog langsam die ihm von der Botschaft vorbereitete sehr freundliche Rede aus der Tasche, faltete sie langsam und betont nachdenklich wieder zusammen, steckte sie weg und bemühte sich, aus dem Stegreif auf den Ton der Gastgeberin die richtige Antwort zu finden. Was ihm übrigens vortrefflich gelang!
So ähnlich ging es mir, als ich mich bei der Institutseröffnung erhob, um Chwostow zu entgegnen. Allerdings war es für mich

sehr viel einfacher als für Außenminister Scheel in Leningrad: mein Vorredner hatte schließlich doch noch den ständig erhobenen Zeigefinger sinken lassen und gute Worte für die Möglichkeiten deutsch-sowjetischer Zusammenarbeit gefunden, an Rapallo erinnert, den Hitler-Stalin-Pakt vergessen und »absolute Offenheit« in der Bewältigung der Vergangenheit empfohlen. »Aller Anfang ist schwer«, so schloß der Professor seine Rede, und ich konnte daran anknüpfend sagen, es handele sich nach den beispiellosen Verbrechen des NS-Regimes in der Tat um einen neuen Anfang, der allerdings den guten Willen aller ebenso voraussetze wie die »absolute Offenheit« auf beiden Seiten.

Pfarrer Mochalski, Generalsekretär der »deutsch-sowjetischen Freundschaftsgesellschaft«, die ein Jahr zuvor in Frankfurt gegründet worden war, wünschte anschließend »den gegenwärtigen Verhandlungen zwischen unseren Regierungen« vollen Erfolg und sorgte dafür, daß die rund 100 geladenen Gäste zum ersten Mal von »gegenwärtigen Verhandlungen« erfuhren. Die sowjetische Nachrichtenagentur TASS ließ sich noch ein paar Tage Zeit und brachte die – acht Wochen alte – Neuigkeit unserer Gespräche erst am 10. Februar, am Abend des gleichen Tages also, an dem Gromyko zu mir zum Abendessen kam.

Der letzte sowjetische Außenminister, der eine Einladung des deutschen Botschafters akzeptiert hatte, war Wjatscheslaw Molotow, und das lag dreißig Jahre zurück. Kurz vor seiner obenerwähnten Berlinreise im November 1940 hatte er beim Grafen von der Schulenburg gegessen. So war es nur zu begreiflich, daß die Nachricht vom Besuch Gromykos beim Botschafter der Bundesrepublik als Sensation wirkte. Hinzu kommt, daß Gromyko nur in Ausnahmefällen Dinereinladungen von Botschaftern annimmt, teils aus Zeitmangel, teils aber

auch, weil er – ebenso wie übrigens Molotow – Essen und Trinken für eine zwar offenbar gottgewollte, aber höchst überflüssige Zeitverschwendung hält.
Gromyko also erschien, begleitet von Semjonow, Falin, dessen Stellvertreter Tokowinin, dem neuen hilfsbereiten Protokollchef Kolokolow und – als Vertreter des erkrankten Pressechefs des Außenministeriums, Samjatin – der stets gutgelaunte Botschaftsrat G. I. Wladimirow, derzeit sowjetischer Generalkonsul in Hamburg. Auf deutscher Seite waren erschienen: Staatssekretär Bahr mit einem vom Auswärtigen Amt entliehenen jungen Völkerrechtler, Herrn von Treskow, dem späteren Kulturattaché in Warschau, mein Vertreter, Gesandter Otto von Stempel, Botschaftsrat Wolf und andere Mitarbeiter.
Als Gromyko den Füller zückte, um sich ins Gästebuch einzutragen, zögerte er, blickte auf zu mir und vergewisserte sich: »Wenn ich mich nun weigere, zu unterzeichnen – bekomme ich dann trotzdem etwas zu essen?«
Ich entgegnete: »Also noch ein schwieriges Problem mehr! Ich schlage vor, es bis zu unserer morgigen Sitzung zurückzustellen . . .«
Als Vorspeise gab es Kaviar mit gebackenen Kartoffeln und Smetana, saurer Sahne – eine Komposition, die wir im altberühmten Restaurant »Horcher« in Madrid entdeckt hatten. Sie war für die Russen neu, aber sie fand, wie mir schien, ihren Beifall. Das Gericht hatte übrigens auch Eingang in die deutsche Presse gefunden: Jedermann, so hieß es da, der sich zum Jet-set des Palace-Hotels in St. Moritz profilieren möchte, bestelle viel Kaviar mit gebackenen Kartoffeln und saurer Sahne, verzehre Kartoffeln und Sahne und lasse den Kaviar gelangweilt wieder abräumen . . . Unsere Tischrunde gehörte wahrhaftig zu keinem Jet-set. Sie verzehrte den Kaviar – zufolge beträchtlichen Rückgangs der russischen Kaviarproduktion bei gleichzeitiger

permanenter Steigerung des Exports auch für die Russen eine rare Delikatesse –, trank Wodka dazu, später französischen Rotwein und deutschen Sekt und war sehr guter Laune.
Natürlich wurden Reden gehalten. Der Gastgeber sprach, sobald nach russischer Gepflogenheit beim Dessert der Augenblick des Redens gekommen war. Ich erinnerte an den bereits Staatspräsident Podgorny gegenüber geäußerten Wunsch, es möge doch gelingen, die dicken Felsbrocken beiseitezuräumen, die den Weg zu einer Verständigung versperrten. Um im Bilde zu bleiben, sagte ich:
»Natürlich weiß man nie, was sich darunter verbirgt. Mein höchstpersönlicher und auch mein Wunsch als Botschafter der Bundesrepublik ist es aber, daß sich unter diesen Felsbrocken, deren Gewicht jedermann bewußt ist, die Keime aller möglichen Pflanzen befinden mögen. Vielleicht warten sie nur auf ein wenig Luft und ein wenig Sonne, um sich endlich entfalten zu können.«
Gromyko sprach eindringlich vom Realismus, der uns nun zu Gesprächen zusammengeführt hätte, und von seiner Hoffnung, daß wir verständen, die Sowjetregierung meine es ernst, »ungeachtet aller Schwierigkeiten, die noch überwunden werden müssen«.
Bahr äußerte den Wunsch, daß alle miteinander beginnen mögen, die Gräben in Europa zuzuschütten.
Die unvermeidliche gestelzte Förmlichkeit der Floskeln in solchen Tischreden entsprach keineswegs der erfreulich ungestelzten aufgelockert-freundlichen Atmosphäre des ganzen Abends. Gromyko brillierte mit erstaunlichen Kenntnissen von Goethes Leben und seinen Werken, Semjonow interessierte sich für eine Sammlung geschichtsträchtiger Originalbriefe Friedrichs des Großen, Wallensteins, Maria Stuarts oder Marginalien Kaiser Wilhelms II., Valentin Falin für mancherlei in

einer Vitrine ausgestellte Ausgrabungen römischer und frühpersischer Provenienz und wir alle miteinander für die entscheidende Frage: Werden die Gespräche, deren letztes schwieriges erst am Mittag zu Ende gegangen war, wirklich eine Wende bringen?
Unsere Gäste verließen die Botschaft wie bei ihnen üblich gegen 23 Uhr. Ich habe es in vier Moskauer Jahren kaum je erlebt, daß beamtete Sowjets nicht pünktlich gekommen wären oder eine Gesellschaft später als 23 Uhr verlassen hätten – es sei denn, sie hätte erst gegen Mitternacht begonnen. Auch das kam vor, wenn es sich um Empfänge zu Ehren von Künstlern handelte, mitunter nach Opern- oder Konzertbesuchen.
Als Gromyko mit seiner persianergrauen Schapka auf dem Kopf die winterkalte Straße betrat und von wartenden Journalisten verschiedenster Nationalität bestürmt wurde, beschränkte er sich in englischer Sprache auf die lapidare Bemerkung: »Sie wissen doch, ich pflege keine Interviews zu geben, aber es war ein gutes Essen und eine gute Unterhaltung. Ein sehr gutes Essen . . .«
Mehr zu sagen, verbot ihm die diplomatische Taktik. Dieser Besuch war – und Gromyko hatte es in seiner Tischrede auch verklausuliert angesprochen – ein weiteres offizielles Signal der sowjetischen Führung, daß sie in ihrem Verhältnis zur Bundesrepublik Deutschland eine grundlegende Änderung wünsche. Es war insoweit ein geschichtsträchtiges Diner, in dessen Folge die Weltpresse – insbesondere die französische – an den »Rapallo«-Vertrag erinnerte, mitunter um ein Positivum auszudrücken, meist aber doch, um das Gespenst einer deutsch-russischen Verständigung auf Kosten Westeuropas an die Wand zu malen.

29.
Scheels Stop-over in Moskau

Nur wenige Tage nach dem Besuch Gromykos machte in der Nacht vom 12. zum 13. Februar 1970 Bundesaußenminister Walter Scheel auf einem Flug nach New Delhi Station auf Moskaus internationalem Flughafen Sheremetjewo. Obwohl es sich nur um eine technische Zwischenlandung der »Air India« handelte und die deutsche Botschaft wie international üblich den kurzen Aufenthalt des prominenten Passagiers dem Außenministerium dementsprechend notifiziert hatte, benutzten die Sowjets die Gelegenheit zu einer – auch angesichts der Nachtstunde – besonders netten Geste.
Der stellvertretende Außenminister Semjonow, der Leiter der III. Europäischen Abteilung Botschafter Falin mit einigen Mitarbeitern, deutsche und sowjetische Journalisten und Fotografen erschienen zur Begrüßung Scheels in dem mit viel Blattpflanzen und einem stets gut gepflegten Aquarium ausgestatteten Empfangsraum für VIPs, »very important persons«, von Sheremetjewo.
Während wir noch auf die Maschine warteten, kam der frühere indische Verteidigungsminister Krishna Menon. Als Abgeordneter der Kongreßpartei hatte er, wie er mir erzählte, an einem Parlamentariertreffen in Kairo teilgenommen und war nun auf dem Heimweg. Er hatte im April 1955 Premierminister Jawaharlal Nehru zur Bandung-Konferenz begleitet, wo er mir einige Male begegnet war, und hatte durch seine militante Sprache und sein anspruchsvolles Auftreten nicht wenig dazu beigetragen, daß die indische Delegation keineswegs so abschnitt, wie Nehru sich das sicherlich gewünscht hatte.
Als Scheel mit seiner Begleitung eintraf – nach dem Adenauer-Brentano-Besuch 1955 wieder der erste deutsche Außenminister auf russischem Boden – gab es eine freundschaftliche Begrüßung mit den sowjetischen Diplomaten und die überraschende Einladung zu einem festlichen, in einem Ne-

benraum vorbereiteten Diner. Das gute Essen, die vielen vorzüglichen armenischen Kognaks, die von Walter Scheel stets ausstrahlende Atmosphäre völliger Unbeschwertheit und die Humorempfänglichkeit Semjonows dokumentierten von Anfang bis zum Ende des kurzen Aufenthalts – und dies war die Absicht dieser großzügig manifestierten Gastfreundlichkeit –, daß zwischen der Sowjetunion und der Bundesrepublik Tauwetter eingetreten war.

Als zwei Wochen zuvor Staatssekretär Bahr zum offiziellen Besuch in Moskau ankam, hatte die von mir orientierte sowjetische Seite davon kaum Notiz genommen. Wenn kurz danach bereits ein nächtliches »Stop-over« des Außenministers ausreichte, um ein umfangreiches Zeremoniell in Gang zu setzen, eröffnete das erfreuliche Perspektiven für die Zukunft, und vor allem – es ließ durchblicken, daß die Sowjets vom bisherigen Verlauf der Gespräche mit Bahr offenbar befriedigt waren.

Zur Presse gewandt bemerkte Scheel, vielleicht sei die »Gesprächs«-Phase bereits vorbei und die zweite Phase der »Verhandlungen« schließe sich an. Ende April hieß es dann allerdings, bisher habe es sich bei der Bahr-Mission nur um »Gespräche sondierender Art« gehandelt, bei denen (laut erneuter Äußerung des Ministers im Juni) nur »Protokollnotizen« erstellt worden seien.

Bald nach dem Außenminister der Bundesrepublik kam Anfang März ein weiterer und im Handumdrehen besonders erfolgreicher Botschafter des guten Willens – Anneliese Rothenberger.

Dieser erstaunlichen Frau, die eine blendende Erscheinung mit einer begnadeten Stimme, mit großer menschlicher Wärme und verblüffender Arbeitskraft verbindet, gelang es sehr rasch, die durch die Vielzahl ihrer eigenen Gesangsgrößen verwöhnten Moskowiter zu faszinieren. Noch eine Zugabe und noch eine

Zugabe . . .! Es fiel ihr selbst mit dem Wiegenlied von Schubert »Guten Abend, gute Nacht« nicht leicht, ihren Zuhörern begreiflich zu machen, daß auch dies Konzert ein Ende finden müsse.

Ein anschließendes Essen in unserer Residenz brachte sie mit einigen Mitgliedern des sowjetischen Außenministeriums, mit dem mehrfach zitierten Abgeordneten und Prawda-Kolumnisten Juri Schukow, mit »Shoushou« Ghaleb, der charmanten Gattin des ägyptischen Botschafters, Egon Bahr und Kollegen des Diplomatischen Corps zusammen. Begleitet von ihrem Mann Gerd W. Dieberitz und ihrem Pianisten, Professor Günther Weißenborn, machte sie diesen Abend zu einem der schwerelosesten und vergnügtesten in unserer Moskauer Zeit.

30.
Zustimmung und Skepsis im Westen

Bei unseren westlichen Freunden überwog angesichts der Bahr-Mission fürs erste die – vermutlich illusionäre – Hoffnung, dank der deutsch-sowjetischen Verhandlungen der lästigen Bürde der »querelles allemandes« alsbald ledig zu werden, ohne sich selbst dabei engagiert zu haben. Frankreich – noch zu Beginn der fünfziger Jahre vielleicht unschlüssig in der Frage, ob die Sowjetunion im Herzen Europas oder ein wiedervereinigtes Deutschland das geringere zweier Übel sei – hatte sich schon angesichts des unerwartet schnell gestiegenen Industriepotentials beider deutscher Staaten längst für die Teilung entschieden. Nachdem die Bundesregierung bereits vorab in der Regierungserklärung die Existenz zweier deutscher Staaten bejaht hatte, verfolgte die französische Regierung die Moskauer Gespräche daher mit viel Sympathie, aber auch mit größter Wachsamkeit: nicht nur wegen ihrer Prärogativen in bezug auf Gesamt-Deutschland und Berlin, die sie keinesfalls preisgeben wollte. Hinzu kam das profunde Mißtrauen, das ihr jegliche aktive Lebensäußerung des Nachbarn einzuflößen pflegt, das die seit 1962 feierlich beschworene Freundschaft belastet und zur unverhohlenen Freude des Kreml Fortschritte im westeuropäischen Zusammenschluß erschwert.
Im vorliegenden Fall direkter deutsch-sowjetischer Kontakte schien den Franzosen Mißtrauen schon deshalb besonders angebracht, als sie vermutlich befürchteten, die Sowjets könnten den Deutschen für den Preis ihrer Neutralisierung oder einer wirtschaftspolitischen Anlehnung an den Ostblock doch noch langfristig die Wiedervereinigung in Aussicht stellen.
Aber auch die übrigen Mitglieder des Atlantikpaktes und der westeuropäischen Völkerfamilie waren auf Verlauf und Resultat gespannt und zeigten Skepsis. Sowohl der zunächst »hektisch-spektakuläre Beginn« als auch der »innenpolitische Erfolgszwang«, denen sich der deutsche Bundeskanzler freiwillig

unterworfen hatte, wurden vom Ausland registriert. Nicht nur die so formulierende »Neue Zürcher Zeitung«, sondern auch die Westmächte waren davon überrascht – übrigens ebenso wie einige Monate später von der Eile, mit der der Vertrag paraphiert und unmittelbar danach unterzeichnet werden mußte.
Wieder waren es die Franzosen, deren Presse sich zuerst an den Vertrag von Rapallo vom 16. 4. 1922 erinnerte. Er hatte damals dem Deutschen Reich ein Mindestmaß an Luft und Bewegungsfreiheit verschafft, das Frankreich ihm zu verwehren trachtete. Mit all den Mitteln leider, die Hitler später bei der propagandistischen Vorbereitung seiner Machtübernahme von Nutzen gewesen sind. Vom Rapallo-Vertrag hatten die Westmächte übrigens erst erfahren, als die Unterzeichnung unmittelbar bevorstand. Ähnlich ging es ihnen siebzehn Jahre später mit dem Hitler-Stalin-Pakt, über dessen bevorstehende Unterzeichnung die in Moskau weilenden englischen und französischen Unterhändler erst orientiert wurden, als sie im August 1939, wenige Tage vor Eintreffen des Reichsaußenministers von Ribbentrop, an einer vom deutschen Botschafter Graf von der Schulenburg veranstalteten Tennisparty teilnahmen. Hitler und Stalin hatten es dann sogar so eilig, daß sie darauf verzichteten, die gesetzgebenden Körperschaften formell mit der Ratifizierung zu befassen. Sie setzten den Vertrag nach geleisteter Unterschrift sofort in Kraft.
Ruft man sich diese Ereignisse wieder in Erinnerung, ist es nicht eben verwunderlich, daß die USA, Frankreich und Großbritannien den neuerlichen Versuch Rumpf-Deutschlands, das Problem »Ost-Beziehungen« zu lösen, und dies nunmehr im Eiltempo, mit einiger Skepsis beobachteten.
Wenn der amtierenden Bundesregierung wohl auch niemand ernsthaft die Absicht, den Westen gegen den Osten auszuspielen, unterstellte, gab es doch in diesem Zusammenhang eine

andere nicht minder schwerwiegende Befürchtung: Ganz abgesehen davon, daß der Begriff »Entspannung« in Moskau anders definiert wurde als in Bonn oder Washington, war nicht auszuschließen, daß eine bilaterale Vereinbarung der Bundesrepublik mit der Sowjetunion unter Umständen Gewichtsverschiebungen in Europa nach sich ziehen würde, bei denen vitale Interessen dritter Staaten, einschließlich der USA, nicht hinreichend Berücksichtigung gefunden hatten.

Schon aus diesem Grunde war der Wunsch der Westmächte, über Vorhaben und Taktik laufend konsultiert zu werden, mehr als legitim. Niemand, der die europäische Sicherheit im Auge hat, kann es sich unter den heutigen Umständen leisten, isoliert mit der Sowjetunion zu verhandeln. Davon konnte bei der Bahr-Mission jedenfalls insoweit keine Rede sein, als die Bundesregierung den mit der Sowjetunion zu schließenden Vertrag bekanntlich als »Lokomotive« für weitere Verträge – vor allem für ein Viermächte-Abkommen über Berlin – betrachtete, für die die Mitwirkung der Alliierten unentbehrlich war. Aus guten Gründen nichts mehr fürchtend als eine Entspannung in Mitteleuropa, versuchte das Ost-Berliner Parteiorgan »Neues Deutschland« noch im Dezember 1969, die Bonner Ostpolitik als »Teil der aggressiven NATO-Politik« zu diskriminieren.

Wenn die Westmächte also von der Bundesregierung mit der nötigen Präzision auf dem laufenden gehalten wurden, wußten sie auch, diese erste Phase der Ostpolitik würde im wesentlichen darin bestehen, daß die Bundesrepublik zahlt und die Sowjetunion kassiert: bezahlt mit der Anerkennung des Umstandes, daß Territorien, die Bestandteil des Deutschen Reiches gewesen waren, nunmehr zum »unverletzlichen« Gebiet eines bzw. mehrerer anderer Staaten wurden! Bezahlt mit dem Verzicht auf Interessen, die andere Bundesregierungen vor ihr als

unabdingbar bezeichnet hatten! Diese geopolitischen Strukturveränderungen vermehrten den Einflußbereich der Sowjetunion und ihrer politischen Freunde und konnten dementsprechend künftige Verhandlungen dritter Staaten über einen Modus vivendi mit dem Kreml erleichtern – oder auch beträchtlich komplizieren. Ebenso bestand die Befürchtung, daß in einem bilateralen deutsch-sowjetischen Abkommen Tatbestände geregelt und vorweggenommen werden, die aus gemeinsamem westlichen Interesse besser in einem Friedensvertrag Aufnahme gefunden hätten.
Das war die eine Sorge der drei Westmächte. Dazu kam die Vermutung, daß die Bundesregierung durch ein Abkommen mit der Sowjetunion dem Westen gegenüber mehr politische Manövrierfähigkeit gewinnen würde. Dies war nun ein mehr als rechtmäßiger Gewinn, sozusagen ein günstiges Abfallprodukt des Gewaltverzichtsvertrages, dessen positive Auswirkungen sich übrigens in der Tat bald in einer größeren Unabhängigkeit von Frankreich wie auch von den USA manifestierten. Dem Streben nach mehr Unabhängigkeit kam die prosowjetische Anti-Europa-Kampagne der Senatoren Mansfield und Fulbright ebenso zustatten wie die sehr legitime Befürchtung, die USA und die Sowjetunion könnten sich über den Kopf Europas hinweg und auf Kosten Europas miteinander verständigen.

31.
Sandkastenspiele – nüchtern und emotional

Bei diesen politisch-strategischen Sandkastenspielen soll bekanntlich von Egon Bahr in seinem spektakulären Interview mit dem Amerikaner Walter F. Hahn vom Januar 1969 u. a. die – dem zuvor erwähnten Rapacki-Plan sehr ähnliche – Variante erwogen worden sein, ein Arrangement mit dem Osten zu finden, das eines Tages den Atlantik- wie den Warschauer Militär-Pakt entbehrlich mache und beide durch ein kollektives sich nur auf die atomwaffenlosen Staaten in Mitteleuropa erstreckendes Sicherheitssystem ersetze.

Ein solches System wird von der Sowjetunion seit langem propagiert und ist auch in das Programm der »Karlsbader Beschlüsse« vom April 1967 aufgenommen worden. Das dabei verfolgte Ziel ist klar: Der unbequeme Atlantikpakt soll damit aus der Welt geschafft werden.

Die Sowjetunion kann sich einen solchen Vorschlag um so eher erlauben, als selbst die formelle Auflösung des Warschauer Paktes nichts an der durch ein Instrument bilateraler Verträge abgesicherten Machtposition der Sowjetunion in Osteuropa ändern würde. So unrealistisch und gefährlich der Gedanke von einem kollektiven – noch dazu Frankreich und Großbritannien (als Nuklear-Mächte) ausschließenden! – europäischen Sicherheitssystem daher auch ist, so scheint es doch natürlich, wenn er auch von westlicher Seite ins Planspiel einbezogen wird.

In einem anderen Interview (4. Juni 1972 vor dem Deutschen Fernsehen) tritt Bahr in die Fußstapfen de Gaulles, stellt das Europa nationalstaatlicher Vaterländer als erstrebenswertes Ziel dar und begründet diese Vision folgendermaßen: »Sie (die Vision) schließt den ungeheuren Fortschritt nach Osteuropa und zu den osteuropäischen Völkern mit ein, während umgekehrt, ich fürchte, das muß nicht richtig sein, aber ich fürchte, daß das andere nur um den Preis der Abkehr zu haben ist.«

Bahrs Parteigenosse Professor Carlo Schmid, der alte Vorkämpfer deutsch-französischer Freundschaft, bekannte sich 1971 in einem an Frankreich adressierten Aufsatz zu der entgegengesetzten These: »Er (der Moskauer Vertrag) wird die europäische Integration nicht behindern. Ganz im Gegenteil. Wir betrachten ihn als zusätzliche Stimulanz, unsere Politik des Zusammenschlusses der westeuropäischen Nationen noch effektiver zu betreiben.«

Mir scheint diese Schlußfolgerung die einzige zu sein, die Westeuropa davor bewahrt, in den Sog einer Weltteilungspolitik der Supermächte zu geraten und dabei unterzugehen. Gleichviel ob man nun einen engen Kontakt mit einem kommunistischen Osteuropa für einen »ungeheuren Fortschritt« hält oder weniger anspruchsvolle Attribute vorzieht – wenn Westeuropa deshalb auf die konsequente Weiterverfolgung seines ursprünglichen Ziels, sich politisch zusammenzuschließen, verzichten müßte, dann wäre dieser enge Kontakt kein Fortschritt, sondern ein Rückfall in unkalkulierbare Risiken. Risiken, die um so bedrohlicher wären, als mit diesem Verzicht auch die Erosion aller schon erreichten Bindungen zum Westen unweigerlich verbunden sein würde. Aber selbst der Gedanke, um den Preis einer Abkehr von westlicher Einheit einen mehr als nebulosen »Fortschritt« im Verhältnis zum Osten einhandeln zu können, scheint mir an den Realitäten vorbeigedacht zu sein – vor allem auch dann, wenn sich mit einem solchen Arrangement die Hoffnung verbindet, daß nur auf diesem Wege die Wiedervereinigung zu haben wäre.

Nur der politische Zusammenschluß kann Westeuropas Beziehungen zum Osten dauerhaft und fruchtbar normalisieren! Die Sowjets haben sich von jeher durch eine beneidenswerte Eigenschaft ausgezeichnet: Sie sind kühle Realpolitiker. Solange sich also Westeuropa in einem Zustand innerer Zerrissenheit befindet, bleibt die Westpolitik der Sowjetführung darauf gerichtet, ihn zu konservieren. Stellt sich aber heraus, daß alle entsprechenden Bemühungen an der westlichen Entschlossenheit scheitern, die Einigung Westeuropas zu vollenden, dann wären die Sowjets die ersten, die daraus ihre Schlüsse ziehen und trachten würden, sich zu arrangieren!

Noch 1971 schrieb die »Iswestija« unter der Überschrift »Die Falle des Gemeinsamen Marktes« über die EWG: »Sie ist berufen, die Konsolidierung der Kräfte des Imperialismus im Kampf gegen die sozialistischen Länder abzusichern. Faktisch sollte der Gemeinsame Markt ein besonderes wirtschaftliches Fundament für den aggressiven nordatlantischen Block werden und wurde es auch ... Die Zukunft Europas liegt nicht in Gruppierungen, die zur Stärkung der Spaltung des Kontinents beitragen, sondern in einem blockfreien gesamteuropäischen Sicherheitssystem, das keine Diskriminierung zuläßt.« Als sich aber inzwischen selbst in den Augen des skeptischen Kreml die EWG als »Realität« herauszuschälen schien, wurde auf Vorschlag des »COMECON« der – recht schwierige, aber hoffentlich erfolgreiche – Versuch unternommen, mit der EWG zu einem Arrangement zu gelangen.

Gleiches dürfte für den politischen Zusammenschluß Westeuropas gelten. Westeuropa als Dritte Kraft würde dann zwar dem Nachbarn im Osten nicht mehr die Attraktion bieten, die es heute besitzt, wo seine internen Differenzen, seine Eifersüchteleien, seine Großmachtsträume und Ressentiments ein politisches Vakuum haben entstehen lassen, das nur noch »entspannt« zu werden braucht, um auch seine Verteidigungsbereitschaft als entbehrlich zu empfinden. Mit diesen makabren, wenn auch in den Augen des Kreml erfreulichen Perspektiven wäre es dann vorbei, aber die Sowjets wären die ersten, die umdenken und zur Kenntnis nehmen würden, daß ein geeintes Westeuropa als Partner eine sehr viel nützlichere Rolle spielen kann, denn als mehr oder weniger von Mißtrauen erfülltes Konglomerat divergierender Interessen.

Bundesverteidigungsminister Helmut Schmidt schrieb im Oktober 1970 in der amerikanischen Zeitschrift »Foreign Affairs« einen Artikel, in dem u. a. der Satz vorkommt: »West-Germany will not become a wanderer between the two worlds ... It is no ›floating kidney‹.«

Sein Parteigenosse und Ministerkollege Egon Bahr scheint insoweit anderer Ansicht zu sein. Welche Ziele Bundesregierung und Kanzler aber letztlich mit der Ostpolitik verbinden, ist dem deutschen Volk bis heute ebensowenig gesagt worden wie seinen Verbündeten. Wenn also ein sich ausbreitendes Unbehagen über die auch in vergangenen Jahrzehnten häufig beklagten »incertitudes allemandes« spürbar wird, soll man die Schuld nicht nur bei Dritten suchen.

Der CDU-Abgeordnete und Amerikaexperte Dr. Dr. h. c. Kurt Birrenbach hat wiederholt beschwörend auf Sorgen hingewiesen, die in den Vereinigten Staaten über die neueste Ostpolitik – laut oder leise – geäußert werden und die im Grunde den Satz bestätigen, den Karl Theodor Freiherr von Guttenberg kurz vor seinem Tode schrieb: »Die aktivste Ostpolitik war und ist die Schaffung eines geeinten und mächtigen Westeuropa.« Ein einziger Punkt darf hier herausgegriffen werden: die amerikanischen Bedenken über die zumindest konkludente Anerkennung der Breschnew-Doktrin durch das Abkommen vom 12. 8. 1970.

Sie mußte die amerikanische Regierung um so mehr überraschen, als es über die Bedenklichkeit des Macht- und Interventionsanspruchs der Sowjetunion zwischen Washington, Paris, London und Bonn niemals Zweifel gegeben hat. Noch im September 1968 mußte der Staatssekretär im Auswärtigen Amt,

G. F. Duckwitz, auf Geheiß seines Ministers Willy Brandt einen Artikel »Über Gewaltverzicht und Interventionsrecht« schreiben, in dem es heißt: »Auch wenn die Bundesregierung sich der tatsächlichen oder beanspruchten Machtposition der Sowjetunion bewußt ist, wäre es ein unzulässiger Eingriff in die theoretisch auch von der Sowjetunion anerkannte Souveränität und Unabhängigkeit der osteuropäischen Staaten, wollte die Bundesregierung ›inter alias‹ Fragen regeln, die nur diese Länder selbst angehen. Die am 21. November 1967 von der Sowjetunion vorgelegten Entwürfe für bilaterale Gewaltverzichtserklärungen können schon aus diesem Grunde nicht Grundlage der zukünftigen deutsch-sowjetischen Gespräche sein.«
Die erwähnten »Entwürfe« sind dem Memorandum beigefügt, das am 21. November 1967 der sowjetische Botschafter Zarapkin dem deutschen Außenminister überreicht hat und in dem mit bewährter Holzhammermethode die sowjetischen Mindestforderungen zur Normalisierung der Beziehungen zusammengefaßt waren. Die Anlage 2 enthält den Entwurf einer Erklärung der Bundesregierung gegenüber der Sowjetunion, in der es in Ziffer 1 heißt: »Dementsprechend verpflichtet sich die Bundesrepublik Deutschland, niemals zur Änderung ihrer gegenwärtigen Grenzen, einschließlich der Grenze zwischen der Bundesrepublik Deutschland und der DDR Gewalt anzuwenden. Die Bundesrepublik Deutschland verpflichtet sich, die Unantastbarkeit der in Europa bestehenden Grenzen anzuerkennen und zu achten und an andere Staaten keine territorialen Forderungen zu stellen.«
Diese Formel also und die in Ziffer 4 des sowjetischen Vorschlags enthaltene Erklärung, wonach die Bundesrepublik das Münchener Abkommen vom 29. September 1938 über die Tschechoslowakei »für von Anfang an ungültig« erklärt, wurden noch im September 1968 vom deutschen Außenminister

mit vollem Recht als unzumutbar empfunden. Schließlich handelte es sich laut eigener Feststellung der Sowjetregierung bei der ČSSR, der DDR und Polen um souveräne Staaten, die allen internationalen Gepflogenheiten zufolge Differenzen mit dritten Staaten auf bilateralem Wege regeln können, falls sie dies wünschen.

Nur zwei Jahre später vereinbarte der Bundeskanzler Willy Brandt mit der Sowjetregierung, was der Außenminister Willy Brandt im September 1968 strikt abgelehnt hatte, und räumte damit der Sowjetregierung das Recht ein, im Namen der durch den Warschauer Pakt oder durch bilaterale Verträge mit der Sowjetunion verbundenen Staaten zu sprechen, zu handeln und über deren Grenzen Verträge mit Dritten abzuschließen.

Daß dieses Eingehen der Bundesregierung auf die sowjetische Kardinalforderung (Gromyko: »Die Grenzfrage ist die Frage aller Fragen«) dem Präsidenten der Vereinigten Staaten gegen den Strich ging, ließ ein Passus in seinem »Bericht zur Weltlage« vom 25. Februar 1971 erkennen: »Jede Nation hat in Europa das souveräne Recht auf eine unabhängige Politik. Sie hat das Recht, unser Freund zu sein, ohne damit der Feind von jemand anders zu sein oder so behandelt zu werden.«

Nun schön – das waren, »ausgehend von der wirklichen Lage«, bestenfalls freundliche Worte an die Adresse von Staaten, die gern so gehandelt hätten, wenn es ihnen erlaubt wäre. Aber lag es und liegt es wirklich im Interesse dieser Staaten, ihnen ihre Abhängigkeit von der Sowjetunion auch noch vertraglich zu attestieren?

Die Befürchtungen, die bei unseren Alliierten während der Moskauer Verhandlungen auftauchten und sich später verstärkten, auch wenn in Bonn stets das Gegenteil behauptet wurde, resultieren vor allem aus dem Risiko, das mit bilateralen Vereinbarungen zwischen einer Weltmacht Sowjetunion und einem Staat mittlerer Größe wie der Bundesrepublik zwangsläufig verbunden ist. Nach allen Erfahrungen geht dieses Risiko übrigens jeder Staat ein, der sich der ebenso schwierigen wie manchmal unvermeidlichen Aufgabe unterzieht, mit der Sowjetunion einen politischen Vertrag zu schließen. Das Risiko ist um so größer, je stärker die Gefahr der Interessenkollision scheint und je weiter der geographische und militärische Schatten der Sowjetunion über den Vertragspartner fällt.

»Sie sammeln Fischaugen und verkaufen sie als Perlen«, sagt ein Sprichwort der Chinesen, das sie neuerdings häufig auf die Sowjetunion anwenden, um damit deutlich zu machen, mit welcher Vorsicht man gegenüber dem Kreml zu Werke gehen muß.

Ist das wirklich so? Die deutschen Unterhändler mußten, wie bereits erwähnt, die Erfahrung machen, daß ihre sowjetischen Partner sie über ihre Vertragsziele nie im Zweifel gelassen haben. Wenn daraus nicht immer die notwendigen Schlüsse gezogen wurden, war das gewiß nicht die Schuld der Sowjets. Von ihnen ist zu erwarten, daß sie mit derjenigen ihnen nützlichen Interpretation, die die Vertragsformeln eben noch zulassen, die von ihnen unterzeichneten Vereinbarungen halten werden. Wo man sich also aus Gründen der Zeitersparnis mit vagen Formulierungen zufriedengegeben oder Spielraum für extensiv oder restriktiv auszulegende Bestimmungen gelassen hat, darf man sich nicht wundern, wenn die Sowjetführung, wie z.B. im Fall Berlin, davon nach Gutdünken in ihrem ureigensten Interesse Gebrauch macht.

Manche der welthistorischen Vereinbarungen, die Roosevelt und Churchill mit Stalin trafen – davon überzeugt, daß etwa das Wort »Frieden« oder auch der Begriff »Menschenrechte« für ihn den gleichen Klang und den gleichen Inhalt besitzen –, sind ein beredtes Zeugnis dafür, wie wenig sie die eiserne Konse-

quenz sowjetischer Außen- und Sicherheitspolitik begriffen oder durchdacht haben.
Bundesverteidigungsminister Georg Leber und der Sprecher des US-Verteidigungsministeriums Friedhelm haben – allerdings viel später – vor ähnlichen Irrtümern unmißverständlich gewarnt. Beide bedauerten, daß die »deutsche Öffentlichkeit« die Tatsache von Verhandlungen mit der Sowjetunion, wie z.B. über Truppenabbau, als Beweis für die Beendigung des Macht- und Interessenkonflikts zwischen Ost und West ansehe. »Entspannung ohne Verteidigung ist Illusion«, fügte Friedhelm hinzu.
Betrachtungen dieser Art dürften unseren nüchtern kalkulierenden westlichen Alliierten sehr viel näher liegen als etwa denjenigen unserer Bundesbürger, die die Freiheit und die Demokratie durch sowjetischen Sozialismus retten möchten. Gibt es also, wie es Otto Roegele in seinem Aufsatz »Die Widersprüche der Bonner Ostpolitik« formuliert, »Berater bei Brandt, denen die Aktionseinheit der Arbeiterklasse, die sich zwischen einem kommunistischen und einem sozialdemokratischen Staat realisieren läßt, wichtiger ist als Entspannung«?
Solchen Zielen steht der Atlantikpakt ebenso wie die amerikanische Präsenz in Europa hinderlich im Wege. Sie aus Europa möglichst ganz zu eliminieren, ist, wie bereits erwähnt, eine Voraussetzung für die von den Sowjets gewünschte und von der KSZE erwarteten »Entspannung«.
Um so mehr mußte es vermutlich die drei Westmächte – nicht zuletzt die Regierung der Vereinigen Staaten – überraschen, daß Artikel 10 der in Moskau formulierten sogenannten Absichtserklärungen lautet: »Die Bundesregierung und die Regierung der UdSSR begrüßen den Plan einer Konferenz über Fragen der Festigung und Zusammenarbeit in Europa und

werden alles von ihnen Abhängende für ihre Vorbereitung und erfolgreiche Durchführung tun.«

Ein Jahr später ließ Breschnew in das Communiqué über den Besuch Bundeskanzler Brandts in Oreanda einen ähnlich lautenden Passus aufnehmen.

Diese zweimalige nachdrückliche Unterstützung des Konferenzvorschlags durch die Bundesrepublik Deutschland – diejenige Macht in Zentraleuropa, der dank ihrer geographischen Mittellage und ihres politischen wie wirtschaftlichen Gewichts eine zentrale Rolle dabei zufällt – war angesichts der weitverbreiteten Skepsis gegenüber solch einer Mammutkonferenz für die Sowjetunion von unschätzbarem Wert.

Leider wurde den Sowjets auch diese Unterstützung wiederum ohne jede Gegenleistung zugesagt. Ob jemals vorher Erörterungen über Zweck und Ziel dieses zwanzig Jahre alten sowjetischen Planes stattgefunden haben, um wenigstens in Erfahrung zu bringen, was da eigentlich unterstützt wird, ist nicht bekannt geworden.

Es gab – und es gibt – also Gründe, die das Mißtrauen der Westmächte in die deutsche Ostpolitik nähren. Die Geschichte der Genehmigung eines sowjetischen Generalkonsulats in West-Berlin gehört dazu! Wachsendem Antiamerikanismus wird gewiß nicht dadurch entgegengetreten, daß die großen Risiken der Ostpolitik verschwiegen und beschönigt werden. Daß man inzwischen die alte Äußerung Thomas Manns, »der Antikommunismus ist die Krankheit unseres Jahrhunderts«, wieder ausgegraben hat und sie im Bundestag und anderswo mit besorgter Stimme zitiert, als ob man einer bedeutenden Wahrheit auf die Spur gekommen wäre, ändert nicht das mindeste an der Tatsache, daß wir vor der Ideologie, dem Sicherheitskomplex und dem sich daraus erklärenden Neoimperialismus der Sowjetunion auf der Hut sein müssen.

Ich will dieses Kapitel übrigens nicht abschließen, ohne meines österreichischen Kollegen Walter Wodak zu gedenken. Wodak, zur Zeit Generalsekretär im österreichischen Außenministerium, hatte bereits an den jahrelang insbesondere von Österreich mit beispielhafter Zähigkeit, Härte und Geduld geführten Verhandlungen um den österreichischen Staatsvertrag ebenso teilgenommen wie der jetzige Bundeskanzler Österreichs, Bruno Kreisky. Bei diesen Verhandlungen spielte die deutsche Frage zeitweise eine ausschlaggebende Rolle. Wodak, der auch die russische Sprache beherrscht, hatte also in sowjetischer Mentalität und Verhandlungstaktik seine Erfahrungen, so daß mir seine abgewogenen Bewertungen akuter politischer Vorgänge von besonderem Wert waren. Die illusionslose Nüchternheit dieses alten Sozialdemokraten traf sich mit der seines Bundeskanzlers Bruno Kreisky, der gewiß ebenso wie sein Botschafter überzeugter Anhänger österreichisch-sowjetischer Kooperation war und vermutlich geblieben ist, aber darüber niemals das Augenmaß für das Mögliche verloren hat.
Sollte etwa das amerikanische Interesse an Europa nachlassen, sagte Kreisky in einem Interview Anfang 1973 (Frankfurter Allgemeine Zeitung), werde eine sehr gefährliche Verschiebung des Mächtegleichgewichts in Europa zugunsten der Sowjetunion eintreten. Dann aber werde sich zeigen, daß die Sowjetunion an echter Entspannung nur noch sehr begrenztes Interesse bekunde.
Dem ist nichts hinzuzufügen.

32.
Diplomatische Ostkontakte – einmal amtlich, einmal privat

Die Sowjetregierung ihrerseits unterrichtete ihre Verbündeten ebenfalls in großen Zügen – und im Detail diejenigen, wie etwa Polen, ČSSR und vor allem die DDR, deren Interessen Gegenstand der Verhandlungen waren. Unter diesen Umständen gab es eigentlich nicht viel zu verbergen. Als ich daher eines Tages Staatssekretär Bahr vorschlug, die Vertreter der drei Westmächte nicht in der abhörsicheren Kabine, sondern bei Gelegenheit eines bei mir stattfindenden Mittagessens zu unterrichten, stimmte er zu und schlug spontan vor, den Botschafter der DDR, Horst Bittner, dazuzuladen. Schließlich sei doch beabsichtigt, über eine Normalisierung der Beziehungen zur Sowjetunion einen Modus vivendi mit dem zweiten deutschen Staat zu erreichen. Wenn also deren Vertreter zu einem solchen Meeting eingeladen würde, gäbe es zwar, vorausgesetzt, daß er die Einladung überhaupt annähme, eine Überraschung auf seiten unserer Freunde, aber gleichzeitig auch eine Klarstellung über Sinn und Zweck seiner, Bahrs, Anwesenheit in Moskau.
Ich lehnte den Vorschlag ab und ebenso Bahrs Kompromißgedanken, in diesem Sonderfall meine Hausherrnrechte auf ihn, den Delegationschef, zu übertragen. Man könne – sagte ich – weder die drei westlichen Kollegen in die Verlegenheit bringen, vor ein indiskutables Fait accomplit gestellt zu werden, noch mir, dem Vertreter der Bundesrepublik, zumuten, daß meine drei Kollegen vor dem DDR-Vertreter auf dem Absatz kehrtmachten und zurück in ihre Kanzleien führen, um zunächst ihre Regierungen zu unterrichten und weitere Instruktionen zu erbitten. Ähnliches gelte übrigens auch für den Vertreter der DDR, der ebenfalls zunächst berichten müßte und höchstwahrscheinlich die Weisung bekäme, die Einladung abzulehnen. Abgesehen von allen diesen Überlegungen seien wir ja wohl noch mitten in Sondierungsgesprächen mit der Sowjetregierung, und niemand wisse, ob sich die daran geknüpften Erwar-

tungen erfüllen würden. Übrigens: Ich sei Hausherr in der Uliza Worowskogo, und solange an der Mauer gemordet würde, werde kein diplomatischer Vertreter der DDR eingeladen! Damit war die Angelegenheit abgeschlossen. Einen Anlaß, sie während meiner Amtszeit erneut zur Diskussion zu stellen, gab es nicht.

Von den Überlegungen Staatssekretär Bahrs war zumindest eine zutreffend: Die – nicht vorhandenen – Beziehungen zur DDR hatten sich in einer Weise entwickelt, für die das Wort »schizophren«, das der SPD-Abgeordnete Kurt Mattick 1972 im Bundestag brauchte, schon 1968 gar nicht so abwegig war. Seit Jahren gab es eine ganze Reihe offizieller Kontakte, angefangen von Gesprächen über Passierscheine und Redneraustausch, offiziellen Besuchen auf der Leipziger Messe, bis zu dem Besuch eines DDR-Ministers auf der Industrie-Ausstellung in Hannover, dem Briefwechsel zwischen Kurt-Georg Kiesinger und Willi Stoph und dem Besuch des Bundeskanzlers Willy Brandt in Erfurt. Nur – offizielle Kontakte zwischen den respektiven Auslandsmissionen bestanden überhaupt nicht und ebensowenig, jedenfalls in Moskau, inoffizielle. Man traf sich zwar häufig genug – z.B. im Hause des mir freundschaftlich verbundenen Botschafters von Ägypten, Morad Ghaleb, der in seiner Eigenschaft als Doyen des Diplomatischen Corps regelmäßig Abschiedsempfänge für ausscheidende Missionschefs zu geben pflegte. Er lud den Vertreter der DDR, mit der Ägypten offizielle Beziehungen unterhielt, stets ebenso ein wie mich, obwohl Ägypten die Beziehungen zur Bundesrepublik abgebrochen hatte. So lag es nahe, voneinander wenigstens Notiz zu nehmen. Aber aus dem Verhalten des DDR-Vertreters war zu schließen, daß er strikte Weisungen hatte, den Botschafter der BRD zu übersehen. Um so mehr mußte ich mich – trotz weit flexiblerer Anordnungen meiner Regierung – davor hüten, etwas zu unternehmen, was als Annäherungsversuch gedeutet werden könnte. Er wäre mir nicht nur recht schwer gefallen, sondern ich durfte auch nicht vergessen, daß die beiden deutschen Vertreter ja bei solchen Anlässen unter ständiger Beobachtung standen und eine Begrüßung mit Händedruck als Sensation gewertet worden wäre. Wenn nun aber noch der eine der beiden die ausgestreckte Hand des anderen geflissentlich übersehen hätte, wären die Telegramme, die die anwesenden Missionschefs aus Anlaß solcher Kontaktsuche an ihre Regierungen formuliert hätten, noch länger und noch spektakulärer geworden.

So kam ich eines Tages anläßlich eines Cocktails ins Haus des stets freundlichen und sympathischen Botschafters der Äußeren Mongolei (mit der die Bundesrepublik keine diplomatischen Beziehungen unterhält), Nyamin Lonusanchulten, und fand mich plötzlich allein dem DDR-Botschafter gegenüber. Als ich Miene machte, ihn zu begrüßen, drehte er mir im gleichen Augenblick – ob der plötzlichen Konfrontation mit dem Klassenfeind zutiefst erschrocken – den Rücken zu und begab sich eilends in die verläßliche Gesellschaft sozialistischer Kollegen, die ich dann anschließend wie gewohnt herzlich begrüßte.

Staatssekretär Bahrs Idee, die Beziehungen sozusagen »auf dem kurzen Dienstwege« zu normalisieren, war also schon dieser Umgangsformen wegen nicht zu verwirklichen. Keiner der Beteiligten wäre bereit gewesen, ohne ausdrückliche Anweisung dabei mitzuspielen, und die Regierungen unserer Alliierten hätten in Bonn Rückfragen gestellt, welche interessante, ohne ihr Wissen zustande gekommene politische Neuordnung dieser Einladung des deutschen Botschafters bzw. des Vertrauten des Bundeskanzlers wohl zugrundeläge.

Die Beziehungen BRD–DDR waren ein casus sui generis, für die es weder Vorgänge noch Parallelen gab. Zwar hatten

Nachkriegsentwicklungen noch mehr Staaten geteilt: Korea, Vietnam oder China; aber bei ihnen gab es wenigstens keine protokollarischen Probleme, denn wo der eine Teil Beziehungen unterhielt, verzichtete der andere Teil darauf. Als Rotchina in die Vereinten Nationen einzog, verließ National-China die UNO.

Erst als 1955 zwischen der Sowjetunion, bei der bereits ein DDR-Botschafter akkreditiert war, und der Bundesrepublik diplomatische Beziehungen aufgenommen wurden, tauchte die Frage auf, wie sich die beiden Botschafter zueinander zu verhalten hätten. Da es aber eines protokollarischen Einvernehmens beider Regierungen bedurft hätte, überließ die Bundesregierung weise diese Regelung dem jeweiligen Genius loci.

Weniger emotional aufgeladen, aber im Einzelfall auch schwierig, war das Miteinander von Missionschefs, deren Regierungen keine Beziehungen unterhielten oder sie gerade abgebrochen hatten.

Ich habe dieses jahrelang betriebene seltsame Spiel, sich mal sehr gut, mal weniger gut und mitunter gar nicht mehr zu kennen, stets als etwas kindlich und der erwachsenen Männer, die dazu ex officio verurteilt waren, als unwürdig empfunden. Stets war ich auch einverstanden, Kollegen freundschaftlich zu begegnen, die – wie etwa der sowjetische oder der chinesische Botschafter in Djakarta – entschlossen waren, sich nicht etwa deshalb zu »schneiden« oder die persönliche Freundschaft zu kündigen, weil die amtliche fragwürdig geworden oder in die Brüche gegangen war.

Als der deutsche Gesandte in Teheran Dr. Hans Smend Ende 1939 abberufen wurde, um einem altbewährten Nationalsozialisten Platz zu machen, gab ich Ende Januar 1940 – also bereits vier Monate nach Kriegsausbruch – einen Abschiedsempfang für seine Gattin und ihn. Wie die Dinge nun einmal lagen, waren dazu nur Perser und Vertreter der sogenannten »Achsenmächte« eingeladen. Bald nach Beginn öffneten sich die Türen, und der britische Botschafter und seine Gattin, die mit Smends gut befreundet waren, erschienen. Mit Tränen in den Augen nahmen sie Abschied voneinander: »Dieser absurde Krieg soll nicht auch noch unsere Freundschaft zerstören«, sagte der Engländer, als er sich nach einem Aufenthalt von nur wenigen Minuten zum Gehen wandte.

In Djakarta sowohl wie insbesondere in Moskau gab es einige Missionschefs aus osteuropäischen Staaten und China, mit denen ich manchmal trotz entgegengesetzter Weisungen recht freundschaftliche Beziehungen unterhielt, während unsere Regierungen nur noch durch Vermittlung Dritter – sogenannter Schutzmächte – miteinander lose Fühlung hielten. Im November 1957, am Vorabend einer längeren Reise des indonesischen Staatspräsidenten Ahmed Sukarno, zu der er die Botschafter des Irak, Jugoslawiens und mich eingeladen hatte, erhielt ich ein Kabel des Bundesaußenministers von Brentano. Die Bundesregierung habe soeben die Beziehungen zu Jugoslawien abgebrochen. Mit Rücksicht auf die Teilnahme des jugoslawischen Botschafters an der Präsidentenreise müsse daher die Genehmigung meiner Anwesenheit dabei zurückgezogen werden. Ich möge den Staatspräsidenten alsbald in geeigneter Form unterrichten und ihn bitten, mein Fernbleiben zu entschuldigen.

Da ich fand, daß man Ahmed Sukarno die ihm wahrscheinlich unverständlichen Mißhelligkeiten zwischen Deutschland und Jugoslawien nicht entgelten lassen sollte, flog ich noch am gleichen Abend nach Bali, wo – zwei Tage später – die Maschine Sukarnos die erste Zwischenlandung machen sollte. Währenddessen telegrafierte mein Botschaftsrat, Freiherr Edgar von Randow, nach Bonn, der Botschafter habe die Reise bereits angetreten. Angesichts der schwierigen Verbindungen würde ihn auch in Bali kein Telegramm mehr erreichen. Um sicherzustellen, daß Ante Pavlic, der nette und stets vergnügte Botschafter Jugoslawiens, nicht etwa auch eine ähnliche Weisung erhalten und bereits verbittert abgesagt hätte, rief ich ihn noch an, erzählte ihm von der soeben erhaltenen Instruktion und meinte, unter diesen Umständen sei es von besonderer Wichtigkeit, daß wir die Reise gemeinsam unternähmen, um über die schleunige Wiederaufnahme der Beziehungen zu beraten. Er war ganz einverstanden, und so kam ich auf eine für einen weisungsgebundenen Beamten höchst unzulässige Weise zu der mit Abstand interessantesten Exkursion meiner Amtsjahre.

Als ich Jahre später Herrn von Brentano den Hergang erzählte, meinte er, es sei gut, wenn die Missionschefs mitunter gewisse Weisungen des Auswärtigen Amts, wie z.B. sein damaliges Verbot, Sukarno zu begleiten, nicht unter den Emotionen des Augenblicks, sondern mehr »sub specie aeternitatis« interpretierten.

33.
Die erste Gesprächsrunde und ihre Folgen

Im März reiste Gromyko für einige Tage nach Prag, und Staatssekretär Bahr flog nach Bonn. Am 19. März hatte der Bundeskanzler sein erstes Treffen mit dem Ministerpräsidenten der DDR, Willi Stoph, in Erfurt. Erfurt war bekanntlich anstelle Ost-Berlins gewählt worden, weil Brandt auf der Reise dorthin West-Berlin umgehen konnte. Laut einer Erklärung des Ministerrats der DDR wäre nämlich ein Zwischenaufenthalt des Kanzlers »in der selbständigen politischen Einheit West-Berlin vor oder nach der Begegnung mit Ministerpräsident Willi Stoph als Provokation« aufgefaßt worden.

In Moskau warteten wir gespannt auf das Resultat dieses spektakulären Besuchs. Immerhin war in Moskau bereits politisches Tauwetter zu verzeichnen, dessen atmosphärische Auswirkungen – so konnte man jedenfalls vermuten – vielleicht schon in Erfurt oder Ost-Berlin spürbar sein würden. Aber die Schwäche der Position, in der sich die Regierung von Ost-Berlin befand und befindet, erlaubte ihr nicht ein einziges Wort und eine einzige Geste, aus der sich schließen ließ, daß das sich in dieser Reise manifestierende mehr als großzügige Angebot Brandts ein freundliches Echo gefunden hätte. Um so freundlicher war der Empfang der Erfurter Bevölkerung für den Bundeskanzler, und eben das wiederum schockierte das Regime und dürfte die Kälte der Gespräche und Reden noch zusätzlich vereist haben.

Am Samstag, dem 22. März, kehrte Gromyko nach Moskau zurück und bat die deutsche Delegation mit dem ebenfalls wieder anwesenden Bahr noch gegen Abend zu sich. Hauptanlaß unseres Treffens war eine erneute Reise Bahrs nach Bonn und eine bevorstehende etwa sechswöchige Unterbrechung der Gespräche. Bahr wünschte ein Communiqué, das die Öffentlichkeit über das bisher erzielte Resultat informieren sollte.

In dem mir von Bahr aus Bonn übermittelten Entwurf fand sich u.a. der Satz: »Die beiden Delegationen werden nunmehr ihren Regierungen das bisher erzielte Ergebnis des Meinungsaustausches vorlegen, damit diese entscheiden, in welcher Form die Besprechungen fortgesetzt werden sollen im Interesse der Entspannung in Europa, ausgehend von der in diesem Raum bestehenden wirklichen Lage.«

In – telegrafisch eingeholtem – Einvernehmen mit Bahr hatte ich diesen Halbsatz von »ausgehend . . .« bis ». . . Lage« wieder gestrichen, bevor ich den Entwurf an das sowjetische Außenministerium weitergab. Doch am 22. März zeigte sich, daß Gromyko an einem Communiqué überhaupt nur Geschmack fand, wenn eben dieser Passus erhalten blieb. Um den Fortgang der Verhandlungen nicht durch eine meines Erachtens überflüssige und verfrühte Konzession zu präjudizieren, empfahl ich – womit übrigens Gromyko ganz einverstanden war! –, auf ein Communiqué zu verzichten. Dieser Passus »ausgehend von der . . . wirklichen Lage« tauchte nämlich nach dem bewährten Motto »Trommeln gehört zum Handwerk« seit Jahren in sämtlichen amtlichen oder nichtamtlichen Verlautbarungen des Ostblocks auf, soweit sie sich mit dem Verhältnis zur Bundesrepublik befaßten. Er hatte auf diese Weise die Bedeutung eines unverzichtbaren Dogmas gewonnen. Seine Aufnahme in ein Dokument, das auch die Unterschrift der Bundesregierung trug, verlieh ihm zusätzlich den Wert einer gemeinsamen politischen Aussage, aus der unschwer zu entnehmen war, Sowjetregierung und Bundesregierung hätten sich über die Basis aller bisherigen Differenzen – d. h. die Anerkennung strittiger Grenzen durch die Bundesregierung – bereits geeinigt. Davon konnte nun aber – jedenfalls nach meiner Beurteilung der Sachlage – überhaupt keine Rede sein.

Alle Bemühungen, Gromyko zum Verzicht auf diesen Halbsatz zu bewegen, wehrte er mit dem Hinweis ab, »dann eben gar kein Communiqué«, und bestätigte damit nur die Befürchtung, die mich veranlaßt hatte, den Passus zu streichen. Egon Bahr aber wünschte ein Communiqué! Da ihm Gromyko bereits den Passus von einer im Prinzip vereinbarten »Eröffnung der Generalkonsulate Leningrad und Hamburg« als »verfrüht« und nicht zur Sache gehörig herausgestrichen hatte, willigte Bahr in die »wirkliche Lage« und das – nachstehend wiedergegebene – Communiqué ein:

»In der Zeit vom 30. Januar bis zum 18. Februar und vom 3. bis zum 21. März 1970 fand in Moskau zwischen einer Delegation der Union der Sozialistischen Sowjetrepubliken unter der Leitung von Außenminister Andrej Gromyko und einer Delegation der Bundesrepublik Deutschland unter der Leitung von Staatssekretär Egon Bahr ein Meinungsaustausch über Fragen statt, die mit der Absicht beider Seiten zusammenhängen, ein Gewaltverzichtsabkommen zwischen der Bundesrepublik Deutschland und der Union der Sozialistischen Sowjetrepubliken zu schließen.

Die beiden Delegationen werden nunmehr ihren Regierungen das Ergebnis des Meinungsaustausches vorlegen, damit diese entscheiden, in welcher Form die Erörterung der genannten Fragen weitergeführt werden soll im Interesse der Entspannung in Europa, ausgehend von der in diesem Raum bestehenden wirklichen Lage.«

Mit diesem Communiqué vom 23. März 1970 war die erste und entscheidende Phase der »Gespräche« Gromyko–Bahr beendet. Der deutsche Delegationschef reiste ab, um in Bonn Bericht zu erstatten und den Bundeskanzler im April nach Washington zu begleiten. Die Entwürfe einiger Artikel eines eventuell zu schließenden Abkommens über den Gewaltverzicht nahm er mit. Sie waren so weit vorformuliert, daß sich, wie mir schien, das Kabinett ein Bild über den Stand machen und Entschlüsse über das weitere Procedere treffen konnte. Wie ich

allerdings später erfuhr, hatte sich in der siebenwöchigen Gesprächspause keine Gelegenheit gefunden, das Kabinett entsprechend der Ankündigung im Communiqué mit dem bisherigen Ergebnis der Mission Staatssekretär Bahrs zu befassen.
Auf die bohrenden Fragen meiner drei alliierten Botschafterkollegen qualifizierte ich das laut Communiqué ausgearbeitete und von Bahr mitgenommene »Ergebnis des Meinungsaustausches« als »non-papers«. Auf den Einwand meines französischen Kollegen, Roger Seydoux, was man in diesem Zusammenhang darunter zu verstehen habe, sagte ich, ein »non-paper« sei etwa dasselbe wie eine »Unperson«. Chruschtschow beispielsweise habe nach seiner Entmachtung offiziell aufgehört zu existieren. Er sei zur Unperson geworden. »Aber manchmal können Sie ihn beim Spazierengehen beobachten und sich von seiner leiblichen Existenz überzeugen, auch wenn sie ex officio totgeschwiegen wird . . .« Seydoux meinte, dies sei in der Tat ein sehr aufschlußreicher Vergleich.
Nach der Abreise Bahrs flog ich nach München und fuhr von dort zum Urlaubsort des Bundesaußenministers Walter Scheel nach dem tief verschneiten Hinterthal in Österreich. Einen ganzen Tag lang ließen wir die Moskauer Ereignisse der letzten Monate Revue passieren, ich konnte alle meine eigenen Einwände und Überlegungen dazu vortragen.
Von Hinterthal fuhr ich nach Bonn und hatte Gelegenheit, dem Bundespräsidenten wie dem Präsidenten des Bundestages, Herrn von Hassel, Vortrag zu halten und meine Gedanken zum bisher erzielten Stand der Gespräche zur Sprache zu bringen und auch zu diskutieren.

34.
Die Sowjetunion und die DDR – Interdependenz der Beziehungen

Eine Frage, die die Bonner Ämter ebenso wie meine Mitarbeiter und mich in Moskau beschäftigte, war die nach den Beziehungen zwischen dem Kreml und Ost-Berlin, zwischen der sowjetischen »Troika« und ihrem Satrapen Walter Ulbricht. »Satrapen« waren im altpersischen Reich die Verwalter der großen Provinzen, die sich häufig zu selbständigen Fürstentümern entwickelten, wobei sich die bisherigen Verwalter als Könige an die Spitze setzten.

Nun wird Ulbricht sich nicht gern als Satrap bezeichnen lassen, sein Werdegang ist aber, obwohl er ihn ausschließlich der Sowjetunion zu verdanken hat, in mehr als einer Hinsicht dem dieser Größen längst vergangener Zeiten vergleichbar.

Während des Dritten Reiches lebte Walter Ulbricht in Moskau. Nach der Kapitulation kam er mit der sowjetischen Besatzungsmacht nach Berlin. Unter der strengen Aufsicht des Obersten Tulpanow, des Botschafters Semjonow und der sowjetischen Besatzungsgenerale durfte er in geduldig-zäher Arbeit die Infrastruktur eines künftigen zweiten deutschen Staates entwerfen, die Sozialdemokratie zerschlagen und aus dem Zusammenschluß von SPD und KPD die SED formieren. Nach der sehr weitgehenden Demontage des hochindustrialisierten Gebiets – von den damals seitens der Sowjetunion geforderten 10 Milliarden Dollar Reparationskosten hat allein die sowjetische Besatzungszone und spätere DDR 7 Milliarden aufgebracht – konnte mit dem Wiederaufbau begonnen werden.

Fast zehn Jahre lang, d.h. von 1945 bis mindestens zur erstmaligen Verkündung der Zweistaatentheorie durch Chruschtschow 1954, war und blieb die Sowjetzone und spätere DDR eine beliebig austauschbare Figur auf dem politischen Schachbrett der Sowjetunion. Schon auf der Potsdamer Konferenz im Sommer 1945 faßten Stalin und Churchill gegen Truman die Schaffung einer deutschen Zentralregierung ins Auge. 1949 wurde zwar von Stalin die DDR konstituiert, aber eindeutig als Provisorium. In den Jahren 1951, 1952 und später wurde sie den Westmächten und der Bundesregierung wiederholt als Tauschobjekt für deren Verzicht auf die Integration der Bundesrepublik Deutschland in den Westen offeriert. Ob Chruschtschow, unter dessen Einfluß sich die Deutschlandpolitik zunächst spürbar verhärtete, später doch noch Geschmack an der Wiedervereinigung gefunden hat – und nicht zuletzt auch deshalb gestürzt wurde –, ist nicht mehr als eine Vermutung. Ihr wurde neue Nahrung gegeben, als Chefideologe Michail Suslow anläßlich der Absetzung Chruschtschows im Oktober 1964 die Anklagerede gegen ihn hielt. Sie richtete sich nicht nur gegen ihn, sondern erwähnte auch seinen Schwiegersohn Alexej Adschubej, der als Chefredakteur der »Iswestija« und als Emissär seines Schwiegervaters im Juli 1964 in die Bundesrepublik gereist war, um die Möglichkeiten eines Besuches des Parteichefs zu sondieren. Vielleicht hatte es auch nur den besonderen Zorn Suslows erregt, daß die »Iswestija« nach Rückkehr Adschubejs aus der Bundesrepublik zum ersten Mal mit einer gewissen Fairness sachlich und objektiv über die dortigen Zustände berichtet hatte.

Was später trotz der systematischen Entwicklung der sowjetischen Besatzungszone zu einem moskauhörigen, semisouveränen, sozialistischen Staat – und trotz aller Rückschläge – geschaffen wurde, gehört gewiß zu den bedeutenden Leistungen unserer Zeit. Der eiserne Fleiß seiner Bewohner und die in Ulbricht vereinigte Mischung von Unterwürfigkeit gegenüber den Sowjets, Pfiffigkeit, Brutalität und skrupellosem Machtwillen haben der DDR den Respekt eingebracht, der ihr neben anderen Entwicklungen den Durchbruch und die Aufnahme in die UNO verschafft hat. Die sozialistische Bürokratie der Sowjetunion als dem Kontrollorgan dieses Aufbaus, die hochindustrialisierte Länder bei ihrer Entwicklung zur internationalen Wettbewerbsfähigkeit eher hemmen als fördern kann, dürfte – abgesehen von dem politischen Wohlwollen der Sowjetführung – zu diesem Wachstum wenig Substanz beigetragen haben. Im Lauf einiger Jahre hatte sich das Land zu dem nach Rußland potentesten Industriestaat des Ostblocks und zum wichtigsten Handelspartner der Sowjetunion emporgedient. Von manchen seiner sozialistischen Nachbarn wurde es wegen seines höheren Lebensstandards beneidet, von anderen wegen seiner Moskauhörigkeit verachtet. Wie sehr das letztere der Fall war, spürte man nicht nur im Umgang mit Diplomaten des Ostblocks, sondern selbst auf dem Moskauer Markt.

Als meine Frau und ich dort eines Tages einkauften, erkundigte sich eine der Bäuerinnen, woher wir kämen. Auf die Antwort »aus Deutschland« fragte sie zurück: »Is kakoi Germanii? Is naschej ili is nastojastchej?« Aus welchem Deutschland? Aus unserem oder aus dem echten?

Heute steht die DDR unter den Industriestaaten der Welt an 10. Stelle und unterhält umfangreiche Handelsbeziehungen, die ihren Namen und ihr Renommee als zweite deutsche Wirtschaftsmacht begründet und ihr Prestige verschafft haben. Je mehr dies der Fall war, um so stärker sahen sich manche Regierungen zunehmendem Druck Moskaus ausgesetzt, die DDR auch diplomatisch anzuerkennen. Die Bemühungen des Kreml, seinem deutschen Satelliten völkerrechtliche Anerkennung zu verschaffen, gab es zwar bereits seit Jahren, aber die Drohung der Bundesrepublik, die diplomatischen Beziehungen abzubrechen und gegebenenfalls auch die Entwicklungshilfe einzustellen, wenn ein dritter Staat die DDR anerkennt, hatten sich bislang immer noch als überzeugender erwiesen

als das »Charisma« der DDR und die Überredungskünste des Kreml.
1971 überstieg der Außenhandelsumsatz der BRD von 73,5 Mrd. $ den der DDR von 10 Mrd. $ noch immer um mehr als das Siebenfache. 68% des Außenhandels der DDR werden mit den im COMECON zusammengeschlossenen Ländern des Ostblocks (davon 38% allein mit der Sowjetunion) abgewikkelt, während der innerdeutsche Handel mit ca. 10% und der Handel mit den übrigen westlichen Industrieländern mit 14% daran partizipieren. Diese Relation wird sich in Zukunft infolge kontinuierlichen Wachstums der Produktionskapazität der DDR vielleicht quantitativ, aber kaum prozentual wesentlich ändern: Der Binnenhandel des Ostblocks genießt, wie bereits erwähnt, absolute Priorität, und die von der Sowjetunion inspirierten Integrationsbestrebungen tendieren immer stärker dahin, die autonome Entwicklung der Industrie der Mitgliedsstaaten zugunsten einer sich wechselseitig immer perfekter ergänzenden Gesamt-Wirtschaftsplanung des COMECON einzuschränken.
Der Ausweitung des Westhandels der DDR sind also verhältnismäßig ähnlich enge Grenzen gezogen wie der Ausweitung des Handels der Bundesrepublik Deutschland mit dem gesamten Ostblock. Die Wirtschaftsstrategen der DDR sahen sich daher veranlaßt, unter ihren potentiellen westlichen Kunden eine gewisse Auswahl vorzunehmen, bei der neben wirtschaftlichen zweifelsohne auch politische Gesichtspunkte mitgespielt haben, wie etwa die Besorgnis, in wirtschaftliche Abhängigkeit von der BRD zu geraten. So fällt bei der Durchsicht der Statistiken auf, daß der Warenverkehr zwischen der DDR mit Frankreich in den vergangenen letzten vier Jahren eine bemerkenswerte kontinuierliche Steigerung von – jeweils im Verhältnis zum Vorjahr – 23,7% (1969), 32,1% (1970), 48% (1971) und

87,5% in den ersten 10 Monaten des Jahres 1972 aufweist, während der Handel mit anderen westlichen Staaten oder auch mit Entwicklungsländern eher stagniert oder nur geringfügig zugenommen hat.

Auch der innerdeutsche Handel mit einem Volumen von ca. 5 Mrd. DM jährlich hat sich gleichfalls in diesen Jahren – teils wegen der für nötig gehaltenen »Abgrenzung«, teils wegen Liefer- und Produktionsproblemen der DDR – nicht nennenswert erhöht. Obwohl die DDR nur einen Anteil von 1,8% am Gesamtaußenhandel der Bundesrepublik einnimmt, ist er doch für beide Seiten von beträchtlicher politischer Bedeutung. Von besonderem Vorteil für die DDR ist der Umstand, daß – nach einem dem EWG-Vertrag beigefügten Protokoll – ihr Handel mit der Bundesrepublik als innerdeutscher Handel anerkannt und damit von den Vorschriften unberührt bleibt, die für die Mitgliedsstaaten der EWG hinsichtlich ihres Handels mit der Außenwelt bindend sind. Die DDR partizipiert also bei ihrem Handel mit der BRD an den Präferenzen, die sich die Mitgliedsländer der EWG untereinander eingeräumt haben – und wird auch deshalb von nicht wenigen ihrer sozialistischen Bruderstaaten beneidet.

Diese für die Außenwirtschaft der DDR neben anderen Vorteilen wichtigen Vergünstigungen hat sie denn auch trotz aller Polemik gegen »besondere Beziehungen« beider deutscher Staaten vermutlich veranlaßt, manche Besonderheiten zu akzeptieren, den einseitigen Brief der Bundesregierung über Selbstbestimmung und Wiedervereinigung entgegenzunehmen (wenn auch nur mit einer Empfangsbestätigung ohne jegliche Inhaltsangabe) und damit einen, wenn auch nur höchst theoretischen, Beitrag zur »Offenhaltung« der deutschen Frage zu leisten.

Politische Ereignisse hatten, wie bereits erwähnt, das Stopp-

schild der Hallstein-Doktrin mehr und mehr durchlöchert. Der von der Bundesregierung nicht unverschuldete Abbruch ihrer Beziehungen zu den arabischen Staaten im Jahre 1965 hatte zur Folge, daß DDR-Botschaften in den arabischen Hauptstädten zugelassen wurden. Die Zahl der in der Welt eingerichteten Handelsmissionen, Konsulate und Generalkonsulate der DDR, die – von der Bundesrepublik toleriert – nur mühsam die Tatsache verbargen, daß es sich in praxi bereits um diplomatische Beziehungen handelte, wuchs ständig.
Im Verlauf der noch von seinem Vorgänger Gerhard Schröder eingeleiteten sehr behutsam und abwartend gesteuerten Politik nahm Außenminister Willy Brandt die diplomatischen Beziehungen zu Rumänien auf und stellte die diplomatischen Beziehungen zu Jugoslawien (die 1957 wegen der Anerkennung der DDR abgebrochen worden waren) wieder her. Diese wichtigen diplomatischen Erfolge machten es unseren Freunden und Partnern in aller Welt allerdings noch schwerer, zu begreifen, weshalb in Rumänien und Jugoslawien ein zweiter deutscher Botschafter mit dem Prestige der Bundesrepublik vereinbar sei, allen übrigen aber mit dem Entzug ihrer Freundschaft gedroht wurde, die ähnliche Pläne äußerten.
Mit dem Eintritt in den Welthandel und ihrer innerpolitischen Konsolidierung wuchs auch die ökonomische und strategische Bedeutung der DDR als Partner der Sowjetunion wie des gesamten Ostblocks und als Mitglied des sozialistischen COMECON. Gleichzeitig – so muß man jedenfalls vermuten – nahm auch der Einfluß zu, den die Ost-Berliner Führung in Moskau besaß und auf den Moskau bei der Durchsetzung seiner Wünsche in der DDR mehr Rücksicht nehmen mußte.
Mit einer Besatzungsarmee von 10 hochgerüsteten Panzer-, 10 Infanteriedivisionen und 1000 Flugzeugen ließ sich in dem kleinen Land alles durchsetzen. Aber die Freiwilligkeit in der

Kooperation mußte den Sowjets um so wichtiger sein, als sich die DDR inzwischen auch zum politisch verläßlichsten Partner entwickelt hatte.
Was blieb den Männern der DDR-Führung auch anderes übrig, wenn sie an der Macht bleiben wollten, als die Abhängigkeit zu akzeptieren? Wenn also ihr Chefideologe Kurt Hager in einer Rede (15. Oktober 1971) bemerkte, »die ständige Vertiefung und Festigung des Bruderbundes mit der . . . UdSSR ist für uns im wahrsten Sinne des Wortes eine Lebensfrage«, so sprach er – was die Führung dieses Staates anbelangt – eine tiefe Wahrheit aus!
Verglichen mit den Schwierigkeiten, die nationalbewußte sozialistische Länder wie Jugoslawien, Polen, Albanien, Ungarn, die ČSSR und auch Rumänien im Laufe der Jahre dem großen Bruder in Moskau bereitet haben, war – nachdem am 17. Juni 1953 russische Panzer den beginnenden Arbeiteraufstand gegen das Ulbricht-Regime erstickt hatten – Ruhe eingekehrt und dank der Besatzungsmacht sowie taktisch geschickter Führung auch bewahrt worden.
Auf die unbeirrbare Linientreue der DDR-Führung konnte man sich in Moskau uneingeschränkt verlassen. Nicht zuletzt deshalb stieg auch die strategische Bedeutung ihres Territoriums: Die DDR war der westlichste Pfeiler des Sicherheitsglacis, das die Sowjetunion nach dem Kriege zwischen sich und den Westen geschoben hatte, und daher auch einer der wichtigsten. Ihre geographische Lage prädestinierte sie gleichzeitig zum nützlichen Puffer zwischen Westeuropa und Polen. Polen, westlich an die DDR und östlich an die Sowjetunion grenzend, hatte sich nicht trotz, sondern wegen seiner Teilungen – die vierte und letzte erfolgte 1939 auf Grund des Hitler-Stalin-Paktes – in mehr als tausend Jahren zumeist leidvoller Geschichte ein besonders ausgeprägtes Nationalbewußtsein be-

wahrt und seinen Kampf gegen Zugriffe von Osten und Westen niemals aufgegeben. Polnische Kommunisten sind zuerst einmal Polen. Ihre Bereitschaft, der Sowjetunion vertrauensvoll auch die Lenkung der polnischen Geschicke zu überlassen, dürfte, um es vorsichtig auszudrücken, begrenzt sein. So kam es der Strategie des Kreml sicher nicht ungelegen, zwischen Polen und die westliche Welt einen so verläßlichen und noch dazu von sowjetischen Divisionen »beschützten« Freund wie die DDR plazieren zu können . . .

Zu diesen wirtschaftlichen, strategischen und politischen Vorzügen bot die DDR eine Armee – die Volksarmee, von Moskau als eine der zuverlässigsten militärischen Beiträge der Satellitenstaaten zur Sicherheit der Sowjetunion bewertet. Beim Einmarsch in die ČSSR hat sie die in sie gesetzten Erwartungen offenbar voll befriedigt.

So erweist sich schließlich die DDR aus vielerlei Gründen als der geeignetste Raum für die Stationierung derjenigen sowjetischen Streitkräfte, denen im Machtbereich der Sowjetunion nicht nur Polizeifunktionen übertragen sind. Dazu kommt die Aufgabe, gemeinsam mit der Volksarmee an exponierter westlicher Stelle die Wacht des Sozialismus zu halten, um die der »Koexistenz« immanente »Abgrenzung« zu garantieren.

Ulbricht war zu schlau, um die trotz aller Größenunterschiede vorhandene Interdependenz Sowjetunion–DDR nicht zu erkennen und für seine Zwecke auszunützen. Als ich in einem Gespräch mit einem sowjetischen Historiker die Bemerkung fallen ließ, »Eure Marionette, die DDR«, erwiderte er fast unwirsch: »Die Zeiten sind doch längst vorbei. Es gibt Marionetten, die so schnell mündig sein wollen, daß sie mitunter recht unbequem werden.«

Wenn dies die Erkenntnis war, die die Sowjetunion aus der veränderten Lage gezogen hatte, so war für die Bundesregierung deutlich geworden, daß ihre Mittel, die Entwicklung der DDR zu einem weltweit anerkannten Staat zu verhindern, nicht mehr ausreichten, und daß daraus Konsequenzen zu ziehen seien. So wie der Kampf um die Märkte dieser Welt von jeher einen starken, häufig ausschlaggebenden Einfluß auf die große Politik ausgeübt hat, so sehr kam das internationale Werben um die DDR als Absatz- und Liefermarkt und als politisch wie strategisch gleichermaßen zuverlässiger Partner ihrem Prestige und den außenpolitischen Plänen der Sowjetunion zugute.

Dies war die Situation, mit der sich die Große Koalition unter Kiesinger ebenso auseinanderzusetzen hatte wie die Bundesregierung unter Brandt am Vorabend der Verhandlungen mit Gromyko.

Die Frage nach dem Abhängigkeitsverhältnis des Großen vom Kleinen und umgekehrt war also für alle Verhandlungen, die in der Schwebe oder in naher Zukunft geplant waren, von großer Bedeutung. Wenn sich in der Westpolitik des sozialistischen Lagers eine gewisse selbständige Planung der DDR durchgesetzt haben sollte, mußte sich das auf die ostpolitische Gesamtplanung der Bundesregierung wie auf die Moskauer Verhandlungen anders auswirken als etwa die Erkenntnis, daß die Westpolitik Ost-Berlins nach wie vor in Moskau gemacht werde. Im letzteren Fall konnte man nach der französischen Devise verfahren: »Il vaut mieux s'adresser au Bon Dieu qu'à ses saints« – es ist vernünftiger, sich direkt an den lieben Gott zu wenden als an seine Heiligen.

Während sich die DDR und ihre außen- wie innenpolitische Stabilität nur als eines von vielen Mitteln der Sowjetführung darstellt, um weit größere Ziele anzuvisieren, ist für die DDR die Stabilität des Regimes das Ziel an sich. Zu erwarten war also, daß Verhandlungen mit der DDR über innerdeutsche Details sich viel schwieriger gestalten würden als die Regelung des Grundproblems, die Anerkennung der DDR, mit der Sowjetunion. Doch erst die Praxis konnte – wenn überhaupt – zeigen, wie weit der mutmaßliche Widerstand der DDR gegen Konzessionen an die BRD von der Sowjetunion toleriert werden würde.

In Bonn wußte man, daß die neueste Ostpolitik der Bundesregierung in Ost-Berlin mit Argwohn und wachsender Besorgnis verfolgt wurde. Nicht nur, weil Ulbricht und Genossen sich noch der Jahre erinnerten, wo die von ihnen aus der Taufe gehobene DDR dem Kreml lediglich als Tauschobjekt für Konzessionen des Westens gedient hatte. Wichtiger mag sein, daß sie sich von allen übrigen Satelliten der Sowjetunion grundsätzlich durch einen entscheidenden Mangel unterschied: Die DDR war vielleicht ein Staat, aber weder eine Nation noch ein Volk. Die geopolitische Strategie einer Großmacht hatte zu ihrer Entstehung geführt, die die Mehrheit der Bevölkerung als ebenso widersinnige wie hoffentlich bald vorübergehende Nachkriegsmaßnahme ansieht. Die DDR war also als Rudiment eines Staatswesens und als vorgeschobenster Posten des sozialistischen Lagers gegenüber westlichen Annäherungsversuchen psychologisch besonders anfällig und bedurfte angesichts der von Bonn propagierten »Konvergenz«-Theorie besonderer Abgrenzung, auf die die meisten übrigen Staaten des Ostblocks als »gewachsene« Nationen und etablierte Staatswesen verzichten konnten. – Selbst wenn die Regierung der DDR gehofft haben sollte, das gesamtdeutsche Nationalbewußtsein ihrer Untertanen sei mittlerweile erloschen, so wurde sie jedenfalls angesichts der Begeisterung, mit der der Bundeskanzler in Erfurt empfangen wurde, eines Besseren belehrt.

Wenn dieses nachdrückliche Bekenntnis ihrer Bevölkerung die Machthaber in der DDR bestürzt haben mag, so wurde ihnen

doch gleichzeitig damit ein Argument in die Hand gegeben, das auch in Moskau überzeugen mußte:
Der bewegende Vorgang zeigte, daß die Konsolidierung des sozialistischen deutschen Staates noch nicht weit genug vorgeschritten war, um ihm die von der Sowjetführung gewünschte friedliche Koexistenz mit der Bundesrepublik zumuten zu können. Da die innere Stabilität der DDR natürlich Vorrang vor allen sonstigen Ambitionen wie der Aufnahme in die UNO etc. genießt, war von der Regierung der DDR also zu erwarten, daß sie der neuen Westpolitik der Sowjetunion eher bremsend als fördernd gegenüberstehen würde. Angesichts der Bedeutung, die in Moskau dieser Politik aber beigemessen wird, kam eine Änderung der sowjetischen Konzeption ebensowenig in Betracht wie ein Druck auf die DDR, ihre Reserve aufzugeben. Die Westpolitik wurde also fortgesetzt, woraus zu schließen war, daß der Kreml bei der Durchführung eigener außenpolitischer Pläne seinen jeweils betroffenen sozialistischen Freunden ein Mitspracherecht über Wege und Taktik, aber nicht über Prinzipien einräumt. Ohne die Hoffnung Westeuropas auf Entspannung – das war auch dem Kreml klar – bestand keine Aussicht auf Einberufung der KSZE und schon gar nicht auf diejenigen Resultate, die der Kreml von ihr erwartete. Entspannung aber setzt eine gewisse Normalisierung der Beziehungen der beiden deutschen Staaten voraus, was wiederum bedeutet, daß die DDR trotz ihres Strebens nach totaler Abgrenzung einigen Minimalforderungen der Bundesrepublik entsprechen mußte, um gewisse Ziele sowjetischer Westpolitik nicht in Gefahr zu bringen.
Ich habe nie angenommen, daß die Sowjetunion für die Aufhebung des Schießbefehls an der DDR-Grenze sorgen würde. Weshalb sollte sie auch? Da diese Forderung seitens der Bundesregierung zum taktisch einzig möglichen Zeitpunkt, dem der

Gespräche mit Bahr bzw. Scheel, niemals mit Nachdruck gestellt worden ist, war Gromyko auch der Notwendigkeit enthoben, dazu Stellung zu nehmen. Doch wird die Vermutung erlaubt sein, daß diese übertriebene Behutsamkeit der deutschen Unterhändler selbst die Sowjetregierung überrascht hat.

Nach der Unterzeichnung des Vertrages am 12. 8. 1970 wandte sich der Bundeskanzler von Moskau aus an die deutsche Bevölkerung und sagte u. a., mit dem Vertrag sei nun ein Anfang gesetzt, »daß damit der Zerklüftung entgegengewirkt wird, damit Menschen nicht mehr im Stacheldraht sterben müssen . . .«

Seitdem sind drei Jahre vergangen und drei weitere Verträge geschlossen worden, und die damals vermutlich in der Emotion des Augenblicks Millionen von Menschen übermittelte Botschaft harrt immer noch der Erfüllung.

Dem Kreml ist das Morden an der Mauer gewiß unbequem, weil es seine Entspannungspropaganda Lügen straft. Wenn man aber einen Staat gründet, von dessen Bewohnern viele auch noch nach mehr als zwei Jahrzehnten nur dadurch im Lande zu halten sind, weil man sie beim Versuch des Grenzübertritts umbringen würde, muß man unbequeme Konzessionen machen. In eben dieser Lage befindet sich die Sowjetunion, die die Aufhebung des Schießbefehls vielleicht veranlaßt hätte, weil sie sich menschlichen Regungen nur dann nicht verschließt, wenn sie ihrer politischen Interessenlage entsprechen.

Treffen diese Überlegungen halbwegs zu, besitzt die DDR als potenter Teilhaber sowjetischer Westpolitik Gewicht genug, um auf die Berücksichtigung ihrer Einwände rechnen zu dürfen, aber keinesfalls soviel, um sie daran scheitern zu lassen.

Walter Ulbricht hatte diese Zusammenhänge trotz all seiner Gewitztheit offenbar nicht genügend bedacht: Allein die Wirtschaftskraft des von ihm geschaffenen Staates und manche

Konzessionen an die private Initiative mögen bereits die Größenordnung gesprengt haben, die der DDR im Rahmen des sowjetischen Empire zugedacht war. Als nun ihr Staatsratsvorsitzender nur zögernd und kritisch bereit war, die neue Westpolitik der Sowjetunion zu akzeptieren und zu der seinen zu machen, benutzten seine nächsten Mitarbeiter und die Sowjetführung sein vorgerücktes Alter, um sich seiner zu entledigen.

Während des XXIV. Parteikongresses der KPdSU im April 1971 in Moskau war ihm noch Gelegenheit gegeben, sich als Patriarch der versammelten Ostblockführung zu fühlen und Besucher vor dem Bilde Lenins selbstgefällig darauf hinzuweisen, daß er den großen Mann persönlich noch gut gekannt habe. Unmittelbar danach mußte er seinem Vertreter Honecker weichen.

Die von Honecker alsbald durchgeführten wirtschaftlichen wie politischen Reformen machten deutlich, daß es nicht nur Altersschwäche war, die Ulbricht zum Rücktritt gezwungen hatte, und die ihm zuteilgewordene Behandlung muß ihn häufig genug an das Schicksal des zur »Unperson« degradierten Nikita Chruschtschow erinnert haben. Deutschland und die Deutschen sind diesem Manne nichts schuldig, und was die Sowjetführung über Männer wirklich denkt, die allerdings in der Sowjetunion bereit waren, im Auftrage oder mit Unterstützung eines anderen Staates den Separatismus zu fördern, hat sie nach dem gewonnenen Kriege in ungezählten Fällen unter Beweis gestellt.

Bei der Berlinkrise anläßlich der Wahl des Bundespräsidenten wurde die Interdependenz zwischen der Sowjetunion und der DDR übrigens besonders deutlich. Die Sowjetregierung kam ihren vertraglichen und moralischen Verpflichtungen gegenüber der DDR dadurch nach, daß ihr Propagandaapparat ange-

wiesen wurde, die sittliche Entrüstung des Ulbricht-Regimes über die Wahl des Bundespräsidenten zu teilen.
Gleichzeitig sorgte sie dafür, daß sich diese Entrüstung ihrer Ost-Berliner Freunde und auch deren Störmanöver in Grenzen hielten, unterrichtete die Amerikaner davon, daß die Wahl des Bundespräsidenten die sowjetisch-amerikanischen Beziehungen nicht trüben werde, und ließ die Bundesregierung wissen, daß ihr Interesse am Gespräch mit der Bundesregierung durch die Vorgänge in West-Berlin nicht gemindert sei.
Damals war sich die Sowjetführung der tiefen Wahrheit des Kossygin-Wortes (12. 8. 1970) bewußt: »Es gibt Kräfte, die alles daransetzen, Spannungen zu konsolidieren.«

35.
Wiedervereinigung – ein sowjetischer Alptraum?

Die Bundesregierung konnte sich also von einer Annäherung an die DDR nur insoweit Erfolg versprechen, als sie ihre Aktivität auf den verhältnismäßig schmalen Raum zwischen der für die Sowjetunion unerläßlichen Entspannung und der für das Überleben der DDR zwingend notwendigen Abgrenzung beschränkte.

Im Rahmen dieser Betrachtungen wurde und wird auch häufig die Frage laut, ob wohl die Sowjetunion ihren seit Lenin gehegten Wunschtraum eines kommunistischen Deutschland ganz ad acta gelegt habe.

Die Frage, ob die Sowjetunion – könnte sie alles nach ihrem Willen gestalten – einem kommunistischen Gesamtdeutschland gegenüber einem in zwei Teile gespaltenen Deutschland mit einem sozialistischen Teil den Vorzug geben würde, läßt sich schwer beantworten. Vielleicht sind in den entscheidenden Führungsgremien die Ansichten darüber ebenso geteilt, wie sie wohl über die ganze West- und Deutschlandpolitik Breschnews differieren dürften.

Nach meinen Beobachtungen und Gesprächen neige ich zu der Annahme, daß die jetzige sowjetische Führung infolge der weltpolitischen Veränderungen in der Nachstalin-Ära etwaige Absichten auf eine Wiedervereinigung unter kommunistischen Vorzeichen zurückgestellt hat. Inzwischen hat bekanntlich China den Anspruch erhoben, der einzig wahre Interpret des Marxismus-Leninismus zu sein. Aus diesem Anspruch hat sich eine eigene – maoistische – Lehre mit wachsender ausländischer Anhängerschar entwickelt, die die Sowjetführung, wie auch die Kreml-Rede Michail Suslows vom 13. Juli 1973 beweist, mit zunehmender Gereiztheit registriert.

Nachdem es schon nicht zu verhindern war, daß sich die potentielle Weltmacht im Osten der Sowjetunion als Hort der »Abweichler« und »Revisionisten« etablierte, wäre die Gefahr

nicht auszuschließen, daß ein kommunistisches Gesamtdeutschland seine eigene Interpretation vom Sozialismus entwickelt und damit in den von der Sowjetunion auch ideologisch kontrollierten osteuropäischen Raum hineinwirkt.
Die Brüchigkeit sowjetischer Dogmen ist bereits jetzt nicht nur bei den sozialistischen Freunden, die nach ihnen leben müssen, sondern auch in der Sowjetunion selbst Gegenstand mancher geheimen und öffentlichen Diskussion geworden.
Nachdem Stalin alsbald nach dem Tode Lenins diesen selbst und sein geistiges Erbe kanonisiert hatte, beziehen sich die Staatsmänner des Kreml zwar auf Lenin, aber in dem Maße, wie sich ihre Politik mehr und mehr von ihm abwendet, wird es immer schwieriger, Zitate zu finden oder selbst aus dem Zusammenhang zu reißen, mit denen sie sich rechtfertigen läßt. Die Breschnew-Doktrin beispielsweise, die das Selbstbestimmungsrecht der Völker negiert, würde es schwer haben, sich auf Lenin zu berufen.
Lenin war ein entschiedener Anhänger des Selbstbestimmungsrechtes, auch ein fanatischer Feind der Judenverfolgung. (Rede über die Pogromhetze gegen die Juden: »Schande über den verfluchten Zarismus, der die Juden gequält und verfolgt hat. Schmach und Schande über den, der Feindschaft gegen die Juden sät.«)
Auf den Kampf für eine möglichst große Spannweite des Demokratismus, schreibt Lenin, könne nicht verzichtet werden, zumal der Verzicht auf das Selbstbestimmungsrecht der Nationen nur den Ausbeutern der unterdrückten Nationen im Völkergefängnis zugute käme.
Lenin hat auch – bereits schwerkrank – entschieden dagegen protestiert, daß Autonomiebestrebungen Georgiens ohne sein Wissen von der Partei durch physische Gewaltanwendung unterdrückt worden seien.

»In welchem Sumpf sind wir gelandet . . . Man sagt, die Einheit des Apparats sei nötig. Woher stammt diese Behauptung? Doch wohl von demselben russischen Apparat, den wir . . . vom Zarismus übernommen und nur ganz leicht mit Sowjetöl gesalbt haben.«
Allein der Widerspruch zwischen dem vom großen Lenin postulierten Recht der Völker auf Selbstbestimmung und seiner anderweitig bereits zitierten Interpretation durch Stalin oder das heutige Moskauer Regime dürfte den Ideologen des Kreml einiges Kopfzerbrechen bereiten. Überlegungen ähnlicher Art mögen nachdenkliche sowjetische Theoretiker des Marxismus zu dem Schluß geführt haben, daß auch die Sowjetunion mit ihrem Totalitätsanspruch möglicherweise an der Wende eines Zeitalters steht und gerade deshalb die auf sie zukommenden Risiken nicht noch durch ein weiteres, ein kommunistisches Gesamtdeutschland, vermehren sollte. Meine Frage an einen hochstehenden sowjetischen Funktionär, wie man es mit einer kommunistischen Wiedervereinigung halte, beantwortete er ebenso bündig wie deutlich: »Ein Alptraum.« Den Alptraum näher zu definieren, lehnte er ab.
Das jetzige Modell der Teilung Deutschlands hat sich aus des Kreml Sicht weit besser bewährt, als er es vor zwanzig oder weniger Jahren vermutet hat.
Lenin sah die russische Sicherheit ebenso wie Trotzki in einer deutschen Anschlußrevolution und einer Bolschewisierung Deutschlands. Nachdem aber Hitler selbst die Voraussetzungen für eine Teilung geschaffen hat, dürfte – jedenfalls unter den gegenwärtigen Umständen – mit vollzogener Spaltung nach sowjetischer Auffassung das Optimum an Sicherheit erreicht sein. Damit ist allerdings noch nicht die Frage beantwortet, wie die Sowjetunion sich verhalten würde, sollten sich beiderseits der deutschen Grenze Entwicklungstendenzen zu

einem sozialistischen Gesamtdeutschland bemerkbar machen. Eine friedliche Wiedervereinigung beider deutschen Staaten ist bekanntlich durch den Moskauer Vertrag nicht etwa ausgeschlossen, sondern – nach wiederholten mündlichen Interpretationen durch Gromyko und Kossygin (auch Dr. Barzel gegenüber) – durchaus erlaubt. Trotzdem ist, wenn die zuvor angestellten Überlegungen in etwa zutreffen, anzunehmen, daß die Sowjetunion einer solchen – legitimen – Entwicklung selbst dann nicht ihren Lauf lassen würde, wenn dieses Deutschland neutralisiert würde. Die Aussicht auf das Wirtschaftspotential eines 80-Millionen-Deutschland büßt für den Kreml vermutlich nichts von ihrer Gefährlichkeit ein, wenn diese Kapazität in eine sozialistische Ehe eingebracht würde.

Wenn also an einer »Eingemeindung« eines kommunistischen Gesamtdeutschlands in das westliche Vorfeld der Sowjetunion, so wie es heute durch die europäischen Ostblockstaaten abgegrenzt ist, einstweilen kein Interesse besteht, dürften sich daraus für die sowjetische Politik wohl drei Schlußfolgerungen ergeben:

Erstens: Die Aufrechterhaltung des Gegensatzes zwischen der BRD und der DDR gehört zu den »essentials« sowjetischer Westpolitik. Der Entspannung auf der »offiziellen« Ebene – und dies gilt, wie ich befürchte, ganz allgemein für die künftigen vom Kreml aufgestellten Verhaltensregeln zwischen Ost und West – entspricht eine um so schärfere Abgrenzung auf der Ebene der menschlichen Beziehungen.

Zweitens: Die Existenz einer demokratisch-freiheitlichen causa sui generis wie West-Berlin inmitten eines sozialistischen Staates und Blocks ist eine Anomalie, die so bald wie möglich durch Eingemeindung in die »Hauptstadt« der DDR zu beseitigen wäre.

Drittens: Nachdem der Kreml dem Regime der DDR einige

Konzessionen zugunsten des deutsch-sowjetischen Vertrages und seiner Folgeverträge abringen mußte, ist damit zu rechnen, daß er nach Inkraftsetzung dieses Vertragswerkes die künftigen Wünsche der DDR um so hartnäckiger verteidigen wird.
Was nach der Anerkennung des gegenwärtigen Zustands durch die Bundesrepublik außerdem noch fehlt, ist das vertraglich signierte Placet Westeuropas. Ob Breschnew dasjenige der Vereinigten Staaten nicht bereits erhalten hat, als er im Juni 1973 die USA besuchte, wird sich noch erweisen müssen. Diese Forderungen stehen jedenfalls im Mittelpunkt des sowjetischen Wunschkataloges für die KSZE.

36.
Interpretationskonflikte

Ende April 1970 kam es übrigens im Moskauer Diplomatischen Corps zu einer kleinen, bald wieder beigelegten Verstimmung. Der Doyen, Botschafter Dr. Morad Ghaleb von Ägypten, hatte anläßlich des 100. Geburtstages von Wladimir Iljitsch Lenin am 22. April am Lenin-Mausoleum auf dem Roten Platz einen Kranz niedergelegt und von jedem Botschafter 2 Rubel als Unkostenbeitrag eingezogen.
Es gab verschiedene Kollegen, die der Meinung waren, man hätte sie wenigstens vorher fragen sollen, ob sie – zum Preis von 2 Rubel – mit einer Huldigung Lenins in ihrem Namen einverstanden seien.
Morad Ghaleb hatte aber noch ein übriges getan und als Doyen in einem Telegramm an Andrej Gromyko seine »tiefe Verehrung für den großen Lenin, den Gründer des Sowjetstaates« zum Ausdruck gebracht, »wobei ich mich dem ganzen Sowjetvolk bei seiner feierlichen Begehung des 100. Geburtstages von Wladimir Iljitsch anschließe«.
Als die Missionschefs schließlich von dem Telegramm erfuhren, war von der Protokollabteilung des Außenministeriums im Namen von Podgorny, Kossygin und Gromyko bereits der Dank eingetroffen. An diesem Telegramm entzündeten sich die Gemüter noch mehr als an der Kranzniederlegung. Abgesehen davon, daß es in der Tat ungewöhnlich ist, im Namen eines Dritten ohne dessen Wissen eine Botschaft zu übermitteln, gab es nicht wenige, die aus ihrer und der politischen Sicht ihrer Regierungen heraus keineswegs bereit gewesen wären, vom Gründer des Sowjetstaats als vom »Großen Lenin« zu sprechen – von einer posthumen »Verehrung« ganz zu schweigen.
Da der ägyptische Botschafter – aufgrund der damaligen besonderen Beziehungen seines Landes zur Sowjetunion auch zu besonderer Aufmerksamkeit verpflichtet – dies vermutlich vorausgesehen hatte, und es außerdem technisch und sprachlich

mehr als schwierig war, kurzfristig das Einverständnis von 84 Missionschefs einzuholen, beschloß er, selbständig zu handeln und die zu erwartende Verstimmung in Kauf zu nehmen. Sie wurde bald durch wichtigere Ereignisse überholt und hat übrigens die allgemeine Zuneigung zu unserem Doyen nicht lange beeinträchtigt.

Man konnte dem ägyptischen Botschafter auch kaum ernstlich böse sein. Von Beruf eigentlich Hals-Nasen-Ohren-Arzt in Alexandrien, war er unter Nasser zur Diplomatie übergewechselt und leitete seit 1961 die wichtige Moskauer Botschaft seines Landes. Sein diplomatisches Ehrenamt als Doyen versah er mit größter Gewissenhaftigkeit. Wann immer es sich um die Verabschiedung abberufener Missionschefs handelte, bekam jeder von ihnen – und bei so vielen war das ein stetes Kommen und Gehen – einen Empfang in der ägyptischen Botschaft und eine sehr individuelle, mit viel Humor, manchem Ernst und manchmal auch mit echtem Bedauern gewürzte Abschiedsrede – in Englisch, Französisch, Russisch oder Arabisch. Als Ghaleb nach zehn Jahren abberufen wurde, gab es wohl niemanden unter den Missionschefs, dem der Abschied von diesem so sympathischen Kollegen und seiner Frau nicht etwas nahe gegangen wäre.

Als sich dieser Vorfall ereignete, war ich auf der Rückkehr von einem kurzen Urlaub gerade wieder in Bonn. Der Bundesaußenminister sagte mir, Staatssekretär Bahr werde noch einmal kurz nach Moskau kommen, um im Auftrage des Bundeskanzlers einige bestimmte Fragen mit Gromyko persönlich zu klären. Alsdann müsse »Bilanz gezogen« und ein Regierungsbeschluß über das weitere Vorgehen gefaßt werden. Bei diesen Beratungen sei auch meine Anwesenheit unerläßlich. Ich möge mich also darauf einrichten, etwa im letzten Maidrittel für mehrere Tage nach Bonn zitiert zu werden.

Vom 12. bis 22. Mai fanden die letzten vier Gespräche Bahrs mit Gromyko statt. Man war sich darüber einig, daß eine Unterbrechung kommen werde, deren Dauer von den beiden Regierungen abhänge. Daß auch Gromyko nur an eine Unterbrechung und nicht an einen »Abschluß« dachte, ging schon aus seiner Bemerkung am 20. Mai hervor: »Sie müssen mit noch größerem Realismus an die Dinge herantreten. Wir unsererseits haben sehr viel Geduld.«

Der sowjetische Außenminister betrachtete also zu diesem Zeitpunkt das Ende dieser zweiten Phase als Unterbrechung der Gespräche oder auch als Abschluß der Sondierungen, denen nunmehr die dritte Phase, die Verhandlungen, folgen würde, sobald die Regierungen das bisherige Ergebnis geprüft hätten. Die stets gut unterrichtete »Neue Zürcher Zeitung« urteilte im Grunde völlig richtig, als sie am 3. Mai schrieb, »die Konversationsstunden des Emissärs Bahr bei Gromyko haben noch nicht einmal in die Nähe von Vorverhandlungen geführt oder Nahrung auch nur für Ahnungen einer Änderung der sowjetischen Haltung gegeben.«

Ich hatte mich im März in Bonn in ähnlichem Sinne geäußert. Von der Sache her hatten wir recht, die »NZZ« wie ich, aber wir hatten beide die Dynamik verkannt und unterschätzt, mit der die Bundesregierung auf Vertragsabschluß drängte.

Nach der Beendigung der Mission Bahr wurde es vorübergehend ruhig in Moskau, und auch Bonn hüllte sich in Stillschweigen. Zunächst mußte ja wohl die Koalition selbst unterrichtet, und die wenigen Eingeweihten mußten sich darüber schlüssig werden, wie das Resultat des Moskauer Aufenthalts Bahrs bewertet werden sollte.

Verabsäumt wurde, sich mit Gromyko darüber zu einigen, wie die aus den Gesprächen hervorgegangene Dokumentation, die

er wie Bahr nunmehr den Regierungen vorlegen mußte, vor der Öffentlichkeit eigentlich zu bezeichnen sei.
Ursprünglich war diese in Form eines Vertragsentwurfs gekleidete Dokumentation von Rede und Gegenrede bekanntlich dazu bestimmt, der Bundesregierung alle Unterlagen für die Entscheidung zu liefern, ob nunmehr erfolgversprechende Vertragsverhandlungen mit der Sowjetunion eingeleitet werden können. Was sie dann ohne sichtbare Notwendigkeit veranlaßt hat, sich vor der Öffentlichkeit in immer seltsamere »Wie sag ich's meinem Kinde«-Definitionen der Bahr-Gespräche hineinzumanövrieren, harrt noch der Aufklärung.
Die Gegenseite benutzte jedenfalls die günstige Gelegenheit, den Entwurf als fertig ausgehandelten Vertrag auszugeben, an dem nichts Wesentliches mehr modifiziert werden dürfe. Und der Bundesregierung blieb schließlich nichts anderes übrig, als sich ins Unvermeidliche zu fügen.
Diese sowjetische Interpretation hatte für Bahr übrigens den Vorzug, ihm – vor der Öffentlichkeit – indirekt zu bestätigen, bei seinen Gesprächen das Äußerste des Erreichbaren herausgeholt zu haben. Bundesminister Scheel hingegen hatte das Nachsehen, denn ihm als dem eigentlichen und zuständigen Verhandlungsführer verblieb nur noch die undankbare Aufgabe, in Moskau das betreiben zu können, was man als »Vertragskosmetik« zu bezeichnen pflegt.
Endlich entschloß sich sogar die Leitung des Auswärtigen Amts, das inzwischen mit Dr. Paul Frank einen Berufsdiplomaten als neuen Staatssekretär erhalten hatte, die mitgebrachten Texte den zuständigen Experten des Hauses zur Kenntnisnahme und zur Prüfung zu übermitteln. Bedenkt man, was mittlerweile alles besprochen, verhandelt und – wie man erst später merkte – definitiv und irreparabel vereinbart worden war, muß man sagen, daß der Rat der Sachverständigen reich-

lich spät eingeholt wurde. Wie spät – das wurde der Öffentlichkeit indirekt erst dadurch deutlich, daß Staatssekretär Frank im April 1973 vor dem Fernsehen über die Aussichten einer Normalisierung mit der Tschechoslowakei berichtete und dabei auf die Frage, ob man sich wohl auf eine unmißverständliche Formel des Münchner Abkommens betreffend vom September 1938 geeinigt habe, erwiderte: »Ich denke ja. Dafür haben wir schließlich zwei Jahre lang sondiert.« Daraus war zu schließen, daß der Vertrag mit der ČSSR von der zuständigen Behörde und von zuständigen und erfahrenen Beamten mit der nötigen Ruhe, d.h. mit derjenigen unerläßlichen »Tüftelei« ausgearbeitet und verhandelt wurde, die Herbert Wehner zwei Jahre lang verstimmt hat und die er als »Hemmnis« für die Normalisierung der Beziehungen Bonns zu Prag zu bezeichnen pflegte. Das neue bereits 1967 bei Handelsvertragsverhandlungen mit Prag und später in Moskau von uns praktizierte Prinzip, wonach die Qualität eines Vertrages automatisch mit der Schnelligkeit wächst, mit der er fertiggestellt und unterzeichnet wird – dieses Prinzip ist bei den Gesprächen mit Prag erfreulicherweise nicht zur Anwendung gelangt.

Nach diesen Bemerkungen Franks bestehen zwischen Bundeskanzleramt und Auswärtigem Amt über die Methode, mit der Verträge auszuhandeln seien, offenbar grundverschiedene Ansichten. Frank bezeichnete zwei Jahre »Sondage« als notwendig für die Vorbereitung von Verhandlungen mit Prag. Dabei war im Grunde wirklich nur ein einziges Problem strittig: die Formel, mit der die Ungültigkeit des Münchener Viermächteabkommens vom September 1938 (das unter der Erpressung durch Hitler das Sudetenland von der ČSR abtrennte und dem deutschen Reichsgebiet zuschlug) im Vertrag fixiert werden sollte. Daß selbst diese zweijährigen Sondierungen nicht ausgereicht haben, um einen Vertrag zu formulieren, der den Interessen beider Seiten gerecht wird, hat sich inzwischen erwiesen.

Für den Moskauer Vertrag vom August 1970 hingegen verzichtete das Bundeskanzleramt, abgesehen von den drei im Dezember 1969 von mir geführten Einleitungs-Gesprächen, auf eine Sondierung, obwohl es von unserer Seite mindestens 5 Probleme von lebenswichtiger Bedeutung gab, die hätten vorgeklärt werden müssen:

1. Aufhebung des Schießbefehls
2. Vorbehalt der Wiedervereinigung
3. Klärung der Interventions-Problematik nach Artikel 53/107 der Charta der Vereinten Nationen
4. Rückführung deutscher Staatsangehöriger und Zusammenführung getrennter Familien
5. Die Sicherung der Bindungen zwischen dem Bund und West-Berlin.

»If a rape is inevitable, relax and enjoy it« sagt ein amerikanisches Sprichwort. (Wenn eine Vergewaltigung als unvermeidlich erscheint, entspanne dich und genieße sie!)

Bei den Verhandlungen des Moskauer Vertrages, der kein einziges dieser heiklen Probleme wirklich geklärt hat, stand es offenbar Pate.

Am 27. und 28. Mai fand aufgrund einer Großen Anfrage der Opposition eine Aussprache im Bundestag statt, bei der Freiherr von Guttenberg seine große Deutschlandrede hielt. Auch wenn man nicht zu allem, was er sagte, ja sagen mochte – es war die Rede eines großen Patrioten, eine der sehr wenigen Bundestagsreden, die den Zeitraum, in dem sie gehalten wurden, überdauern werden. Heute bereits etwas in Vergessenheit geraten, wird – so befürchte ich – die Zeit kommen, in der die Warnungen, die sie enthält, wieder und wieder zitiert werden.

Der Bundesaußenminister erklärte zur Lage in der gleichen Sitzung, hinsichtlich des »deutsch-sowjetischen Meinungsaustausches stehe man am Ende der Vorbereitung von Verhandlungen«. Er (der Meinungsaustausch), habe »einen entscheidenden Punkt« erreicht.

Am 7. Juni verabschiedete das Kabinett »Richtlinien für die deutsch-sowjetischen Verhandlungen über einen Gewaltverzicht«. Abgesehen davon, daß sie recht nichtssagend waren, dürfte es das erste Mal in der Geschichte sein, daß »Richtlinien« für den Verhandlungsführer erst ausgearbeitet wurden, nachdem die Verhandlungen bereits stattgefunden hatten.

Entsprechend dem Worte des Außenministers, er werde mich rufen lassen, sobald man in Bonn in die Prüfung der Texte eintrete, bereitete ich mich darauf vor, meine Ansichten über die Taktik und die vielleicht erreichbaren Textverbesserungen vorzutragen. Unverständlich blieb meinen Mitarbeitern und mir in Moskau, weshalb sich die Bundesregierung so schwer tat, der Opposition und der Öffentlichkeit auseinanderzusetzen, was ihr Beauftragter in Moskau in seinen Gesprächen mit dem sowjetischen Außenminister eigentlich zuwege gebracht hatte. Einmal wurden die erarbeiteten Texte von offizieller Seite als »Protokoll-Notizen« bezeichnet, einmal – von mir den alliierten Botschaftern in Moskau gegenüber – als »non-papers«, einmal als »Sitzungsunterlagen«, einmal als »aneinandergereihte Punkte«. Daß diese Papiere den kompletten Entwurf eines Vertragswerkes darstellten – dies nach Beendigung der Bahr-Mission deutlich zu machen, wäre man schon Gromyko schuldig gewesen, der mit Bahr zusammen 43 Stunden seiner vergleichsweise knapp bemessenen Zeit der Ausarbeitung dieser Papiere gewidmet hatte. Hinterher aus dem Munde des verantwortlichen deutschen Ministers zu hören, beide hätten lediglich »Protokoll-Notizen« produziert, kam einem Affront

gleich und konnte vom Außenminister der Sowjetunion nicht widerspruchslos hingenommen werden.
Hätte man das in Bonn begriffen und den Vertragsentwurf einen »Vertragsentwurf« genannt, hätte man sich viel Peinlichkeit und vor allem den Vorwurf des Dilettantismus erspart. Ein solcher Vorwurf mußte sich aufdrängen, als der Eindruck entstand, die Bundesregierung habe einen Staatsvertrag – den vermutlich bedeutsamsten nach Kriegsende – ausgehandelt, ohne es auch nur zu bemerken. Dabei hätte sich in der Substanz gar nichts geändert, denn darüber, daß es lediglich ein – noch nicht einmal paraphierter – »Entwurf« war, darüber gab es keinerlei Zweifel. Und daß Entwürfe vom Kabinett ebenso umgestoßen, verworfen, abgeändert, modifiziert werden können wie Protokollnotizen, ist niemals strittig gewesen.
»Die Bundesregierung ist erst jetzt dabei, die Grundlagen zu schaffen für Verhandlungen mit der Sowjetunion über das Thema Gewaltverzicht. Die Bundesregierung hat die Prüfung des Papiers begonnen, das Staatssekretär Bahr mitgebracht hat und das die Niederschrift von vielen Gesprächen ist – über viele Punkte auch, über die wir kein Abkommen mit der Sowjetunion schließen wollen. Aus diesen verschiedenen Punkten werden einige Grundlage sein können für ein Gewaltverzichts-Abkommen.«
So äußerte sich Außenminister Scheel noch am 24. Juni 1970, also einen ganzen Monat nach Rückkehr Bahrs über ein Papier, das wenig später mit ganz geringfügigen Änderungen versehen als deutsch-sowjetischer Staatsvertrag unterzeichnet wurde.
Doch diese Äußerung des Außenministers klang überzeugend! Schließlich hatte Gromyko noch kurz vor der Abreise Bahrs versichert, daß der Meinungsaustausch weitergeführt werde, auch wenn er jetzt unterbrochen würde, und daß die sowje-

tische Regierung bereit sei, den erarbeiteten Text als »Grundlage« eines Abkommens zu nehmen.
Das war – wie immer bei Gromyko – eine klare Formel, die in diesem Fall bedeutete: Im Prinzip sind wir uns so weit einig, daß wir jetzt den Vertragstext formulieren könnten. Ich schrieb dementsprechend auch Ende Juni einem in der Zentrale zuständigen Kollegen: »Ohne, daß uns der Beginn besonders eilig zu sein braucht, wäre es gut, die Sowjets bald wissen zu lassen, daß wir am Eintritt in offizielle Verhandlungen interessiert sind.«
Während in der Bundesrepublik die Diskussion über die Ostpolitik und Bahrs Moskauer Resultate auf dem Marktplatz weitergingen, wuchs bei der Moskauer Führung die Beunruhigung darüber, was die Bundesregierung mit den erarbeiteten Texten wohl beabsichtige. Tatsächlich hatte sich diese in ihren eigenen Stolperdrähten verfangen: Einerseits wünschte sie – nachdem sie sich selbst so eindeutig unter Erfolgszwang gesetzt hatte – so bald wie möglich ein Abkommen mit den Sowjets zu unterzeichnen. Andererseits konnte sie – angesichts ihrer schwachen Mehrheit und den einsetzenden Erosionserscheinungen bei der FDP als kleinerer Regierungspartei – sich nicht öffentlich dazu bekennen, daß sie Bahrs Bemühungen als das non plus ultra des Erreichbaren betrachtete und daher unterschreiben werde. Das ging schon deshalb nicht, weil ja bislang stets erklärt worden war, Bahr habe nicht etwa »verhandelt«, sondern »Gespräche« geführt. Außerdem war eine der Kernfragen deutsch-sowjetischer Vereinbarungen, nämlich Berlin, zwischen Gromyko und Bahr gar nicht ausgehandelt worden. Die Sowjets hatten sich unter Hinweis auf die Viermächteverantwortung und die außerdem gegebene Zuständigkeit der DDR stets geweigert, die Berlin-Frage zu diskutieren, und wir hatten uns damit abgefunden.

Dennoch hatte Außenminister Scheel am 27. Mai 1970 im Bundestag erklärt, Berlin werde »natürlich« in Verhandlungen mit der Sowjetunion eingeschlossen sein. Später mußte er diese Äußerung dann mit der Erklärung berichtigen, es gäbe keine zeitliche Priorität der Berlin-Verhandlungen für Vereinbarungen mit Moskau. Schon Freiherr von Guttenberg war in seiner Erwiderung auf die Frage eingegangen, welchen Einfluß der von der Sowjetunion verlangte Verzicht der Bundesrepublik auf das »Gebiet der DDR« hinsichtlich der zwischen West-Berlin und der BRD bestehenden Bindungen haben werde.

Der spätere Fraktionschef der CDU/CSU, Professor Dr. Karl Carstens, schrieb damals in der FAZ, an der »Klippe Berlin sind viele Verträge, die die Bundesrepublik mit osteuropäischen Staaten schließen wollte, gescheitert. Wenn es jemals eine Möglichkeit gibt, die Frage zu klären, dann jetzt«.

Die weitere Entwicklung hat die Richtigkeit dieses leider vergeblichen Appells voll bestätigt. Inzwischen häuften sich die offiziellen Bonner Versicherungen, es gebe keine Vertragstexte, sondern Egon Bahr habe aus Moskau »Bahr-Papiere« mitgebracht, die von der Opposition als »Vertragsentwürfe« diffamiert würden. Davon könne keine Rede sein.

Wie deutsche Korrespondenten von Moskau aus die Lage betrachteten, läßt sich den drei nachstehend wiedergegebenen Kommentaren entnehmen, die der damalige Moskauer ARD-Vertreter, Lothar Loewe, durchgab.

WDR 29. 6. 1970 (Loewe, Moskau):

»In der Frage des Gewaltverzichts besteht kein Anlaß zu glauben, so meinen Moskauer Beobachter, daß die eigentlichen Verhandlungen über den Text des Vertragswerkes in wenigen Tagen abgeschlossen sein werden. Diese Verhandlungen werden vermutlich langwierig sein. So stellt sich die Frage, ob die

Bundesregierung gut beraten ist, den Außenminister schon zu den eigentlichen Verhandlungen nach Moskau zu entsenden und dabei sein Prestige unnötig aufs Spiel zu setzen. Dienstliche Aufgaben und Verpflichtungen als Bundesvorsitzender der FDP würden es Walter Scheel kaum gestatten, längere Zeit, etwa einige Wochen, in der sowjetischen Hauptstadt zu verbringen. Wäre es nicht klüger, auch mit Rücksicht auf die innenpolitische Lage in Bonn, die Verhandlungen in Moskau zunächst ohne Scheel führen zu lassen? Der Sache dienlich wäre eine Moskau-Reise des Bundesaußenministers erst in der Schlußphase der Verhandlungen zur Paraphierung des Vertragswerkes. Die Unterzeichnung des Gewaltverzicht-Abkommens sollte ohnehin, den internationalen Gepflogenheiten entsprechend, nicht am Verhandlungsort, sondern in der Hauptstadt des anderen Vertragspartners, nämlich in Bonn, stattfinden. Den Austausch der Ratifizierungsurkunden könnte man schließlich in Moskau vornehmen.

Nichts wäre verfehlter, als den Abschluß des Gewaltverzicht-Abkommens mit Moskau zu überstürzen. Die deutsche Seite steht nicht unter Zeitdruck, und auch die sowjetische Regierung scheint Verständnis dafür zu haben, daß in Bonn die Dinge reifen müssen.«

NDR 29. 6. 1970 (Loewe, Moskau):

»Das offenkundige Zögern der Bundesregierung, die offiziellen Verhandlungen über den Abschluß des Gewaltverzicht-Abkommens mit der Sowjetunion aufzunehmen, ruft in Moskau wachsende Beunruhigung hervor. Informierte sowjetische Gesprächspartner lassen durchblicken, daß innerhalb der sowjetischen Führung der Einfluß einer Meinungsgruppe wächst, die ... sehr eng mit dem radikalen Honecker-Flügel der SED harmonisiert. Die hochgestellten Zweifler in Moskau weisen nicht nur auf die labile Konstellation der Bonner Koalition hin,

sondern sie vertreten darüber hinaus die – sicherlich absurde – Auffassung, der angeblich rechte Flügel der SPD, angeführt von Bundesverteidigungsminister Schmidt, sei an einer wirklichen Neuregelung der Beziehungen zwischen Bonn und Moskau nicht interessiert. Die Artikel in ›Iswestija‹ und in ›Internationales Leben‹ müssen in Bonn als erstes Warnsignal der sowjetischen Zentrale gewertet werden. Die äußerst ungeschickte öffentliche Diskussion über das Ergebnis der Bahr-Gromyko-Runde hat den Zweiflern innerhalb der sowjetischen Führung neue Munition für ihre Argumente geliefert.
Angesichts des Hin- und Hertaktierens in Bonn gerät auch die Stellung Gromykos in ein gewisses Zwielicht . . . (Bahr und Gromyko) haben sich auf ein Papier geeinigt, dem beide Seiten ihre provisorische Zustimmung gegeben haben. Es sei daher empörend, daß man in Bonn ständig von einem ›Bahr-Papier‹ spräche, tatsächlich handele es sich um ein Bahr-Gromyko-Papier. Entrüstung habe auch die Praxis Bonner Regierungsvertreter hervorgerufen, das Ergebnis der Bahr-Gromyko-Gespräche einmal als Vertragsentwurf, dann als schlichte Notizen oder als ein paar aneinandergereihte Punkte zu bezeichnen. Gromyko habe, so wird von sowjetischer Seite betont, nicht mit Egon Bahr so viele Stunden verbracht, um nur Notizen auszutauschen. Auf sowjetischer Seite scheint man aber nach wie vor interessiert zu sein, die offiziellen Verhandlungen endlich aufzunehmen. Aber eine gewisse Verstimmung ist unverkennbar. Durch eigenes deutsches Verschulden ist die Verhandlungsausgangslage der bisher heute noch nicht einmal benannten deutschen Delegation erheblich erschwert worden.
In diesem Zusammenhang bleibt nach wie vor unverständlich, daß der deutsche Botschafter in Moskau, Allardt, zu den Beratungen in Bonn nicht hinzugezogen wurde. Es besteht die Gefahr, daß die im Ansatz so hoffnungsvoll begonnene Ostpolitik

von Bundeskanzler Brandt an der Bonner Unfähigkeit, Beschlüsse zu fassen, scheitert. Bevor die Lage in Moskau völlig verfahren ist, wäre es durchaus nützlich, wenn Bundesaußenminister Scheel schnellstens – ohne großes Brimborium – für zwei Tage nach Moskau käme, um im direkten Gespräch mit Gromyko die sowjetische Seite von der Ernsthaftigkeit der deutschen Absichten zu überzeugen: Die eigentlichen Verhandlungen über den Gewaltverzicht könnte man dann in aller Ruhe vorbereiten . . .

Von der Sache her muß Besorgnis erregen, daß die sowjetische Regierung keinerlei Bereitschaft erkennen läßt, in der Berlin-Frage die gewachsenen Realitäten im westlichen Teil der Stadt anzuerkennen. Sollte Moskau nicht gewillt sein, das Berlin-Problem als politischen Druckhebel zu eigenen Zwecken aufzugeben, würde der Abschluß eines Gewaltverzicht-Abkommens zwischen Bonn und Moskau kaum möglich sein . . .«

WDR 9. 7. 1970 (Loewe, Moskau):

»Der deutsch-sowjetische Dialog über den Gewaltverzicht befindet sich nach Auffassung diplomatischer Beobachter in Moskau in einer schwierigen Phase . . . Bis zur Stunde gibt es keine Anzeichen dafür, ob und in welcher Form die Sowjetregierung bereit ist, dem deutschen Vertragspartner einen Anspruch auf eine etwaige spätere Wiedervereinigung mit friedlichen Mitteln einzuräumen. Ferner haben die Russen nicht erkennen lassen, ob sie zu einer Regelung der Berlin-Frage bereit sind, die alle interessierenden Parteien befriedigt. Gegenüber Gromyko hat Bahr keinen Zweifel daran gelassen, daß die Bundesregierung das Abkommen über den Gewaltverzicht nur unterzeichnen kann, wenn diese beiden wichtigen offenen Fragen zufriedenstellend gelöst werden.

In Bonn ist die Bundesregierung im Augenblick damit beschäftigt, die Richtlinien für die weiteren Verhandlungen mit Moskau auszuarbeiten, ein wichtiger Vorgang, der nicht nur gründliches Nachdenken, sondern der im Bundeskabinett auch umfangreiche Detailkenntnisse erfordert. Um so überraschender ist es, daß die deutsche Botschaft in Moskau nur einen sehr geringen Einfluß auf den Denkprozeß in Bonn ausüben kann. Es wäre sicherlich nützlich, wenn die Bundesregierung den Moskauer Botschafter, Allardt, zu den Beratungen hinzuziehen würde. Erstaunlicherweise hat Scheel bisher von der Möglichkeit keinen Gebrauch gemacht, den Botschafter zur persönlichen Berichterstattung nach Bonn zu zitieren.«

Die Kassandra-Rufe Lothar Loewes sind es wert, nicht der Vergessenheit anheimzufallen. Sie unterstreichen auf mitunter drastische Weise den tiefen Graben, der damals zwischen dem »Mann an der Front« und der Bonner Zentrale klaffte. Obwohl kaum über Details unterrichtet, hatte Loewe die unausweichlichen Folgen des Bonner Taktierens erkannt: Die Bundesregierung war im Begriff, sich selbst durch »die äußerst ungeschickte öffentliche Diskussion über das Ergebnis der Bahr-Gromyko-Runde«, die »sowjetische Entrüstung« über das Bonner Finassieren, das nun auch »die Stellung Gromykos in ein gewisses Zwielicht« gerückt habe, definitiv den Weg zu Verhandlungen zu verlegen. Noch Ende Mai bei der Verabschiedung Bahrs hatte Gromyko, wie erwähnt, geäußert, er erwarte die Prüfung der bisherigen Gesprächsergebnisse und als deren Resultat die Aufnahme offizieller Verhandlungen beider Regierungen. Die Bonner Taktik warf nun aber die ursprüngliche Planung Moskaus um. Erst überrascht, dann – wie ich befürchtet und wovor ich nachdrücklich gewarnt hatte – in ihrem Prestigebedürfnis empfindlich getroffen, griff es öffentlich in die Bonner Debatte ein: Am 6. Juli erschien im offiziellen Regierungsorgan »Iswestija« ein Artikel, der erfahrungsgemäß schon deshalb besondere Aufmerksamkeit erweckte, weil er mit »Beobachter«

gekennzeichnet war: eine hohe Regierungsstelle hatte ihn also geschrieben oder veranlaßt.

»Die Regierung der Sowjetunion hat betont, daß sie die Verhandlungen mit der Bundesrepublik Deutschland zu einem erfolgreichen Ende bringen möchte. Das setzt natürlich voraus, daß sich beide Seiten an die Normen der Gepflogenheiten halten werden, die in den Beziehungen zwischen Regierungen im allgemeinen üblich sind. Die Ergebnisse der bereits geleisteten Arbeit kann man unmöglich durchstreichen, und niemand kann damit rechnen, daß die Aufstellung wissentlich unvernünftiger Forderungen, die von reaktionären Kreisen inspiriert werden, Erfolg haben wird.«

Zur gleichen Zeit etwa warnte Loewe: »Das offenkundige Zögern der Bundesregierung, die offiziellen Verhandlungen aufzunehmen, ruft in Moskau wachsende Beunruhigung hervor. Durch eigenes deutsches Verschulden ist die Ausgangslage erheblich erschwert worden.«

Das für einen Außenstehenden kaum durchschaubare Bonner Hin und Her hatte schließlich dem Kreml eine Chance geliefert, von der er noch im Mai nicht einmal geträumt hatte: Er weigerte sich anzuerkennen, daß überhaupt noch Verhandlungen stattfinden müßten, und ließ Ende Juli wissen, jeder Vorschlag, der die gefundenen Formulierungen abändere oder in Frage stelle, schaffe eine neue Lage und mache damit eine Vereinbarung unmöglich.

Zu dieser ganzen grotesken Situation mußte es nicht kommen. Sie hätte schon deshalb vermieden werden müssen, weil vorauszusehen war, daß Gromyko und seine Auftraggeber, Zentralkomitee und Politbüro, die öffentliche Abwertung des Resultats von vier Monaten harter Arbeit nicht hinnehmen konnten. Man wußte doch in Bonn, daß die im Kreml eingeleitete Politik der Öffnung nach Westen nicht auf einen einhelligen Beschluß der Führung zurückging, sondern auf Kritik gestoßen war. Je mehr also die Bundesregierung über zwei Monate lang versuchte, die Bedeutung der deutsch-sowjetischen Gespräche herunterzuspielen, um so schwieriger mußte es für die vermutlich von Breschnew angeführte Majorität des Politbüros werden, diese Politik überzeugend zu verteidigen. Wenn also das Kabinett Brandt-Scheel daran interessiert war, den vom Kabinett Erhard-Schröder aufgenommenen, von mir im Auftrage des Kabinetts Kiesinger-Brandt mit Erfolg weitergesponnenen Faden zu einem guten Ende zu bringen, hätten die inzwischen erarbeiteten Texte mit dem Respekt behandelt werden müssen, wie ihn jedenfalls einer der beiden Autoren, der Außenminister der Sowjetunion, beanspruchen durfte. Mehr konnten die Sowjets zu diesem Zeitpunkt sicher nicht erwarten – aber auch nicht weniger. War es ihnen zu verdenken, daß sie die verletzende Unschlüssigkeit der Bundesregierung für ihre Zwecke ausnutzten?

Ende Juni wurde mir vom Auswärtigen Amt mitgeteilt, die Loeweschen Kommentare hätten in Bonn den Eindruck vermittelt, »als fühlte sich unsere Botschaft in Moskau etwas abgeschnitten von den hiesigen internen Beratungen über den Gewaltverzicht«. In Kürze würde eine diesem Problem gewidmete Kabinettssitzung stattfinden, an der ich teilnehmen solle.

Ich erwiderte, daß ich seit Beginn des Jahres (1970) vom Auswärtigen Amt in dieser Frage nichts mehr gehört hätte, selbst Stellungnahmen zu den von mir gegebenen Bewertungen der Bahr-Gespräche seien ausgeblieben und ebenso die mir vom Bundesaußenminister Ende April angekündigte Weisung, nach Beendigung der Bahr-Mission alsbald nach Bonn zu kommen, »weil dann Bilanz gezogen werden müsse«. Auch von dieser Berufung habe man abgesehen, vermutlich, weil man damit rechne, daß ich Bahrs Auffassungen nicht immer beipflichten

würde. Daß ich erst zu Konsultationen gerufen werde, nachdem alle Entscheidungen gefallen seien, erscheine mir überflüssig. Unter diesen Umständen sei es wohl besser, wenn auf meine Teilnahme an der Kabinettssitzung verzichtet würde.
Inzwischen waren auf dem Wege zu ihrem Tagungsort Leningrad die Teilnehmer des sogenannten »Bergedorfer Kreises« in Moskau eingetroffen – einer von dem Hamburger Industriellen Körber lose zusammengestellten internationalen Gesprächsrunde, die auf privater Ebene aktuelle politische Probleme erörtert und es in der relativ kurzen Zeit ihres Bestehens zu beträchtlichem Ansehen gebracht hat.
Am 16. Juni trafen sie sich in der Botschaft. Erwähnt seien neben dem Initiator der Runde, Dr. Körber, die Chefredakteurin der »Zeit«, Marion Gräfin Dönhoff, Günther Grass, Theo Sommer, Eugen Kogon, Rudolf Augstein, der FDP-Abgeordnete von Kühlmann-Stumm. Bei uns trafen sie die in Moskau tätigen deutschen Journalisten und meine Mitarbeiter, den französischen und den britischen Botschafter, Beamte des sowjetischen Außenministeriums sowie etliche ihrer Gesprächspartner für Leningrad: den Pariser Historiker und »Le Monde«-Publizisten Prof. Alfred Grosser, den stellvertretenden Chefredakteur der »Iswestija«, den robusten, stets gutgelaunten Nikolaj Poljanow, die sowjetischen Historiker und Deutschlandexperten Prof. Wosslenski und Prof. Melnikow (dessen Gattin die Bücher Heinrich Bölls ins Russische überträgt), den jetzigen »Neue Zeit«-Korrespondenten in Bonn, Lew Besymenskij und die beiden als Stalin-Dolmetscher für Deutsch längst in die Geschichte eingegangenen Publizisten Valentin Bereschkow und Popow.
Rudolf Augstein bekam Gelegenheit, sich mit dem bärbeißigrauhen, aber stets gut aufgelegten »Sibiriaken«, Awreli Tokowinin, stellvertretender Chef der III. Europäischen Abteilung

des Außenministeriums, über die Zulassung eines »Spiegel«-Korrespondenten in Moskau zu unterhalten. Günther Grass diskutierte über Sympathie und Antipathie zwischen Kommunisten und Sozialdemokraten. Eugen Kogon befaßte sich mit Aufmachung und Inhalt der nun hoffentlich bald erscheinenden ersten Nummer einer Zeitschrift unserer Moskauer Botschaft. Die allgemeine Konversation aber ging über die Bahr-Mission und die Chancen, deren Substanz zu einem Vertrag zu komprimieren und den Vertrag als verläßliche Startrampe für eine wirksame Entspannung zu benutzen.
Harte Kritik wurde geübt, daß zu dem Gedankenaustausch mit Gromyko kein Staatsrechtler hinzugezogen worden sei. Warnungen meiner sowjetischen Gäste wurden notiert, die Möglichkeiten zu einer Annäherung beider Staaten nicht wieder – wie so häufig in der Vergangenheit – zu verpassen ...
Bald darauf kam eine neuerliche dringende Bitte Franks, der Kabinettssitzung beizuwohnen. Ich flog also nach Bonn. Wie ich befürchtet hatte, handelte es sich aber nicht etwa darum, meine Auffassungen zur Vertragssituation kennenzulernen. Die Entscheidungen waren längst gefallen. Eine Debatte hätte sich auch an diesem Tage zeitlich gar nicht einrichten lassen, weil durch die überraschende Publikation des Vertragsentwurfes und der sogenannten Absichtserklärungen in der Illustrierten »Quick« das Kabinett etwas außer Tritt geraten war und viel Zeit mit der völlig fruchtlosen Debatte verlor, wer wann, wo und weshalb die Dokumente »verraten« hatte. Die daraufhin angestellten Untersuchungen sind bekanntlich im Sande verlaufen. Scheidet man einmal den – höchst unwahrscheinlichen – Fall aus, daß ein mit den Papieren befaßter deutscher Beamter oder Angestellter die Dokumente in die Öffentlichkeit gespielt hat, ergeben sich auf die Frage »cui bono?« eigentlich nur zwei Alternativen: Entweder die »DDR«, gegenüber

dem Vertrag äußerst mißtrauisch, hoffte, ihn auf dem Wege vorzeitiger Publizierung torpedieren zu können. Oder die Sowjets – mit Recht irritiert über die Bonner Debatte, was Bahr nun eigentlich von Moskau heimgebracht hatte – hatten den Spieß umgedreht und auf Umwegen die Antwort auf diese Frage selbst in die Öffentlichkeit lanciert. Ihr Kalkül: Wenn erst einmal bekanntgeworden ist, daß Gromyko mit Bahr vom Januar bis Mai 1970 (anstatt »exploratorische Vorgespräche« zu führen) einen fertigen Vertrag ausgehandelt habe, dann müßte man auch in Bonn einsehen, daß substantielle Änderungen daran dem Prestige der Sowjetunion oder dem ihres Außenministers schwerlich zuzumuten seien . . . Sollten dies, wie sich auch angesichts der Haltung Gromykos bei den sogenannten Abschlußverhandlungen vermuten ließ, die sowjetischen Überlegungen gewesen sein, haben sie sich jedenfalls bezahlt gemacht. Tatsächlich haben nur die Sowjets von dieser Publikation profitiert.

Am 20. Juli wandte sich Außenminister Scheel an die drei Fraktionen des Bundestages und lud sie ein, jeweils einen Abgeordneten zu benennen, der ihn nach Moskau begleite, wo er »ausgehend von der Grundlage der bereits geführten Vorgespräche durch Präzisierung und Einführung zusätzlicher Elemente« einen Vertrag aushandeln wolle . . .

Während die FDP Ernst Achenbach und die SPD Karl Wienand benannte, lehnte die CDU/CSU die Einladung ab. Das »Bahr-Papier« sei keine Grundlage für ernsthafte Vertragsverhandlungen.

Am 23. Juli erteilte das Kabinett den offiziellen Auftrag an Walter Scheel zur Aufnahme von Verhandlungen »auf der Grundlage der Richtlinien vom 7. Juni 1970«. Am 27. Juli traf der Minister in Moskau ein. Entgegen der wohldurchdachten Empfehlung Lothar Loewes, der Bundesaußenminister solle ohne »Brimborium« nach Moskau kommen, erschien er mit Sonderflugzeug, 28 Personen Begleitpersonal, 3 Mercedeswagen und ca. 100 Journalisten. Er wurde mit seinen Mitarbeitern auf den Leninhügeln (den früheren »Sperlingsbergen«, von denen Napoleon den ersten Blick auf das bereits brennende Moskau geworfen hat), in zweien der von Stalin erbauten, sehr komfortablen Gästepalais untergebracht. Skeptische Journalisten meinten, die noble Unterbringung solle wohl den Mangel an sachlichem Entgegenkommen kompensieren, mit dem der prominente Gast werde rechnen müssen.

Die Russen ließen sich jedenfalls von dem Massenbesuch nicht beeindrucken. Zugleich mit der Meldung von Scheels Ankunft veröffentlichte »TASS« – entgegen aller Übung – auch das mutmaßliche Abreisedatum. Damit war deutlich, daß sie seine Anwesenheit als Höflichkeitsbesuch einstuften, bei dem der fertige Vertragsentwurf nur noch am Rande diskutiert werde.

Anläßlich einer vom Bundesaußenminister einberufenen Lagebesprechung wurde ich von dem Abgeordneten Achenbach gefragt, wie ich zu den Dingen stehe. Ich äußerte Meinung und Bedenken und schloß mit der Feststellung, ich sei überzeugter Anhänger »eines« Gewaltverzichtvertrages zwischen der Bundesrepublik und der Sowjetunion, also nicht dieses Vertragsentwurfs. Unmittelbar nach diesem Gespräch, an dem Scheel und die beiden Staatssekretäre Frank und Bahr teilgenommen hatten, wurde ich aus der inneren Delegation als »entbehrlich« ausgeschlossen.

Der damit für mich verbundene Erkenntnisverlust war nicht eben groß. Die Verhandlungen waren in praxi bereits im Mai abgeschlossen. Die danach noch vorhandene, meines Erachtens ganz beträchtliche Marge war durch das Verhalten der Bundesregierung zwischen der Rückkehr Bahrs und der Ankunft Scheels zunichte gemacht worden. Das, was Bahr unter vier

Augen mit Gromyko, Kossygin und – nicht zuletzt im Juni/Juli 1970! – mit deren geheimen Emissären in Bonn besprochen hatte, entzog sich ohnehin meinem Wissen.
Die Presse schrieb, es sei nunmehr sicher, daß ich dem »deutschen Verhandlungsstil« und »vor allem dem Tempo« der Verhandlungen mit Reserve gegenüberstehe; offensichtlich begleite ich die Verhandlungen mit »Skepsis« und stehe »daher« wohl der CDU/CSU nahe. Von Journalisten darauf angesprochen, sagte ich, nach meinem Berufsverständnis werde ein Botschafter nicht zuletzt dafür bezahlt, daß er Verhandlungen dieser Art mit Skepsis folge. Das gelte insbesondere auch für solche, die er selbst eingeleitet habe und die später von anderen mit veränderter Zielrichtung weitergeführt worden seien; Botschafter, die im Ausland stets nur das bemerkten und berichteten, was man zu Hause gern hören möchte, seien in unserem Auswärtigen Dienst sehr selten, und nicht einmal Herr von Ribbentrop habe in den sieben Jahren seiner Tätigkeit als Außenminister eben viele der ihm unterstellten Diplomaten gleichschalten können.
Wenn es außerdem von mir hieß, der »wachsame Botschafter«, dem das Verdienst erster Auslotung sowjetischer Vertragsvorstellungen zukomme, habe für alle seine Bedenken schließlich doch das Ohr seines Ministers gefunden, so mag das wohl sein, doch hat es die Lage niemals beeinflußt.
Mit dieser Ausbootung war ich – jedenfalls was die Verhandlungen anbelangte – von jeglicher Verantwortung entbunden. Was von mir aus zu sagen war, hatte ich gesagt. Den ersten Gedanken, den anwesenden Bundesaußenminister um meine Abberufung zu bitten, ließ ich wieder fallen. Es lag weder im Interesse der Sache, der ich diente, noch des Auswärtigen Amtes, den Beleidigten hervorzukehren. Ich hätte zwar dem wiederholt geäußerten Wunsch einflußreicher Kreise in Bonn ent-

sprochen, wenn ich ihnen Gelegenheit gegeben hätte, einen wie sie hofften gefügigen Beamten an meine Stelle zu setzen, aber dazu sah ich nun am wenigsten Veranlassung. Überdies glaubte ich, mir bei den Sowjets trotz – oder wegen – meiner ihnen bekannten kritischen Haltung einen gewissen Fundus an Vertrauen erworben zu haben, der sich nicht einfach an einen Nachfolger vererben ließ und der in den kommenden Monaten vielleicht noch gute Dienste leisten konnte.

Meine Einstellung zur Sache war im übrigen nicht so sehr negativ wie zwiespältig. Wohl war ich überzeugt von der Notwendigkeit eines entschlossenen Versuchs, mit den Sowjets ins reine zu kommen, doch nicht unter dem Motto: lieber einen schlechten Vertrag als gar keinen. Anstatt mit schlechten Verträgen konnten wir noch Jahre ohne Verträge leben.

So interessant und wichtig mir die Normalisierung unseres Verhältnisses zum Osten auch schien, so fest war ich andererseits davon überzeugt, daß ein politischer Salto mortale von unserer Seite die erwünschte Entspannung nicht fördern würde. Deshalb meinte ich, daß Zeit für uns keine Rolle spielen dürfe.

Alles in allem – wir hatten einen langen Atem, und ich war sicher, daß wir ihn um so mehr gebrauchen würden, als auch die Sowjets sich erfahrungsgemäß mit viel Geduld und viel Zeit wappnen und ohnehin keinen Vertrag zu zeichnen pflegen, bevor ihrer Überzeugung nach der Partner an der äußersten Grenze seiner möglichen Zugeständnisse angelangt ist. Das gleiche Prinzip hatte selbstverständlich auch für uns zu gelten, und eben diese Grenze schien mir noch keineswegs erreicht. So hätte ich es, wie bereits erwähnt, für richtig gehalten, wenn dem sowjetischen Außenministerium auf diplomatischem Wege – also vertraulich und ohne die herbeizitierte Begleitmusik der Weltpresse – der Wunsch der Bundesregierung, nunmehr in offizielle Vertragsverhandlungen einzutreten, übermittelt wor-

den wäre – gleichzeitig mit der Mitteilung, daß der Vertrag nur bei einer einvernehmlichen Regelung gewisser, bisher noch ungelöster Kernprobleme auf Billigung durch Kabinett und Parlament rechnen könne.
Wenn die von Moskau dazu abgegebene Stellungnahme vollkommen negativ ausgefallen wäre und hätte erkennen lassen, daß der Kreml, statt »konstruktive« Kompromisse vorzuschlagen, eher die Verhandlungen scheitern lassen würde, dann wäre immer noch Zeit gewesen, eine »Denkpause« einzulegen und das Für und Wider gegeneinander abzuwägen.
Hätte sich die Bundesregierung danach trotzdem entschlossen, in Verhandlungen einzutreten, so hätten den Vorentwürfen der Bahr-Gromyko-Gespräche offizielle Entwürfe unter sachverständiger Kontrolle und ständiger Überprüfung durch die zuständigen Ministerien und die politischen Gremien zu Hause folgen können, ohne daß das Verhandlungsprestige der einen oder der anderen Seite im geringsten beeinträchtigt worden wäre. Dann hätte allerdings auch, wie es die Thematik des Vertrages verlangte, um jedes Wort, jedes Komma und um jegliche Konzession verbissen gefeilscht werden müssen, und dazu wiederum mußte deutlich gemacht werden, daß sich die Bundesregierung unbegrenzt Zeit nehmen werde, um ein Vertragswerk zustandezubringen, das seiner geschichtlichen Bedeutung würdig sei. Aber vor der Bundesregierung stand eine kurze, nur noch dreijährige Legislaturperiode, standen drohende Landtagswahlen, die schwache Mehrheit im Bundestag, die sich abzeichnende Erosion des kleineren Koalitionspartners und vor allem wohl die Absicht, durch eine spektakuläre »Tat« die Existenzberechtigung der SPD als führende Regierungspartei unter Beweis zu stellen. So fehlte es an Zeit und damit auch an Kraft, aber ebenso auch am Willen und schließlich an Erfahrung, sich den unvermeidlichen und höchst unbequemen Aus-

einandersetzungen mit dem sowjetischen Verhandlungspartner zu stellen – die stets dann hätten beginnen müssen, wenn Gromyko sie mit den Worten »ich habe meinen Ausführungen nichts mehr hinzuzufügen« für beendet erklärte!
Mit der Ankunft des Bundesaußenministers in Moskau war diese Möglichkeit versperrt. Die Bundesregierung konnte es sich weder innen- noch außenpolitisch leisten, ihren Vizekanzler wochenlang in Moskau verhandeln geschweige denn, ihn ohne Ergebnis aus Moskau zurückkehren zu lassen und damit einen Eklat zu provozieren. Sie hatte sich einmal mehr zum Erfolg verurteilt. Die Sowjets sahen das natürlich und hatten um so weniger Veranlassung, sich entgegenkommend zu erweisen.
»Die russische regierende Klasse respektiert nur die Starken. Zaghaftigkeit beim Streiten empfindet sie als Schwäche« (George F. Kennan).
Zwei Monate fruchtloser öffentlicher Diskussion über die »Protokoll-Notizen« des deutschen Delegationschefs waren zum Nutzen der Sowjets vertan worden. In Bonn wußte man das sehr wohl, als man den Regierungssprecher Rüdiger von Wechmar zu Beginn des Scheel-Besuchs in Moskau die Bemerkung machen ließ, es sei schwer, sowjetische Positionen zu ändern, sobald sie einmal publik geworden seien. Das traf auf die überraschende Veröffentlichung der Texte zu, aber sinngemäß noch weit mehr auf das Palaver um die Bahr-Papiere. Trotz alledem hätten weder Anstrengung, noch taktische Finessen, noch Zeit gescheut werden dürfen, um ein besseres Resultat zu erzielen.
Natürlich ist es müßig, hinterher zu behaupten, es wäre erreichbar gewesen.
Diskussionen über das »was wäre, wenn . . .« mögen zwar Stammtischabende auflockern, führen in der praktischen Poli-

tik aber nur zu ebenso überflüssigen wie zumeist melancholischen Betrachtungen.

Tatsache bleibt, daß es offizielle Verhandlungen mit der Sowjetunion über den Gewaltverzicht nie gegeben hat. Es hat Vor- oder Sondierungsgespräche gegeben – Bahr legte noch am 20. Mai gegenüber Gromyko ausdrücklich Wert darauf, sie als »Meinungsaustausch« verstanden zu wissen –, und es gab den Versuch, mit Hilfe des Bundesaußenministers und einer viel zu spät aufgebotenen Schar von Experten wenigstens die stärksten Mängel des Abkommens zu korrigieren.

Als sich dieser Versuch an den nunmehr eingefrorenen Verhandlungsdirektiven der sowjetischen Delegation festlief, wurde er nach wenigen Tagen aufgegeben.

Wir hatten die Grenzen, die Teilung, die Position der Sowjetunion als osteuropäische Hegemonialmacht akzeptiert und damit den sowjetischen Wünschen, wenn auch nicht definitiv, doch für unabsehbare Zeit, entsprochen. Der amerikanische Starkolumnist Sulzberger zeigte sich später in der »New York Herald Tribune« (18. 12. 1972) schlechthin begeistert über die »patient, shrewd diplomacy« des Kreml, der »has realized a dream to which all social regimes since Stalin's have aspired: formal acceptance of the political status quo in Europe«.

In der Tat: das waren handfeste Erträge, die die Diplomatie der Sowjetunion aus den Gesprächen mit der Bundesrepublik herausgewirtschaftet hatte. Kein »Wert an sich«, doch verläßliche Basis für global konzipierte politische Strategie einer Weltmacht. Kaum näherten sich nämlich die deutsch-sowjetischen Gespräche ihrem Ende, erschien im Frühjahr 1970 in der dem sowjetischen Außenministerium nahestehenden Zeitschrift »Internationales Leben« ein Artikel »Die Schlüsselfrage der Gegenwart«, in dem es hieß: »Die gegenwärtig zwischen der Bundesrepublik Deutschland und einigen sozialistischen Ländern geführten Verhandlungen über den Abschluß eines Gewaltverzichtsabkommens können bei aller Wichtigkeit ... nicht als Ersatz für multilaterale Abkommen zu dieser Frage dienen ... Die bilateralen Verträge über Gewaltverzicht können nur einen Teil des zukünftigen Systems der europäischen Sicherheit darstellen, und so wie ein Teil nicht das Ganze ersetzen kann, ergänzen die bilateralen Verträge die multilateralen Abkommen, ersetzen sie aber nicht.«

Hier wurde noch einmal deutlich gemacht, worum es ging: Anerkennung des politischen Status quo durch den Kriegsgegner, alsdann multilaterale »Absegnung« dieser Anerkennung durch die KSZE (deren Einberufung laut Pkt. 10 des »Bahr-Papiers« von deutscher Seite ausdrücklich begrüßt wird).

Was die deutsche »Haben«-Seite anbelangt, so wird man im Moskauer Vertrag ebenso wie im sogenannten »Bahr-Papier« vergeblich nach auch nur halbwegs adäquaten Zugeständnissen der sowjetischen Seite suchen. Vor allem: Wenn es die Absicht der Bundesregierung gewesen war, die Spannungen zu beseitigen, die sich aus Krieg und Nachkriegszeit gebildet hatten, so wird dieser Vertrag nicht allzuviel dazu beitragen können. Der Bundeskanzler hatte darüber auch keine Illusionen, denn unmittelbar nach Unterzeichnung sagte er in seiner Rede an die deutsche Nation, der Vertrag verheiße Entspannung, verwirkliche sie aber noch nicht. »Er eröffnet Hoffnungen und Möglichkeiten dazu. Nicht mehr und nicht weniger.«

Wenn man dieser behutsamen Bewertung die in Artikel 3 enthaltenen deutschen Zugeständnisse gegenüberstellt und ferner in Betracht zieht, was auf deutscher Seite an Wünschen vorgebracht wurde, aber keine Aufnahme in den Vertrag und nicht einmal in das »Bahr-Papier« gefunden hat (das laut Scheel zwar »keine internationale Rechtsverbindlichkeit«, wohl aber »politischen Wert« besitzt), dann ergibt sich zugunsten der sowjetischen Seite ein so starker Mangel an Ausgewogenheit, wie er selbst den Kreml kaum befriedigen kann. Einseitige Verträge haben noch niemals, wie die Geschichte bis in die jüngste Zeit lehrt, Nutzen gestiftet, Spannungen beseitigt oder Krisenherde ausgeräumt. Sie haben stets dazu beigetragen, die alten zu konservieren und neue zu schaffen.

Auch die Führung der Sowjetunion wird eines Tages bemerken, daß sie gut beraten gewesen wäre, wenn sie – getreu dem alten russischen Sprichwort »die Wölfe sollen satt werden und die Schafe am Leben bleiben« – ihr Einverständnis dazu erklärt hätte, die wohlverstandenen und unverzichtbaren Interessen des Verhandlungspartners in diesem Vertrage sichtbar zu machen und es nicht dabei bewenden zu lassen, die eigenen Forderungen durchzusetzen. Als Gromyko einmal von der perfekten Ausgewogenheit des Vertrages sprach, erwiderte ich ihm, die besten Verträge seien nach aller Erfahrung die, mit denen die Verhandlungspartner gleichermaßen unzufrieden seien, und zwar deshalb, weil jeder befürchte, für seinen Teil zuviel Konzessionen gemacht zu haben. Gewissensbisse dieser Art seien bei ihm wohl kaum zu erwarten.

Unter den Punkten, die keine Lösung gefunden hatten, belasteten mich zwei besonders:

1. Die Berlin-Frage: »Die Sicherheit Berlins ist noch wichtiger als das gute Verhältnis zwischen BRD und DDR. Dies muß in der Reihenfolge absolut an erster Stelle stehen.«

Oder – an anderer Stelle – aber bei gleichem Anlaß: »Für das Inkrafttreten (des Moskauer Vertrages) ist neben dem Moskauer Vertrag auch eine Berlin-Regelung nötig. Beides muß nebeneinander existieren oder nichts wird existieren . . . Auch der Moskauer Vertrag wird nicht existieren, wenn es keine Berlin-Regelung gibt.«

Die Lösung der Berlin-Frage sollte nach diesen im Sommer 1970 seitens der Regierung formulierten Absichten »abschließend« im Viermächte-Abkommen geregelt werden.

2. Die Zusammenführung der durch die Kriegswirren getrennten deutschen Familien – immerhin ein Problem, das mehr als 40 000 in der Sowjetunion lebende Deutsche betrifft. Trotz der von der Bundesregierung so überaus nachdrücklich beschworenen »menschlichen Auswirkungen« der Verträge wurde diese Frage nur am Rande erörtert und dementsprechend auch nicht geregelt. Nur ein einziges Mal – etwa zwei Wochen lang – ließ die Sowjetregierung das gemächlich tröpfelnde Rinnsal heimkehrwilliger Deutscher anschwellen: als im Herbst 1972 die Bundestagswahlen vor der Tür standen!

Was trotz dieser von offizieller deutscher Seite geäußerten Kraftworte wirklich herausgekommen ist und was die Bundesregierung, unter selbstgewähltem Zeit- und Erfolgsdruck stehend, den drei Westmächten als akzeptabel suggerierte, hat die Praxis inzwischen gezeigt. Die Sowjetunion wie die DDR und der Ostblock halten an der Formel eines dreigeteilten Deutschland fest und erkennen die Einbeziehung West-Berlins in bundesdeutsche Verträge nur an, wenn es – wie etwa beim deutsch-sowjetischen Handelsvertrag – ihren Interessen entspricht. Wie das dann in der Praxis aussieht, dafür lieferte die West-Berliner sowjetische Industrieausstellung im April/Mai 1973 mit ihrem grotesken Flaggenstreit und der Behandlung offizieller Besucher aus der Bundesrepublik vom Anfang bis zum Schluß recht anschauliche Beispiele.
Im Sommer 1970 war diese Entwicklung zwar nicht im Detail vorauszusehen, wohl aber wäre es Pflicht der Bundesregierung gewesen, einzukalkulieren, daß die sowjetische Politik alles

daran setzen würde, West-Berlin »auszutrocknen«, bis es den Worten Chruschtschows oder auch den Worten des damaligen (Januar 1971) Chefs der Dritten Europäischen Abteilung im sowjetischen Außenministerium zufolge »in einer näher oder ferner liegenden Zukunft, der natürlichen Schwerkraft der Dinge folgend, ein Bestandteil der DDR werden wird.«

Die Bundesregierung hatte zwar zwischen einer Berlin-Regelung und der Ratifizierung des Moskauer Vertrages eine Art »Junktim« hergestellt und damit erklärt, sie werde die Ratifizierung des Moskauer Vertrages erst einleiten, wenn eine befriedigende Berlin-Regelung erzielt sei: Obwohl nach der Unterzeichnung des Vertrages am 12. 8. 1970 jeder vernünftige Grund für die Sowjets entfallen war, den drei Westmächten hinsichtlich Berlins diejenigen Zugeständnisse zu machen, die sie der Bundesregierung – trotz allen Insistierens – verweigert hatten, schwächte der Bundeskanzler den auf die Sowjets ausgeübten Druck noch durch die Bemerkung ab, das Junktim sei schließlich keine »Zwangsjacke«. Die Eile, mit der der Vertrag auf Wunsch der Bundesregierung ausgehandelt wurde, nötigte dazu, gemäß Teil III Anlage IV des Abkommens Vereinbarungen zuzustimmen wie etwa der Vorschrift, durch die »in Übereinstimmung mit den festgelegten Verfahren völkerrechtliche Vereinbarungen und Abmachungen, die die Bundesrepublik Deutschland schließt, auf die Westsektoren Berlins ausgedehnt werden können, vorausgesetzt, daß die Ausdehnung solcher Vereinbarungen und Abmachungen jeweils ausdrücklich erwähnt wird.«

Mit anderen Worten: Das eigentliche Ziel der Bundesregierung, Verträge abzuschließen, die die traditionellen Bindungen Berlins mit dem Bund bestätigen, die Zugänge sichern und keinem der Beteiligten mehr erlauben, West-Berlin für politisch opportune Gelegenheiten als Spannungsherd zu konservieren,

dieses Ziel war nicht erreicht worden. Nicht nur die oben zitierte »Kann-Vorschrift« hatte es verhindert.
Freilich wird man zugeben müssen, daß selbst diese von der Sowjetunion zugestandene Formel dem DDR-Regime schon zu weit ging. Schon allein sowjetische Andeutungen während der Gespräche mit Bahr und Scheel, man werde über Berlin mit sich reden lassen, hatten in Ost-Berlin Unruhe und Mißbilligung erzeugt.
Daß nicht geringe Meinungsunterschiede zwischen Moskau und Ost-Berlin bestanden, machten übrigens eine Erklärung des Ministerrats der DDR und ihr gekürzter Abdruck in der Sowjetpresse deutlich: Die im »Neuen Deutschland« vom 14. August 1970 publizierte Erklärung begrüßte den Vertrag von Moskau mit dem Bemerken, der Regierung der BRD komme kein Verdienst daran zu, da die Verhältnisse sie zum Abschluß gezwungen hätten. Die direkte Konsequenz des Vertrages sei im übrigen die Aufnahme uneingeschränkter völkerrechtlicher Beziehungen zwischen der DDR und der BRD.
Als die »Prawda« die Erklärung am 15. August nachdruckte, waren diese beiden Behauptungen weggelassen!
Am Freitag, dem 7. August 1970, wurde das Abkommen im Spiridonowka-Palais, dem Ort der Verhandlungen – einem Moskauer Patrizierpalais mit eindrucksvollen Wandgemälden des bedeutenden Malers Ilja Repin – von Scheel und Gromyko paraphiert.
Damit stand der Text des Vertrages – wenn auch noch nicht rechtsverbindlich geworden – fest. Am gleichen Tage sagte der Bundeskanzler in einem Interview: »Ich hoffe, daß der Bundesaußenminister in Moskau, gestützt auf die Vorverhandlungen von Staatssekretär Bahr, Erfolg haben wird. Wann die Bundesregierung über das Ergebnis der Moskauer Verhandlungen zu entscheiden haben wird, läßt sich im Augenblick noch

nicht sagen. Es besteht kein Grund zu einer pessimistischen Einschätzung. Aber es ist zu früh, um zu sagen, ob wir schon über den Berg sind.« Kurz zuvor hatte Gromyko Scheel die Einladung Kossygins übermittelt, der Bundeskanzler sei zur Unterzeichnung in Moskau herzlich willkommen. Er hatte gleich hinzugefügt, Mittwoch, der 12. August, sei ein geeignetes Datum für die Zeremonie.

Als ich am Sonntag darauf Gromyko weisungsgemäß davon unterrichtete, daß Brandt die Einladung akzeptiert habe und daß er am 11. eintreffen und am 13. August wieder abreisen werde, erschien unser trockener harter Verhandlungspartner sichtlich bewegt. Natürlich hoffte er, die Früchte seiner Bemühungen pflücken zu können, aber ich bezweifle, daß er bei der Bedachtsamkeit seiner eigenen Verhandlungstaktik so rasch damit rechnete. Wenige Tage zuvor hatte er seine seit geraumer Zeit gefaßte Absicht, am 8. August auf Urlaub zu gehen, noch nicht aufgegeben!

Anfang des Monats hatte übrigens die Sowjetregierung durch alle ihre Massenmedien und durch Botschaften an ihre Partner von damals, Großbritannien und die Vereinigten Staaten von Amerika, daran erinnert, daß 25 Jahre zuvor die Protokolle von Potsdam unterzeichnet worden seien. Auch Gromyko erwähnte dies übrigens im Verlauf der Verhandlungen – nicht etwa, um zu betonen, daß bei Lösung des Deutschlandproblems auch die Sowjetregierung, wie in Potsdam vereinbart, von den Grenzen von 1937 ausgehe, sondern um deutlich zu machen, daß es über die Grenzen nichts mehr zu verhandeln gebe.

In Bonn und wohl auch teilweise bei der deutschen Verhandlungsdelegation in Moskau interpretierte man – wishful thinking – die lautstarke sowjetische Erinnerung an den 2. August 1945 als Bekenntnis zum Weiterbestehen der Viermächtekontrolle über »Deutschland als Ganzes« und damit auch als die stillschweigende Anerkennung der Teilung als eines Provisoriums.

Die Verhandlungen, die Texte und die ihnen durch die Sowjets gegebenen Interpretationen sprachen eine ganz andere Sprache. Im übrigen war die Geschichte längst über dies Treffen der »Großen Drei« hinweggegangen. Nur einige Protokolle erinnern noch daran, und die sind so abgefaßt, daß jedermann das herauslesen kann, was ihm paßt. Auch das war das Werk Stalins, der – vom Kreml aus gesehen – als einziger von den dreien den Beinamen »der Große« verdient. Er wird ihm verliehen werden, sobald über die unbeschreiblichen Greuel, die mit seinem Namen verknüpft sind, etwas mehr Gras gewachsen ist.

Trotz aller Erklärungen und dank aller Vorleistungen der BRD ist es den Sowjets und der DDR gelungen, die Berlin-Frage in der Schwebe zu lassen und damit den Hebel in der Hand zu behalten, mit dem auf den verschiedensten Gebieten bundesdeutsches Wohlverhalten erzwungen werden kann.

37.
Die Unterzeichnung

Am 11. August 1970 erschien über Wnukowo – dem Moskauer Flughafen für »besondere Angelegenheiten« – die vierstrahlige Boeing 707 der deutschen Luftwaffe.

Als sie präzise am roten Teppich ausgerollt war, entstieg ihr – gefolgt von Scheel, Frank, Bahr, deren Mitarbeitern und Vertretern der Presse – der Bundeskanzler Willy Brandt und wurde von seinem Kollegen Kossygin, von Gromyko, Patolitschew und anderen Mitgliedern der sowjetischen Führung feierlich begrüßt.

Ob man mit dem Anlaß des Besuchs voll einverstanden war oder nicht – die Ankunft einer deutschen Militärmaschine (nicht der ersten, denn Außenminister Scheel war bereits im Juli mit einem Jet-Star gekommen, der das Balkenkreuz der Luftwaffe trug) war, mit dem Regierungschef der einen Hälfte des geteilten Deutschlands an Bord, in mehr als einer Hinsicht ein bewegendes historisches Ereignis: 29 Jahre nach dem deutschen Überfall auf die Sowjetunion und 25 Jahre, nachdem dieser Überfall mit dem Tod von Millionen friedlicher Bürger auf beiden Seiten und der bedingungslosen Kapitulation des Angreifers geendet hatte, erschienen über Moskau deutsche Militärflugzeuge, aber diesmal, um den Bundeskanzler der Bundesrepublik Deutschland zu höchst friedlichem Zweck zu bringen. Während im Mai 1945 die Kapitulationsurkunde von Generalfeldmarschall Keitel noch im Namen des »Großdeutschen Reichs« unterzeichnet wurde, kam in Bundeskanzler Willy Brandt der Regierungschef eines Rumpf-Deutschlands, um als gleichberechtigter Partner des sowjetischen Ministerpräsidenten einen Vertrag über einen Gewaltverzicht zu unterschreiben.

Es war ein Akt der Versöhnung, der sich in diesem Augenblick bei Moskau abspielte und von aller Welt auch so verstanden werden sollte.

Mit Brandts Erscheinen – und dies war ein weiterer Punkt, der ihm historische Bedeutung verlieh – wurde aber auch gleichzeitig deutlich, daß sich die Bundesrepublik mit der von der Sowjetunion vorgenommenen Zerstückelung Deutschland »fürs erste« abgefunden hatte. Daß also in dem Augenblick, in dem Brandt sowjetischen Boden betrat, auf dem sich im Winter 1941 sowjetische Soldaten verzweifelt gegen den bereits erlahmenden deutschen Vormarsch gewehrt hatten, eine neue Seite der deutsch-russischen Beziehungen aufgeschlagen wurde, stand außer Zweifel.

Die Russen waren sich dessen wohl bewußt und gestalteten diesen ersten Besuch denn auch so festlich, daß schon rein optisch sein äußerer Ablauf dem inneren Gehalt entsprach, den die sowjetische Führung ihm zu geben wünschte.

Nachdem Brandt, Scheel und ihre Begleitung einige der Palais auf den Leninhügeln bezogen hatten, waren sie bei einem Essen im kleinsten Rahmen in meinem Hause zu Gast.

Der Vormittag des 12. August wurde durch einen Besuch des Kanzlers in der Botschaft eingeleitet, und von dort ging es in den Kreml zu einem zweistündigen Gespräch mit Kossygin. Während die beiden Männer höflich, freundlich und behutsam abtasteten, wie die Aspekte eines künftig »entkrampften« Verhältnisses wohl zu bewerten seien, dachte ich daran, daß die zwischen den beiden Ländern bislang herrschende und durch die ČSSR-Invasion zusätzlich belastete Atmosphäre noch kurz zuvor niemandem die Voraussage erlaubt hätte, neun Jahre nach dem Bau der Berliner Mauer werde der Bundeskanzler nach Moskau kommen, um Breschnew und Kossygin zu besuchen.

Trotz allem stand die Vergangenheit im Raum, trotz allem war Mißtrauen auf beiden Seiten vorhanden – so stark, daß man es fast körperlich zu spüren meinte –, und ich hatte vollstes

Verständnis dafür, für die eine Seite so gut wie für die andere!

Der Unterschied war nur: Die Russen ließen bei aller perfekten Diplomatie und Höflichkeit doch stets die Überlegenheit spüren, die das Bewußtsein verleiht, eine Weltmacht zu repräsentieren und den Weltkrieg gewonnen zu haben. Natürlich nutzten sie auch weidlich den Umstand, daß Deutschland nicht nur mit den Waffen, sondern auch moralisch unterlegen war und die Deutschen noch keineswegs genügend Abstand zu ihrer eigenen jüngsten Geschichte gewonnen hatten. Um so vorteilhafter war es, daß der sowjetischen Führung als Bundeskanzler der BRD ein Mann entgegentrat, dem niemand Opportunismus gegenüber dem Dritten Reich vorwerfen konnte – ein auch in Moskau nicht zu unterschätzendes moralisches Plus, mit dem sich – so man wollte – der gefährliche Eindruck vermeiden ließ, wir ständen Moskau, dankbar für jede kleine Gabe, als Bittsteller gegenüber.

Es kam darauf an, klare Verhältnisse zu schaffen und Illusionen auszuräumen – bei sich selbst und bei dem Partner. Es kam darauf an, ohne alle Umschweife dem sowjetischen Partner zu sagen, daß das Ziel des Vertrages kaum erreichbar sein werde, solange an den Grenzen der beiden deutschen Staaten und West-Berlins Verhältnisse bestehen blieben, die jegliche Entspannung verläßlich ausschlössen. Bahr hatte im Laufe seiner Gespräche darauf hingewiesen, und ich hatte zu Willy Brandt als ehemaligem langjährigen Bürgermeister von Berlin das Vertrauen, daß er diesen Kardinalpunkt den Sowjets besonders deutlich und unmißverständlich auseinandersetzen werde – nicht nur in Moskau, sondern bei den bevorstehenden Verhandlungen der vier Mächte und den bilateralen mit der DDR.

Andererseits: Welch ein Erfolg, wenn sich entgegen allen

Zweifeln der Vertrag als die erhoffte Kraftquelle erweisen würde, die nach allen Seiten Impulse des Friedens und der Entspannung ausstrahlt.
Daß der Akt der Unterzeichnung – und nicht etwa die Ratifizierung durch die Parlamente – das historische Ereignis sein würde, darin war ich mit den Sowjets einer Meinung. Standen erst einmal verbindliche Unterschriften unter dem Vertrag, mußte er auch ratifiziert werden. Ein Zurück zum vertragslosen »kalten Krieg« hätte voraussehbare und mutmaßliche Risiken heraufbeschworen, vor denen jeder, der das in die Deutschland-Gespräche Gromykos investierte Prestige der Sowjetführung einigermaßen beurteilen zu können glaubte, warnen mußte.
Selbstverständlich – auch die Inkraftsetzung des Vertrages war ein großes Risiko. Sah man aber seine 6 Artikel in erster Linie als Zugpferd für die multilateralen und bilateralen Abkommen an, die ihm ja folgen sollten und deren Inhalt von dem Verhandlungsgeschick deutscher Unterhändler abhing, dann schien das mit der Ratifizierung verbundene Risiko beträchtlich geringer als die Konsequenzen, die nach einem parlamentarischen Scheitern des Vertrages mit einiger Sicherheit zu erwarten waren.
Um 14.30 Uhr trafen Bundeskanzler und Begleitung zum zweiten Mal an diesem Tage im Kreml ein. Sie stiegen die Treppe im Großen Kreml-Palast hinauf, durchschritten – vorbei an dem schon von unten leuchtenden Gemälde des mit Arbeitern diskutierenden Lenin – mehrere der jüngst restaurierten in Gold, Damast und Kristall strahlenden Säle, schließlich den Saal der Reitergarde. Der Blick glitt in den weiß-goldenen Katharinen-Saal mit seinen unbeschreiblich schönen grünschimmernden Malachitsäulen und blieb an den Flügeltüren gegenüber hängen. Sie öffneten sich im gleichen Augenblick,

und während Brandt, umringt von seinen Mitarbeitern, die Schwelle zum Saal überschritt, kam ihm von der anderen Seite, eingerahmt von Podgorny und Kossygin und gefolgt vom gesamten Politbüro, Leonid Breschnew entgegen. In der Mitte des Saales, der schon viele historische Ereignisse (und nicht zuletzt die Unterzeichnung des Hitler-Stalin-Pakts) gesehen hatte, erfolgte die Begrüßung.
Dank des inzwischen nun auch in Bonn bekanntgewordenen sprudelnden Temperaments des Ersten Parteisekretärs, seinen lebhaften, stets umherwandernden vergnügten Augen gab es keine förmliche Zeremonie, sondern eine herzliche Begrüßung zweier Männer, die sich – per Renommee – schon bestens kannten. Eine kurze gutgelaunte Unterhaltung – dann nehmen Brandt und Kossygin gemessen Platz und zeichnen die ihnen vorgelegten Dokumente. Händeschütteln, guter kühler Krimsekt, gelöste Atmosphäre, einige freundliche Worte Breschnews auch zu mir, gefolgt von der Bemerkung: »Herr Botschafter, man muß Ihnen auch dazu gratulieren, auf einem Posten Dienst zu tun, auf dem Sie ganz sicher sein können, nicht gekidnappt zu werden!« Die Bemerkung war akut, denn man bangte gerade um das Leben des in Rio de Janeiro entführten und seitdem verschwundenen deutschen Botschafters von Holleben.
Als sich Breschnew Arm in Arm mit dem Bundeskanzler in sein eigenes Büro zurückzog, löste sich die Versammlung auf. In den Vorräumen zum sogenannten Facetten-Palast, dem »Granowitaja Palata«, gegen Ende des 15. Jahrhunderts insbesondere für Krönungszeremonien und auch für Festgelage der Zaren errichtet, traf man sich später wieder. Nur der Erste Parteisekretär und der Bundeskanzler fehlten.
Als sie schließlich erschienen, hatten sie vier Stunden unter vier Augen gesprochen, aber Breschnew meinte, die Zeit sei viel zu kurz gewesen. Er nahm am Essen, das der Ministerpräsident

gab, nicht teil und verabschiedete sich, bevor zu Tisch gegangen wurde.
Im kostbarsten Speisesaal des Kreml – reich dekoriert mit Ikonen und mit Fresken des 17. Jahrhunderts (und mit einer kaschierten Wandöffnung versehen, durch die die weiblichen Mitglieder des Zarenhofs die Zeremonien und Gelage ihrer Männer beobachten konnten) – fand der historische Tag seinen kulinarischen Abschluß. Es gab »Ikra«, schwarzen Kaviar von Stören und den – von Russen besonders geschätzten – roten Ketakaviar von Lachsen, Bouillon mit Pilmeni (Ravioli), allerlei Fisch, Spanferkel mit Buchweizengrütze, das exquisite russische Eis, Wodka und gute Weiß- und Rotweine vom Kaukasus und von der Krim.
Zum Krimsekt gab es eine Tischrede Kossygins. Er wertete das »vom Leben selbst diktierte« Abkommen mit Befriedigung als das Ergebnis »langwieriger, oft sehr schwieriger« Verhandlungen und als Basis für eine »friedliche Koexistenz«, der »einzig vernünftigen und aussichtsreichen Grundlage für die Beziehungen zwischen der UdSSR und der BRD wie auch überhaupt zwischen Ländern mit verschiedenen Gesellschaftsordnungen . . . Mißgünstige Stimmen gibt es natürlich auch. Aber das sind die Stimmen derjenigen, denen das Gefühl für politischen Realismus und die Sorge um die friedliche Zukunft . . . fremd sind.«
Bundeskanzler Brandt beschränkte sich in seiner Erwiderung nicht nur auf allgemeine Redensarten, sondern wurde so deutlich, wie es die Umstände erlaubten. Kein Volk könne ohne Stolz und ohne die Aussicht auf friedliche Verwirklichung seines Willens leben. Der Vertrag werde nur dann den erhofften Zweck erfüllen, wenn er zu wirklicher Entspannung führe. Ohne Berlin ausdrücklich zu nennen, sagte er unmißverständlich: »Kein Punkt darf vergessen und friedliche Regelungen

müssen überall dort geschaffen werden, wo es sie heute noch nicht gibt.«

Den sowjetischen Terminus technicus »Friedliche Koexistenz« verwandte er ebenso wenig, wie jemals ein Sowjet- oder DDR-Funktionär mit Bezug auf den Vertrag den deutschen Terminus »Modus vivendi« in den Mund genommen hätte. Er war ihnen – bezeichnenderweise – verhaßt, weil er das Abkommen und seine Grenzregelungen zutreffend als das definiert, was sie darstellen: ein Provisorium. Auch noch Jahre später hatten sowjetische Diplomaten offenbar den Auftrag, ihren deutschen Kollegen den Gebrauch dieses Wortes abzugewöhnen. Als Staatssekretär Frank im Oktober 1971 einen Vortrag über die Aspekte des Vertrages hielt und dabei mehrfach das Wort »Modus vivendi« gebrauchte, protestierte Bogomolow, der Presserat der sowjetischen Botschaft, alsbald gegen »so einen lateinischen Ausdruck« und empfahl, künftig nur noch von »friedlicher Koexistenz« – die sich natürlich nicht auf einen ideologischen Bereich beziehen könne – zu sprechen.

Nach dem Essen schlug Kossygin vor, den Kaffee auf dem Moskauer Fernsehturm einzunehmen.

Wir fuhren vom Kreml zum Kalininskij-Prospekt, der modernsten Hochhausstraße Moskaus, und gingen – Kossygin und Gromyko mit Brandt in der Mitte voraus – eine Viertelstunde zu Fuß durch die Nacht. Es war warm – die Kinos hatten sich gerade geleert –, und viele Passanten blieben kurz stehen oder zeigten, aber ohne jegliche Überraschung oder Emotion, ihrer Begleitung die beiden Staatsmänner Brandt und Kossygin an der Spitze unserer Gruppe. Die desinteressierte Selbstverständlichkeit, mit der dieser – von vielen Sicherheitsbeamten abgeschirmte – Spaziergang von anderen Spaziergängern notiert wurde, beeindruckte mich, weil sich im Dritten Reich kein hoher Funktionär auf der Straße blicken lassen konnte, ohne

daß sich alsbald »Heil«-brüllende Passantengruppen formiert hätten.
Wenig später trugen uns (von einer Stuttgarter Firma gelieferte) Fahrstühle schnell und geräuschlos in 330 m Höhe des Fernsehturms. Glitzernd in tausend Farbflecken wie ein Kirchenfenster lag Moskau zu unseren Füßen. Ein eindrucksvoller Abschluß des denkwürdigen 12. August.
Der 13. August war der Tag, an dem 9 Jahre zuvor Berlin mit sowjetischer Panzerunterstützung im Hintergrund und zur (gespielten?) Überraschung der drei Westmächte in zwei Teile geschnitten worden war. Er brachte auch denjenigen, die von der perfekten sowjetischen Organisation des Kanzlerbesuchs und den vielen freundlichen Worten und Gesten in euphorische Stimmung versetzt worden waren, nachdrücklich ins Bewußtsein, daß die Aufgabe, eine permanente Konfrontation in »zivilisierte Normalisierung« zu verwandeln, wie sich Staatssekretär Frank einmal vorsichtig ausdrückte, mit der Vertragsunterzeichnung nicht etwa beendet war, sondern nun erst beginnen sollte.
Auch der Kanzler war, wie seine Tischrede am Abend zuvor verriet, an diesem Tage ohne Illusionen und hatte daher, entgegen der sowjetischen Einladung, noch einige Tage zu bleiben, die Abreise auf den 13. festgesetzt und auch darum gebeten, von offiziellen Rahmenveranstaltungen abzusehen. Dafür gab es noch eine zweite Unterhaltung mit Kossygin im Kreml – insbesondere über wirtschaftliche Aspekte des künftigen Verhältnisses. Im Anschluß daran erschien der Ministerpräsident um 13.45 Uhr in der Residenz Brandts auf den Leninhügeln, um ihn zum Flugplatz zu begleiten.
Die Straßen waren mit Wimpeln in Schwarz-Rot-Gold oder in Rot mit Hammer und Sichel geschmückt, die Zeitung der Roten Armee »Krasnaja Swesda« (Roter Stern), die bisher der Bun-

desrepublik und ihrer Regierung nur Drohungen und Beschimpfungen gewidmet hatte, berichtete unter der Balkenüberschrift: »W tschest Kanzlera federativnoj respubliki Germanii!« (Zu Ehren des Kanzlers der Bundesrepublik Deutschland) ausführlich über das feierliche Kreml-Diner am Vorabend, und die Ehrenkompanie der Moskauer Garde paradierte noch einmal vor dem deutschen Regierungschef.
Die Offizierscrew unserer Boeing 707 wurde Kossygin vorgestellt und erhielt einen herzlichen Händedruck. Freundschaftlich bewegte Verabschiedung Brandts nach allen Seiten – übrigens abgesehen von seinem Botschafter, den er ebenso übersah wie am Vortage bei der Zeremonie im Katharinen-Saal –, und die schwere Maschine rollte zum Start! Minuten später verschwand sie unter ausdauerndem Winken Kossygins und Gromykos in den Wolken.

38.
Gegen den Vertrag – für die Ratifizierung

Am 17. Mai 1972 wurde der Vertrag vom Deutschen Bundestag ratifiziert und am 3. Juni 1972 durch Austausch der Ratifikationsurkunden völkerrechtlich wirksam. Kurz zuvor, am 31. März 1972, endete durch Erreichung der Altersgrenze meine Moskauer Mission. Zwischen dem 12. August 1970 und dem Tag meiner Abreise aus Moskau liegen also fast zwei weitere Jahre aktiven Dienstes in der Sowjetunion. Auch sie waren reich an Beobachtungen und Erlebnissen, mögen aber einer späteren Beschreibung vorbehalten bleiben. Ohne ihr vorzugreifen, darf doch ein Punkt erwähnt werden, der chronologisch zwar in einen zweiten Band dieser Aufzeichnungen gehört, sinngemäß aber den ersten abschließen sollte:
Er betrifft meine persönliche Einstellung zur Ratifizierung, also zur Frage, ob der Vertrag am Veto des Bundestages scheitern oder in Kraft gesetzt werden sollte.
Nach dem 31. März 1972 war ich keine Amtsperson mehr, sondern ein unabhängiger Mann mit dem Recht, meine Meinung auch nach außen frei zu äußern. Trotz meiner nicht eben positiven Auffassungen über den Inhalt des Vertrages und das von der Bundesregierung eingeschlagene Verfahren, ihn auszuhandeln, bin ich – soweit mir dazu Gelegenheit gegeben wurde – für eine Ratifizierung eingetreten. Die Gründe für diese Haltung sind in diesem Tagebuch verstreut aufgezählt und mögen daher noch einmal kurz zusammengefaßt werden.

Erstens: Nach der Unterzeichnung durch die beiden Regierungschefs gab es meines Erachtens kein Zurück mehr.
In einem totalitären Staat wie der Sowjetunion ist es die Unterschrift, die die Gültigkeit eines Vertrages besiegelt: Für die Ratifizierung gelten zwar ähnliche Gesetze wie in einer Demokratie, doch ist die Zustimmung der gesetzgebenden Körperschaft, des Obersten Sowjet, rein formaler Natur. Man wird der Be-

deutung des Unterzeichnungsaktes also nur gerecht, wenn man diese Tatsache berücksichtigt. Das aber war um so notwendiger, als die Sowjetführung – von meiner Moskauer Perspektive noch besser erkennbar als von Bonn aus – die zwischen der Unterzeichnung und der Ratifizierung liegenden zwei Jahre taktisch gut genutzt, das heißt: fast ihr gesamtes innen- und außenpolitisches Prestige in den Vertrag investiert hatte! Anstatt der Propaganda gegen den »Revanchismus« der Bundesrepublik hatte der Sowjetbürger nunmehr fast täglich die Erkenntnis seiner Massenmedien vor Augen, daß die Mehrzahl der Bundesrepublikaner doch ordentliche und friedliebende Menschen seien, die den »Realitäten« nunmehr Rechnung getragen hätten. Mit den Unterschriften von Kossygin und Brandt sei ein Vertrag zustandegekommen, der mit der – endgültigen – Anerkennung der DDR durch die Bonner Regierung nach der Periode des kalten Krieges nunmehr eine Periode der Normalisierung der Beziehungen einleiten werde.

Daß die Wirksamkeit dieses Vertrages von der Ratifizierung und nicht von der Unterschrift abhängt, war für den Sowjetbürger eine Bagatelle, die er kaum wahrnahm und auch gar nicht wahrnehmen sollte.

»Demokratie hin, Demokratie her«, sagte mir ein bekannter sowjetischer Publizist bei einem Gespräch über die Ratifizierung, »wer sich seiner parlamentarischen Mehrheit nicht absolut sicher ist, ist nicht berechtigt, seine Unterschrift unter ein Abkommen von der Bedeutung des Moskauer Vertrages zu setzen.« Wer wollte da widersprechen?

Der Sowjetbürger sollte wissen, daß zwischen der Bundesrepublik und seinem Lande eine Periode der Entspannung eingesetzt hatte. Sie war ihm übrigens um so willkommener, als seine Regierung ihn seit den Zwischenfällen am Ussuri im März 1969 wiederholt auf die drohende Gefahr eines russisch-chinesischen

Zusammenstoßes hingewiesen und in ihm das Bewußtsein dafür geweckt hatte, was es möglicherweise bedeuten kann, einen feindseligen Nachbarn von der Größenordnung Chinas – 800 Millionen Chinesen gegen 230 Millionen Russen – im Rücken zu haben!

Um so größer war die Erleichterung über die Nachricht, das Kriegsbeil zwischen Deutschen und Russen sei begraben. Stellt man diese beiden Ereignisse nebeneinander, so wird begreiflich, welchen Rückfall es in der allgemeinen Stimmung gegenüber der Bundesrepublik gegeben hätte, wäre die Ratifizierung gescheitert. Für die Sowjetregierung wäre es dann ein leichtes gewesen, nach erneut umgeschalteter Propaganda erklären zu können, daß – wie zu Zeiten Hitlers – ein unterschriebener gültiger Vertrag von der Bundesrepublik gebrochen worden sei.

Ein hoher Sowjetfunktionär sagte einmal auf meine Frage, wie Stalin die ihm offenbar zugegangenen Warnungen über Angriffsvorbereitungen Hitlers habe in den Wind schlagen können: »Jedem anderen hätte er einen Vertragsbruch zugetraut, aber nicht den Deutschen.«

Vielleicht war das in der Tat so, und die versierten Handwerker der Massenbeeinflussung hätten alsbald wieder begonnen, Vergleiche zwischen dem Deutschland von damals und der Bundesrepublik von heute zu ziehen, um mit Hilfe der nervös gewordenen DDR-Führung die langsam matter werdende Virulenz der Ressentiments gegen die Bundesrepublik zu beleben.

Zweitens: Es gab Informationen, nach denen es innerhalb der Sowjetführung über die Deutschlandpolitik zu ernsten Differenzen gekommen sei. So wie Gerüchte seinerzeit zu bestätigen schienen, daß Breschnew bei der Abstimmung über die Besetzung der ČSSR mit seiner Stimme den Ausschlag gegeben hat, so sickerte 1969/70 durch, daß die von ihm initiierte neue Westpolitik innerhalb der Sowjetführung auf starke Vorbehalte gestoßen sei. Mitglieder des Politbüros wie des Zentralkomitees – unter Führung des Ersten Parteisekretärs der Ukraine, Schelest – hätten warnend darauf hingewiesen, daß der sozialistische Block, gerade nach den in der Tschechoslowakei gemachten Erfahrungen, sich eine Öffnung nach Westen nicht leisten könne. Eine Politik der Verständigung mit der Bundesrepublik müsse sich nachteilig auf die innere Stabilität der DDR, einer der verläßlichsten Stützen des sowjetischen »Empire«, auswirken.

Schelest hatte noch im November 1971 in der »Prawda Ukrainii« eine kurz zuvor von ihm gehaltene Rede abdrucken lassen, die als indirekte Kritik an Breschnews Außenpolitik verstanden worden war. Im gleichen Jahr wurde er seines Postens als Erster Parteisekretär enthoben (und verlor 1973 auch noch seine Mitgliedschaft im Politbüro).

Wem diese Informationen zu Ohren kamen, der mußte sich auch die Frage vorlegen: Was wird geschehen, wenn der Bundestag die Ratifizierung verweigert und der Urheber dieser Politik auf sowjetischer Seite, der Parteichef, darüber stürzt?

Schon sein Vorgänger Chruschtschow wurde schlicht seines Amtes enthoben, und seine Absicht, mit der Bundesrepublik Deutschland in »speaking terms« zu kommen, mag dabei Pate gestanden haben. Während damals – sollte diese unbewiesene Vermutung zutreffen – das Politbüro den Absichten des Parteibosses noch zuvorgekommen war, hätte es im Falle Breschnew erst eingegriffen, wenn im Mai 1972 der Bundestag einem Vertrag, der bereits ohne Ratifizierung begonnen hatte, die Weltpolitik zu beschäftigen, seine Zustimmung versagt hätte.

Sich auszumalen, welchen Einfluß ein durch die Deutschlandpolitik bedingter Wechsel in der Parteispitze auf künftige deutsch-sowjetische Beziehungen ausüben würde, ist rein spekulativ und ohne jeden Gebrauchswert. Aber auch selbst dann, wenn aus einem Scheitern des Vertrages keine so tiefgehenden Konsequenzen gezogen worden wären, läßt sich vermuten, daß aus Leonid Breschnew, dem kompromittierten Urheber dieser Politik, ein erbitterter Widersacher geworden wäre – schon deshalb, um seinen triumphierenden Gegnern den Wind aus den Segeln zu nehmen und die eigene Position abzusichern.

Drittens: Den Vereinigten Staaten lag – innen- wie außenpolitisch immer tiefer in die zunehmenden Komplikationen des Vietnamkrieges verstrickt – ebenso wie der Sowjetunion daran, miteinander zu einem Modus vivendi zu gelangen. Trotz aller Differenzen gab es bilaterale Kontakte seit geraumer Zeit und mit dem Atomsperrvertrag bereits ein Exempel, daß beide Supermächte trotz aller unüberwindbar erscheinenden Differenzen durchaus imstande und willens sind, sich in Teilfragen auch über den Kopf Europas hinweg zu verständigen.
Die »Strategic Arms Limitation Talks« (SALT) hatten bereits zum Abschluß eines Zwischenabkommens geführt. Die Frage war also nicht unberechtigt, ob beide Großmächte nicht trotz neuer Spannungen zwischen der Bundesrepublik und der Sowjetunion versuchen würden, sich zu arrangieren – gegebenenfalls auch ohne Berücksichtigung vitaler deutscher Interessen durch die Vereinigten Staaten. Die Sowjetunion ihrerseits würde zwar den Plan einer gesamteuropäischen Konferenz vermutlich weiter verfolgen, aber versuchen, die aus dem Vertrag erhofften Früchte nunmehr vorweg auf gesamteuropäischer Ebene zu ernten. Angesichts der Wirkung, die das Scheitern der deutsch-sowjetischen Gespräche in Westeuropa – das sich inzwischen längst auf die Inkraftsetzung des

Vertrages eingestellt hatte – hervorrufen würde, konnte sich die Sowjetunion bei einem solchen Verfahren sogar günstige Chancen ausrechnen.

Viertens: Eine weltweite Anerkennung der DDR war, wie bereits erwähnt, durch die der Bundesrepublik noch zur Verfügung stehenden Palliativmittel ohnehin nicht mehr aufzuhalten.

Fünftens: Wenn dieser Vertrag durch das Veto des Parlaments scheiterte, welche Alternativlösung bot sich dann an? Gab es jetzt noch irgendeine, die so aussichtsreich war (und so grundverschieden von der Konzeption der Bundesregierung), daß sie die Risiken eines deutsch-sowjetischen Eklats rechtfertigte?

Sechstens: Alles in allem: Nach meiner Einschätzung der Lage gehörte die Erwartung, die Sowjetführung würde nach dem parlamentarischen Scheitern des Vertrages der nächsten Bundesregierung etwa die Frage stellen: »Wie hätten Sie es denn gerne?« ins Reich gefährlichster Illusionen.
Im Gegenteil: Es hätte einen neuen »kalten Krieg« gegeben und mutmaßlich einen sehr viel härteren als den vergangenen. Man mußte sich schließlich vor Augen halten, daß die politische Handlungsfähigkeit der Sowjets uns gegenüber nur durch zwei Faktoren begrenzt sein würde: nämlich einen Krieg zu vermeiden und ihrer durch die Annäherung China–USA begrenzten Bewegungsfreiheit Rechnung zu tragen. Dazwischen mußte jede Reaktion einkalkuliert werden, wobei selbst einer gemeinhin so vorsichtig operierenden Führung wie der sowjetischen einiges zuzutrauen ist, wenn sie glaubt, düpiert worden zu sein.
Schon die möglichen Auswirkungen einer solchen Reaktion auf

Berlin rieten zum Nachgeben, vom sehr wahrscheinlichen Boykott der Olympischen Spiele einmal ganz abgesehen.

Einer Weltmacht, noch dazu einer so jungen wie der Sowjetunion, lassen sich – in camera caritatis – unter Umständen Konzessionen abhandeln oder abtrotzen, aber sie kann es sich nicht leisten, einen feierlich von den Regierungschefs unterzeichneten und inzwischen populär gewordenen Vertrag im nachhinein vom Parlament des (kriegsschuldbelasteten) Partners in Frage stellen zu lassen.

So kam ich aufgrund dieser Überlegungen zu dem Ergebnis, daß das Risiko, mit dem Vertrage zu leben und das Beste aus ihm zu machen, wohl geringer sein werde, als das Risiko, ihn nach einer Ablehnung durch das Parlament in den Wind zu schreiben.

39.
Pacta sunt servanda

Seit Inkrafttreten des Gewaltverzichts-Vertrags ist wieder mehr als ein Jahr vergangen, und 1973 neigt sich seinem Ende zu.

Übrigens: Wenn bei der Führung der Bundesrepublik über die zu erwartenden Auswirkungen des Vertragswerks Illusionen entstanden sind, dann ist gewiß die Sowjetunion nicht daran schuld. Die Konvergenz-Theorie beispielsweise ist nicht in Moskau, sondern in der Bundesrepublik erfunden worden. In Moskau hatte sie sich aber bald herumgesprochen, und als der bekannte sowjetische Biologe Schores Medwedjew die Konvergenz als unerläßliche Voraussetzung weltweiter Entspannung bezeichnete, wurde er dieser und anderer kritischer Bemerkungen wegen zunächst in ein Irrenhaus gesteckt und alsdann unter Aberkennung seiner Staatsbürgerschaft des Landes verwiesen.

Ursprünglich ein Begriff, der angesichts mehr oder weniger gleichgearteter technischer Vorgänge bei der Industrialisierung in West und Ost die Möglichkeit einer gewissen Annäherung zwischen Kapitalismus und Sozialismus andeuten sollte, wurde die Konvergenz für politische Entwicklungen zurechtgeformt und durch die Hypothese zweckentfremdet, bei immer enger werdender westöstlicher Kooperation müßten sich auch die systembedingten politischen Unterschiede abschleifen. Daß eben davon zwischen zwei so grundverschiedenen Gesellschaftssystemen wie dem in Moskau bzw. in Bonn praktizierten keine Rede sein kann, ergibt sich bereits aus der uralten Erkenntnis, daß niemand gern den Ast absägt, auf dem er sitzt. Wer wollte es Herrn Honecker verdenken, wenn er sich gegen eine Theorie wehrt, die ihn zwingen würde, seinen Platz zu räumen, sollte etwa die wechselseitige »Annäherung« dazu führen, daß die von ihm vertretenen Theorien in der rauhen Luft echter Konkurrenz sich als Betrug einer kleinen Gruppe Machtsüchtiger an

der Masse des Volkes erweisen. Dann wäre nicht nur diese Gruppe, sondern der ganze so häufig beschworene Aufbau des Kommunismus in Gefahr.
Wer wollte Herrn Honecker also verdenken, daß er, die Gefahr erkennend, unmittelbar vor Aushandlung des Grundvertrages (13. Oktober 1971) in einer Rede erklärt hat, es bestehe keinerlei Anlaß, »an dem Feindbild, das den Angehörigen der Nationalen Volksarmee vermittelt wird, Abstriche vorzunehmen.«
Der österreichische Bundeskanzler Bruno Kreisky bezeichnete in einem Vortrag (September 1968) über »Möglichkeiten und Grenzen der Beziehungen zu kommunistischen Staaten« die Auffassung, daß mit »Wirtschaftsreformen Veränderungen politischer Art unweigerlich einhergehen oder deren Folge sein müssen«, als »in höchstem Maße illusionär«. Er fuhr fort: »Der große Fehler, den meiner Ansicht nach die Schöpfer der Konvergenz-Theorie begangen haben, ist der, daß sie den wirtschaftlichen Faktoren und Tendenzen eine zu dominierende Rolle eingeräumt haben und vor allem für Fragen der Machtpolitik verständnislos gewesen sind.«
Wenn man also nicht annehmen will, daß die Theorie vom Wandel durch Annäherung oder von der Annäherung zum Wandel nur deshalb in der Bundesrepublik propagiert wurde, um dem Bundesbürger die Politik der Vorleistungen seiner Regierung auch auf ideologischem Gebiet mundgerecht zu machen, dann hat diese Propaganda nur eines bewirkt: sie hat die Machthaber im Osten auf eine Komponente unserer Absichten aufmerksam gemacht, für deren Bekämpfung ihnen jedes Mittel recht sein muß.
Für jedermann, der mit der Materie halbwegs vertraut ist, war lange vor den deutsch-sowjetischen Gesprächen deutlich geworden, daß östliche Kooperationsbereitschaft mit dem We-

sten und innere Liberalisierung sich gegenseitig ausschließen oder mit anderen Worten, daß sich Entspannung und innere Abgrenzung gegenseitig bedingen.
Auch hier wäre es nützlich gewesen, Bruno Kreisky gut zuzuhören, als er 1968 sagte: »Man kann mit kommunistischen Staaten nur eine Politik der Normalisierung unter striktester Beobachtung der möglichen Grenzen machen und keine der Selbsttäuschung oder gar der Fraternisierung. Ein Grundsatz der Normalisierungspolitik muß sein, sie nicht und niemals auf Spekulationen über eine mögliche einem sympathisch erscheinende Entwicklung aufzubauen.«
Kreisky hatte rechtzeitig vor einer Versuchung gewarnt, der die Bundesregierung in Bonn offensichtlich erlegen ist.
Die Sowjetunion hat, um dies zu wiederholen, nichts getan, was dieser Selbsttäuschung hätte Vorschub leisten können.
In der Januar-Ausgabe 1971 des »Agitator«, dem offiziellen Organ des Zentralkomitees der KPdSU wurde noch einmal die offizielle Parteilinie gegenüber der sowjetischen Außenpolitik festgelegt. Danach dient die friedliche Koexistenz:
»a) den sozialistischen Ländern, weil sie die schnelle Entwicklung der Wirtschaft erlaubt und damit den Aufbau des Kommunismus beschleunigt;
b) weil sie die nationalen Freiheitsbewegungen der ›Dritten Welt‹ fördert;
c) die Lebens- und Arbeitsbedingungen der ›demokratischen‹ und kommunistischen Bewegungen in den kapitalistischen Ländern oft verbessert und
d) dem Klassenkampf im nationalen und im weltweiten Maßstab zugutekommt.«
Wer diese Politik nicht vorbehaltlos vertritt, ist ein »zynischer Testamentsvollstrecker der Bourgeoisie« oder gehört »zum Pentagon, zur NATO, zu den rechten Sozialdemokraten, den

Renegaten der Arbeiterklasse und zu den rechten oder linken Revisionisten im eigenen Lande«.

Der Grundsatz aus dem ius Romanum gilt natürlich auch für den Vertrag von Moskau. Gleichgültig was man über ihn denken mag, die Bundesrepublik und alle ihre politischen Exponenten haben die Pflicht, vertragskonform zu handeln und den Vertrag, wie es so schön heißt, »mit Leben zu erfüllen«. Dazu aber ist zunächst erforderlich, sich aller Emotionen, Illusionen und Phrasen zu enthalten und die Dinge so nüchtern zu sehen, wie sie in der trockenen, kühlen Luft zwischenstaatlicher politischer Beziehungen nun einmal sind.

Ob der Vertrag von Moskau »den Frieden sicherer macht«, ist eine Hypothese, die den Beweis leider so lange schuldig bleiben muß, bis zu übersehen ist, wie die Sowjetunion die ihr durch den Vertrag zugewachsene Macht gebrauchen wird.

Die Geschichte des Zarenreichs weist von seiner Entstehung Mitte des 15. Jahrhunderts bis zu seinem Zusammenbruch im Kriegsjahr 1917 eine nicht abreißende Folge von Eroberungen, Annexionen oder vertraglich vereinbarten »Abtretungen« benachbarter Territorien an Rußland auf. Für diese schon aus dem Altertum und insbesondere der Geschichte des Römischen Reichs wohlbekannte und in der Neuzeit keineswegs nur von Rußland betriebene Politik der »Abrundung« des jeweiligen Besitzstandes wurde im 19. Jahrhundert der Begriff des »Imperialismus« geprägt. Der Marxismus hat ihn stets als die letzte und schlimmste Stufe des Kapitalismus vor dessen endgültigem Untergang bezeichnet, und die Sowjetunion hat stets erklärt, der weltweite Kampf gegen den Imperialismus sei eines ihrer nobelsten Ziele. Sie selbst sowie das Zarenreich haben nach sowjetischer Geschichtsauffassung niemals imperialistische, sondern »Sicherheitspolitik« betrieben.

Verfolgt man einmal die Geschichte von den Rurikiden bis zu

den Romanows, wird man feststellen, daß das sich formende russische Reich von den Mongolenstürmen im 13. Jahrhundert bis zu den Weltkriegen im 20. Jahrhundert immer wieder durch Nachbarvölker in Gefahr gebracht und mitunter sogar in seinen Grundfesten erschüttert wurde. Häufig genug gelang es aber, dieser Gefahr durch die Eingliederung militanter oder nur unbequemer Nachbarn in den russischen Staatsverband zu entrinnen. Mit Hilfe dieser Sicherheitspolitik wurde Rußland ständig größer; jeder neue Landgewinn mobilisierte zwar neue zentrifugale Kräfte, aber ebenso auch die Wachsamkeit derjenigen Staaten, die durch die Grenzverschiebungen unvermittelt zu Anliegern geworden waren. Sie fürchteten sich nun ihrerseits vor Rußland und trafen Vorkehrungen für ihre eigene Sicherheit, die die russische Regierung dann wieder als gegen sie gerichtete Bedrohung auffaßte.
Dieser recht ertragreiche Circulus vitiosus setzte sich nach dem Zweiten Weltkrieg fort. Die Eingliederung Ostpolens in die Ukraine und die weißrussische Sowjetrepublik als Folge des deutsch-russischen Nichtangriffspaktes, die Gründung der finnokarelischen Sowjetrepublik als Folge des sowjetisch-finnischen Krieges 1941/42, die von Rumänien – mit Assistenz Hitlers – erzwungene Abtretung Bessarabiens und der nördlichen Bukowina, die Eingemeindung Estlands, Lettlands und Litauens als autonome Republiken, die von der ČSR erzwungene Abtretung der Karpato-Ukraine sowie die Annexion des nördlichen Ostpreußens zeigen, daß die Sowjetunion als Vorkämpfer des Antiimperialismus aus dem Zweiten Weltkrieg beträchtliche Territorialgewinne zu ziehen wußte. Selbst wenn man dabei berücksichtigt, daß manche dieser Erwerbungen schon früher einmal zu Rußland gehört hatten, wird doch deutlich, daß der Kreml die marxistisch-leninistische Ideologie nur da für praktikabel hält, wo sie der Machtpolitik nicht in die Quere kommt.

Wesentlicher Bestandteil auf dem vom Sicherheitsdenken vorgezeichneten Weg der Sowjetunion zur Weltmacht ist auch der von ihr geschaffene »Cordon sanitaire«. Dieser osteuropäische Gürtel sozialistischer sowjetabhängiger Staaten wurde wiederum »abgerundet« durch die Polen zugeschlagenen deutschen Ostgebiete sowie durch die Gründung eines von Deutschland abgetrennten, zwangssozialisierten Staates.
Die Erfolgsbilanz solcher Sicherheitspolitik kann sich also sehen lassen, und es empfiehlt sich, sie zu rekapitulieren, wenn es sich um die künftigen Beziehungen Rumpfdeutschlands zur Sowjetunion handelt.
Die Aufzählung dieser sicherheitspolitischen Maßnahmen wäre übrigens nicht vollständig, vergäße man das ideologische Instrumentarium sowjetischer Machtsicherung, zusammengefaßt unter dem Begriff des Marxismus-Leninismus, dem nach sowjetischer Lehre einzigen Rezept, das – nach den Vorschriften der sowjetischen Parteiführung angewandt – den sicheren Weg ins Paradies verheißt. Während der chinesiche Ministerpräsident Tschou En-lai erst kürzlich wiederholt hat, der Kommunismus national-chinesischer Prägung sei keine »Exportware«, wird der sowjetische offen als solche plakatiert. Die von Lenin – ohne Zweifel – aus Sicherheitsgründen entwickelten Pläne zur Welteroberung durch die russische Heilslehre haben sich seit seinem Tode kaum gewandelt. Der »kalte Krieg« ist zwar erfreulicherweise durch die »friedliche Koexistenz« abgelöst worden, aber die ihr offiziell gegebenen Definitionen schaffen bereits Klarheit darüber, daß der Krieg gegen den »Kapitalismus« und die »Bourgeoisie« wie gegen das ganze westliche Gesellschaftssystem in unverminderter Härte weitergeführt wird. Wenn Kossygin gesprächsweise einmal bemerkte, »die KP ist in der Bundesrepublik nur deshalb verboten worden, weil sie ausschließlich friedliebende Zwecke verfolgte«, so reflektiert

dieser Satz keineswegs Gehässigkeit, wie man vermuten könnte, sondern lediglich eine andersartige Interpretation der Begriffe. Aufgabe der moskauhörigen kommunistischen Parteien in aller Welt ist es, ihren nationalen Einfluß zu vergrößern, um damit die internationalen Herrschaftsziele der Sowjetunion näher zu rücken. Nach der Feststellung des führenden sowjetischen Militärtheoretikers General Savjalow (»Krasnaja Swesda« vom 19. April 1973), der übrigens damit wohl nur ein Wort Lenins von der »Fortschrittlichkeit und Unvermeidlichkeit nationaler Kriege gegen imperialistische Mächte« wieder in unser Gedächtnis zurückrufen wollte, gibt es nach wie vor »gerechte und ungerechte Kriege«. Da sozialistische Staaten laut Savjalow nur gerechte Kriege führen können, die dem Frieden dienen, und die meisten nationalen kommunistischen Parteien in aller Welt überzeugte Anhänger, bzw. Exponenten der Sowjetführung sind, ist also logischerweise das Verbot einer kommunistischen Partei eine friedensgefährdende Maßnahme.
Erst in der Zukunft kann sich erweisen, ob das Sicherheitsbedürfnis der Sowjetunion nunmehr als befriedigt gelten kann! Einstweilen gibt es dafür keine verläßlichen Anhaltspunkte, und das Schicksal mancher russischer Intellektueller illustriert in beklemmender Weise, was alles die Supermacht Sowjetunion als Bedrohung ihrer Sicherheit betrachtet.
Versucht man nun, die Aspekte westöstlicher Beziehungen gegeneinander abzuwägen, wird man auch in die Betrachtungen über das eigene außenpolitische Konzept die vorstehend aufgezeichneten Fakten miteinzubeziehen haben. Man wird davon ausgehen dürfen, daß die Sowjetunion an Frieden und Entspannung – in ihrem Sinne – interessiert ist. Die Außenpolitik des Kreml wird nicht von Abenteurern, sondern von verantwortungsbewußten Patrioten gemacht, die ihre und nicht west-

liche Interessen zu vertreten haben. Wenn das Bild dieser Welt sich von Moskau oder Nowosibirsk ganz anders ausnimmt als von Bonn, Paris, London oder Washington, so ist das gewiß nicht ihre Schuld. Es ist also bei weitem realistischer, die Wurzeln und die Früchte dieser Politik sorgfältig zu studieren, als zu beklagen, daß sich manche deutschen und westlichen Interessen mit denen der Sowjetunion auch bei bestem Willen nicht auf einen Nenner bringen lassen.

Erst von dieser Erkenntnis aus wird es möglich sein, eine eigene Politik zu entwerfen, die Frieden und Sicherheit der Bundesrepublik in den Vordergrund stellt, gleichzeitig aber zum Ziel hat, mit der Führungsmacht des Ostens und ihren Freunden das bestmögliche Verhältnis herzustellen. Hier den richtigen Weg zu wählen, hat sich als eine der am schwierigsten zu lösenden Fragen aus der Erbschaft des Hitlerreichs erwiesen, und man wird die Regierung Brandt gewiß nicht dafür tadeln dürfen, daß sie es auch als eines der dringlichsten betrachtet hat. Ihr Wille, einen Modus videndi zu finden, traf sich mit dem Interesse der Sowjetführung, ihren Besitzstand zu sichern. Das Produkt war der Moskauer-Vertrag und seine Folge-Verträge. Sie mit Leben zu erfüllen, heißt, ihnen eine Ausstrahlung zu verleihen, die nicht nur die eingegangenen Verpflichtungen respektiert, sondern die beiden Partner dem wiederholt angesprochenen Ziel der Entspannung und der Zusammenarbeit ständig näherbringt.

Abgesehen davon, daß über den Willen der Bundesrepublik Deutschland, ein Bestandteil der westlichen Welt zu sein und zu bleiben, keinerlei Zweifel aufkommen dürfen – welche politischen, den Moskauer Vertrag irgendwie berührende Anliegen haben wir an die Zukunft?

Fest steht, daß alle unsere Ziele und Wünsche überhaupt nur dann durchsetzbar sind, wenn der Frieden erhalten bleibt.

Der wichtigste Punkt wäre die westeuropäische Einigung. Zu ihr wird es unter anderem nur kommen, wenn allen Nachbarn die Furcht vor einem Mißbrauch der Größe, der wirtschaftlichen Kapazität und den politischen Absichten der Bundesrepublik genommen wird. Eben dies ist aber nur denkbar, wenn das westdeutsche Potential in den politisch-wirtschaftlichen Zusammenschluß Westeuropas als Ganzes eingebracht wird und die Deutschlandpolitik der Bundesrepublik sich in engstem Einvernehmen mit unseren westlichen Nachbarn vollzieht.

Wenn wir in unserer jüngsten Vergangenheit etwas verspielt haben, dann ist es der Anspruch, auf Grund unseres Potentials eine Führungsrolle in Europa zu übernehmen. Da aber in einem politisch geeinten Europa Führungsrollen ohnehin kaum zu vergeben sind, hat das zahlenmäßig größte der Mitglieder zunächst dafür zu sorgen, daß seine Bereitschaft sich einzuordnen von allen Partnern zur Kenntnis genommen und daß ihr vertraut wird.

Dieses Anliegen sollte – worauf bereits Carstens hingewiesen hat – nicht deshalb verzögert oder behindert werden, weil die Sowjetunion ihm ein gesamteuropäisches Konzept entgegenstellt. Nachdem die Sowjetunion Ost- bis Mitteleuropa nach dem Grundsatz »cujus regio ejus religio« majorisiert und es damit in finsterste Perioden europäischer Geschichte zurückgeworfen hat, entlarvt sich dieses Gesamteuropa als Utopie. Eine Vision wird an die Wand projiziert, um eine reale Chance im Ansatz zu zerstören.

Allerdings haben die Vorgespräche zur KSZE bewiesen, daß dieser sowjetische Vorschlag auch Elemente enthält, die sorgfältiger Prüfung wert sind und die Gegenstand multilateraler Abmachungen zwischen West und Ost werden können. Sie dürfen nicht etwa dem Zusammenschluß Westeuropas zum Opfer fallen. Wenn die große Konferenz einen Sinn haben soll, dann ist es der, die Wege aufzuzeigen und zu bauen, die von West und Ost gemeinsam begangen werden können.

Ebenfalls in der vordersten Reihe deutscher Interessen steht die Sicherung West-Berlins. Sie war selbstverständlich ins Programm der Bundesregierung aufgenommen, konnte aber, wie sich tagtäglich aufs neue beweist und wie es die in den einschlägigen Verträgen verankerten Formeln von vornherein befürchten ließen, nur unvollkommen durchgesetzt werden. Jede Art von Entspannung in Europa bleibt eine Illusion, wenn einer der Herde der Spannung künstlich ausgespart und als Hebel (oder als »Hühnerauge«, wie Chruschtschow sagte) für Pressionen aller Art konserviert wird. Hier drängt sich übrigens die Frage auf, weshalb die friedliebende Sowjetunion Zustände in Europa geschaffen hat, die nicht nur die Eigenschaft besitzen, Spannungen zu erzeugen, sondern die den Zweck verfolgen, dies zu tun.

Bleibt die Wiedervereinigung! Obwohl auch die Bundesregierung noch im November 1971 erklärt hat, daß die Ziele der Erhaltung des Friedens und der Einheit der Nation gleichermaßen verpflichten, würden wir uns belügen, wollten wir sie an die Spitze unserer Wünsche setzen, während wir gleichzeitig zusammen mit der DDR in die Vereinten Nationen einziehen und mit der Zustimmung unserer sämtlichen Nachbarn allen unseren Hoffnungen, den wirklichen Spannungsherd in Europa zu beseitigen, einstweilen Valet sagen. Während es über viele Jahre zum offiziellen bundesdeutschen Sprachgebrauch gehörte, die Wiedervereinigung als fast zwangsläufiges Resultat unserer Außenpolitik in Aussicht zu stellen, haben die Sowjetunion und die DDR die Zeit genutzt und den Graben zwischen West- und Mitteldeutschland vertieft, wo und wie es nur möglich war.

Weit wichtiger noch als die Einheit ist die Tatsache, daß die Sowjetunion, angeblich der Vorkämpfer für das Selbstbestimmungsrecht aller Völker, 20 Millionen Deutschen dieses Recht vorenthält. Vielleicht entscheiden sich diese Deutschen eines Tages dafür, in den Grenzen des ihnen ursprünglich zwangsverordneten Staates zu verbleiben. Dann werden wir diese Entscheidung zu respektieren haben – vorausgesetzt, daß sie in freier Wahl getroffen wurde! Solange aber sind und bleiben auch die Deutschen im zweiten deutschen Staat unsere Mitbürger so gut wie die von Berlin, München oder Hamburg.

Als ich 1967 dem Ruf nach Moskau folgte, geschah das ohne viel Enthusiasmus und ohne rechte Überzeugung. Als ich nach einigen Jahren nicht immer einfacher Arbeit das Land wieder verließ, wäre ich trotz allem gern noch geblieben! Nicht weil ich Leben und Klima besonders angenehm gefunden oder mich von einer fast vierzigjährigen Karriere nicht hätte trennen können, sondern weil mich das uralte und durch deutsche Schuld wieder so akut gewordene Problem des deutsch-russischen Verhältnisses in seinen Bann gezogen hat.

Inzwischen ist wieder mehr als ein Jahr vergangen, und 1973 neigt sich seinem Ende zu.

Wenn die Nachrichten aus Moskau und aus Bonn nicht täuschen, sei in der Führung beider Länder eine gewisse Desillusionierung zu verzeichnen, die die Beziehung belaste. Weshalb eigentlich?

Sollte es sich darum handeln, daß der emotional-hintergründige Wettlauf der SPD um die Gunst Moskaus nunmehr einer ruhigeren Beurteilung der Sachlage Platz gemacht hat, dann kann man die so eingetretene Ernüchterung nur begrüßen. Sie wird zu den »Realitäten« zurückführen, das »wishful thinking« reduzieren und neue Maßstäbe für das Mögliche setzen.

In der Volkswirtschaft nennt man so etwas »gesundschrumpfen«, ein Wort, das nichts von seiner Anschaulichkeit einbüßt, wenn man es auf die Politik überträgt.

Wenn es Regierung und Opposition gelingt, die Spanne zwischen Wahn und Wirklichkeit gemeinsam zu überwinden, hat die Bundesrepublik und hat Westeuropa auf dem Weg zu einem friedvollen und fruchtbaren Neben- und Miteinander von West und Ost einen entscheidenden Schritt getan.

Bibliographie

Literatur

Adenauer, Konrad: Erinnerungen 1945–1953, Stuttgart: Deutsche Verlags-Anstalt, 1973

Adenauer, Konrad: Erinnerungen 1953–1955, Stuttgart: Deutsche Verlags-Anstalt, 1966

Ahlers, Conrad u. a.: Ostpolitik im Kreuzfeuer, Stuttgart: Seewald, 1972

Allard, Sven: Diplomat in Wien, Köln: Verlag Wissenschaft und Politik, 1965

Ball, George W.: Disziplin der Macht, Frankfurt: Fischer, 1968

Belzner, Emil: Die Fahrt in die Revolution, München: Desch, 1969

Bernheim, Roger: Die sozialistischen Errungenschaften der Sowjetunion, Zürich: Buchverlag Neue Zürcher Zeitung, 1971

Bortoli, Georges: Vivre à Moscou, Paris: Laffont, 1969

Carr, Edward: Berlin–Moskau, Stuttgart: Deutsche Verlags-Anstalt, 1954

Carstens, Karl: Politische Führung, Stuttgart: Deutsche Verlags-Anstalt, 1971

Conquest, Robert: Justice and the Legal System in the USSR, London: The Bodley Head, 1968

Conquest, Robert: The Politics of Ideas in the USSR, London: The Bodley Head, 1967

Conquest, Robert: The Soviet Political System, London: The Bodley Head, 1967

Crocker, George N.: Schrittmacher der Sowjets, Konstanz: Schlichtenmayer, 1960

Dornberg, John: Breschnew, Profil des Herrschers im Kreml, München: Praeger, 1973

Ehlert, Nikolaus: Große Grusinische Nr. 17, Frankfurt: Scheffler, 1967

Erickson, John: Zum Frühstück in München, Düsseldorf: Econ, 1972

Fischer, Ernst: Erinnerungen und Reflexionen, Hamburg: Rowohlt, 1969

Fischer, Ernst / Marek, Franz: Was Lenin wirklich sagte, Wien: Molden, 1969

Galbraith, John Kenneth: Tagebuch eines Botschafters, München: Droemer-Knaur, 1970

Gehlen, Reinhard: Der Dienst, München: v. Hase & Koehler, 1971

Gorki, Maxim: Unzeitgemäße Gedanken über Kultur und Revolution, Frankfurt: Insel Verlag, 1972

Grigorjew u. a.: The Soviet Parliament, Moskau: Progress Publishers Moscow, 1967

Guttenberg, Karl Theodor von: Fußnoten, Stuttgart: Seewald, 1971

Herberstein, Sigismund zu: Reise zu den Moskowitern 1526, München: Bruckmann, 1966

Hilger, Gustav: Wir und der Kreml, Frankfurt: Athenäum, 1964

Hubatsch, Walther: Hitlers Weisungen für die Kriegsführung, München: Deutscher Taschenbuch Verlag, 1965

Joost, Wilhelm, Botschafter bei den roten Zaren, Wien: Molden, 1967

Kennan, George F.: Memoiren eines Diplomaten, Stuttgart: Goverts, 1968

Kennan, George F.: The Marquis de Custine and his Russia in 1839, New Jersey: Princeton University Press, 1971

Kennan, George F.: Diplomat in Prag 1938–1940, Frankfurt: Goverts, 1972

Kroll, Hans: Lebenserinnerungen eines Botschafters, Berlin: Kiepenheuer & Witsch, 1967
Machiavelli, Niccolo: Il Principe, Stuttgart: Alfred Krämer, 1955
Majonica, Ernst: Moskau–Peking, Stuttgart: Kohlhammer, 1971
Matthey, Ferdinand: Entwicklung der Berlin-Frage, Berlin: de Gruyter, 1972
Mehnert, Klaus: Asien, Moskau und wir, Stuttgart: Deutsche Verlags-Anstalt, 1956
Mehnert, Klaus: China nach dem Sturm, Stuttgart: Deutsche Verlags-Anstalt, 1972
Meissner, Boris: Rußland, die Weltmächte und Deutschland, Hamburg: Nölke, 1954
Morozow, Michael: Leonid Breschnew, Stuttgart: Kohlhammer, 1973
Nadolny, Rudolf: Mein Beitrag, Wiesbaden: Limes, 1965
Paquet, Alfons u. a., aus den Tagebüchern: Von Brest-Litovsk zur deutschen Novemberrevolution, Göttingen: Vandenhoeck & Ruprecht, 1971
Pietromarchi, Luca: Die Welt der Sowjets, Köln: Verlag Wissenschaft und Politik, 1965
Portisch, Hugo: So sah ich Sibirien, Wien: Kremayr & Scheriau, 1967
Quaroni, Pietro: Russen und Chinesen, Frankfurt: Scheffler, 1968
Rasch, Harald: Bonn und Moskau, Stuttgart: Seewald, 1969
Rauch, Georg von: Geschichte der Sowjetunion, Stuttgart: Kröner, 1969
Reed, John: Zehn Tage, die die Welt erschütterten, Reinbek: Rowohlt, 1967

Reve, Karel van: Letters and Telegrams to Pavel M. Litwinov, Dordrecht: D. Reidel Publishing Company, 1968

Scheffler, Paul: Augenzeuge im Staate Lenins, München: Piper, 1972

Schiller, Ulrich: Zwischen Moskau und Jakutsk, Hamburg: Wegner, 1970

Schwelin, Joachim u.a.: Das große Dreieck, Stuttgart: Deutsche Verlags-Anstalt, 1971

Schmidt: Statist auf diplomatischer Bühne 1923–1945, Bonn: Athenäum, 1949

Stökl, Günther: Geschichte und Gegenwart einer spannungsreichen Nachbarschaft, München: Deutscher Taschenbuch Verlag, 1970

Stökl, Günther: Osteuropa und die Deutschen, Oldenburg: Stalling, 1967

Stökl, Günther: Russische Geschichte, Stuttgart: Kröner, 1965

Wetter, Gustav A.: Sowjet-Ideologie heute, Frankfurt: Fischer, 1962

Winter, Rolf: Die ärmliche Weltmacht, München: Schneekluth, 1971

Akten und Dokumentationen

Akten zur deutschen auswärtigen Politik 1918–45, Bd. 9: Die Kriegsjahre, Göttingen: Vandenhoeck & Ruprecht, 1962

Archiv der Gegenwart 1931–1973, Bonn/Wien/Zürich: Siegler

Bulletin des Presse- und Informationsamts der Bundesregierung: 1968–1972

Europa Archiv: Zeitschrift für internationale Politik, 1968 bis 1972

Große Sowjetische Enzyklopädie
Jahresbericht der Bundesregierung, Bonn 1968 (Presse- und Informationsamt der Bundesregierung)
Das Viermächte-Abkommen über Berlin vom 3. Sept. 1971, herausgegeben vom Presse- und Informationsamt der Bundesregierung

Zeitschriften:

»Agitator«
»Außenpolitik«
»Blätter für Deutsche und Internationale Politik«
»Die Politische Meinung« (1968–1972)
»Dokumente«
»Foreign Affairs«
»Iswestija«
»Krasnaja Swesda«
»Le Monde«
»Literaturnaja Gaseta«
»Meshdunarodnaja Schisn«
»Neue Zeit«
»Neues Deutschland«
»Osteuropa«
»Prawda«
»Sa Rubeshom«
»Sowjetskaja Rossija«
»Sowjetunion heute«

Namen- und Sachregister